W0086989

Dan Davis

Die
Kennedy-Verschwörung

War es eine Freimaurer-Hinrichtung?
Lebt Kennedys Sohn heute noch?
Was wussten JFK und Marilyn Monroe über UFOs?
Welche Rolle spielen Donald Trump und QAnon?

amadeus-verlag.com

Sonderdruck 2021

Copyright © 2021 by
Amadeus Verlag GmbH & Co. KG
Birkenweg 4
74576 Fichtenau
Fax: 07962-710263
www.amadeus-verlag.com
E-Mail: amadeus@amadeus-verlag.com

Druck:
CPI – Ebner & Spiegel, Ulm
Satz und Layout:
Jan Udo Holey
Umschlag- und Grafikgestaltung:
Amadeus Holey

ISBN 978-3-938656-52-5

Inhaltsverzeichnis

„Patriotismus heißt nicht gleichzeitig,
seine Regierung zu lieben!

Ich werde bestimmt dafür
umgebracht, was ich jetzt sage,
aber ich bin mir ganz sicher, dass
die Gruppierung, welche hinter dem
Attentat von JFK steckt, immer noch
an der Macht ist. Die US-Regierung
war an dem Attentat
beteiligt.“

(Zitat von Schauspieler Bruce Willis, 5. Mai 2007,
Quelle: Alex Jones, *infowars.com*)

Vorwort

Um in der heutigen Zeit noch ein Buch über die Kennedy-Morde zu schreiben, über die eigentlich schon alles gesagt worden zu sein scheint, sollte man schon Fakten auf den Tisch legen können, die entweder die kompletten Ereignisse in ein derart anderes Licht stellen, dass es den Schluss nahelegt, dass über Jahrzehnte (womöglich bewusst) in eine falsche Richtung ermittelt wurde, oder man bringt neue Dokumente und Beweise vor, die es einfach notwendig machen, einen weiteren Blick auf die Ereignisse von damals zu werfen. Am besten beides. Und genau diese Kombination war der Anlass für mich, sodass erstmals ein komplettes Bild zum Vorschein kam, das vermutlich so ziemlich alles auf den Kopf stellt, was Sie bisher über die Mordserie zu wissen glaubten.

Die offizielle Version

Diese Mordserie begann am 22. November 1963 mit den Schüssen auf den US-Präsidenten John F. Kennedy, der der offiziellen Version zufolge von einem 24-jährigen Mann namens Lee Harvey Oswald getötet worden war, ein Einzeltäter, den man nur zwei Tage nach dem Attentat ebenfalls mit einer Schusswaffe regelrecht hingerichtet hatte – „untermauert" durch eine ins Leben gerufene offizielle Untersuchungskommission, die sämtliche Verschwörungstheorien schon im Keim ersticken sollte. Die Serie der Gewalt führte über die Ermordung von Senator Robert Kennedy nach einer Wahlkampfveranstaltung, der ebenfalls von einem Einzeltäter mit dem Namen Sirhan Bishara Sirhan im Juni 1968 im Ambassador Hotel in Los Angeles erschossen worden sein soll, bis zum Tod von John F. Kennedy jr, dem Sohn des getöteten US-Präsidenten JFK, der im Jahr 1999 angeblich durch einen tragischen Flugzeugabsturz ums Leben kam, nachdem er kurz zuvor in seinem engsten Umfeld bekanntgegeben hatte, dass er sich als Präsidentschaftskandidat bei den US-Wahlen aufstellen lassen wolle. Was wiederum die Aussicht auf einen Wahlsieg von Freimaurer George Bush jr. für viele als äußerst unwahrscheinlich hätte erscheinen lassen, wäre es so gekommen. Soweit jedenfalls die Kurzfassung zu den einzelnen Ereignissen, die man heute überall im Mainstream nachlesen kann, wenn man es denn will.

Danach wurde viel spekuliert – und besonders beim Tod um den ehemaligen US-Präsidenten zeichneten sich drei Verschwörungslager ab, die alle Oswald als Einzeltäter mehr oder weniger anzweifelten: Angeblich würde die CIA hinter dem Attentat stecken, sagten die einen, andere waren sich sicher, die Mafia hätte den US-Präsidenten getötet – und einige vermuteten „Kuba" hinter dem Mordkomplott. Aber was wurde bei all dem übersehen, dass man sich bis heute noch streitet, wer jetzt *wirklich* dahinter steckt?

In dem vorliegenden Buch werden wir erstmals ausführlich ganz anderen Spuren nachgehen und zu ganz anderen Drahtziehern im Hintergrund kommen, und aufzeigen, warum weder die CIA noch die Mafia, und schon gar nicht „Kuba" als Auftraggeber des Attentats infrage kommen, berücksichtigt man alle inzwischen vorliegenden Erkenntnisse und setzt sie zu einem Bild zusammen. Erfahren Sie hier im Buch erstmals ausführlich, welche Rolle Geheimgesellschaften bei allen Kennedy-Morden spielten, was die Freimaurer im Zusammenhang mit den Ereignissen zu tun haben und was Zeitzeugen und Experten in diesem Zusammenhang berichten.

Sehen Sie Informationen und Dokumente ein, die US-Präsident Donald Trump im Jahr 2017 freigab und welche Rolle und Position er in diesem Zusammenhang einnimmt. Und erfahren Sie neueste Erkenntnisse zur „QAnon"-Bewegung, deren Anhänger teilweise der Meinung sind, John F-Kennedy jr. würde noch leben und im Hintergrund mit US-Präsident Donald Trump – welche zu *offiziellen* Lebzeiten des Kennedy-Sprosses nachweislich befreundet waren – zusammenarbeiten, um den Tod an seinem Vater zu rächen und den „Sumpf" auszutrocknen, der nicht nur für diese Katastrophe in der US-Geschichte verantwortlich gewesen sein soll. Kann man die Fakten um QAnon wirklich ernst nehmen? Oder sind dies alles nur falsche Behauptungen, wie die Mainstream-Presse behauptet? Welche Beweise kann man hierzu aufführen, die eine Einschätzung der Situation zulassen? Wer steckt eigentlich hinter „QAnon"? Warum wurde zum Beispiel das Grab von John F. Kennedy in Form eines großen „Q" angelegt? Und wie verhält sich Trump im Zusammenhang mit dieser Bewegung?

Eine weitere Frage, die bis heute unbeantwortet blieb, ist, warum Marilyn Monroe kurz vor der von ihr anberaumten Pressekonferenz, in der sie

Dinge enthüllen wollte, die zum Sturz der Regierung führen könnten und die leider nicht stattfand, weil sie unmittelbar davor „Selbstmord" beging, unter anderem in Andeutungen von „Dingen sprach, die aus dem Weltraum kommen würden"? Ein Witz? Und falls nicht – was meinte sie damit? Außerirdische? Irdische Waffensysteme einer Nation im Erdorbit? Oder etwas ganz anderes? Und woher sollte sie hiervon wissen? Und was kündigte sie noch für die besagte Pressekonferenz an?

Diese und viele weitere Fragen, Erkenntnisse und Zusammenhänge werden hier erstmals zu einem großen runden Ganzen zusammengesetzt, aus dem es dann eigentlich nur eine Erkenntnis geben kann.

Einleitung

US-Präsident Donald Trump machte im Oktober 2017 eines seiner Wahlversprechen wahr und ließ ein Großteil bislang unter Verschluss gehaltener Akten über den Mord an John F. Kennedy freigeben. Einige Medien spekulierten, dass die Dokumente interessante Informationen darüber enthalten könnten, weshalb die CIA im Vorfeld der Tat Oswald überwachte, ob sie dabei Fehler machte und danach versuchte, diese unter den Teppich zu kehren. Doch sind in den neu freigegebenen Dokumenten weitere Hinweise, die eine Verschwörung untermauern?

Die Nachrichtenagentur *AP* berichtet von einem anonymen Anruf, den die britische Zeitung *Cambridge News* kurz vor den Schüssen auf den US-Präsidenten erhalten haben soll. Demnach heißt es in einem der neu freigegebenen Dokumente, ein Anrufer habe der Zeitung am 22. November 1963 angekündigt, den USA stünden „große Nachrichten" bevor. Weiter habe der Anrufer mitgeteilt, ein Reporter der Zeitung solle die US-Botschaft in London anrufen. Laut dem Dokument schätzte der britische Inlandsgeheimdienst MI5, dass der Anruf etwa 25 Minuten vor den tödlichen Schüssen auf Kennedy eingegangen war. Wir werden in diesem Buch einigen der wichtigsten neuen Spuren folgen, wohin sie auch immer führen.

Über die Ermordung von John F. Kennedy entstanden unzählige Theorien. Inzwischen gibt es eine Vielzahl von Dokumentationen, wie z.B. „J.F.K. – Tatort Dallas" (in Anlehnung an den Spielfilm von Oliver Stone), in denen versucht wird, sämtliche Verschwörungstheorien zu entkräften. Der bekannte US-Schauspieler Bruce Willis („Stirb Langsam", „Pulp Fiction", „Das fünfte Element") hat sich inzwischen mehrmals über die Ermordung des ehemaligen US-Präsidenten John F. Kennedy geäußert und dabei seine Zweifel zu den offiziellen Behauptungen an den Tag gelegt. Willis glaubt, die Drahtzieher des Attentats seien in der US-Regierung selbst zu finden. Damit steht er nicht allein da. Jacky Kennedy, die Witwe von John F. Kennedy, glaubt, ihr Mann sei einer Verschwörung zum Opfer gefallen, in die der nachfolgende US-Präsident und Freimaurer Lyndon B. Johnson verstrickt war. Bruce Willis im Jahr 2007: *Patriotismus heißt nicht gleichzeitig, seine Regierung zu lieben! Ich werde bestimmt dafür umgebracht, was ich jetzt sage, aber ich bin mir ganz sicher, dass die Gruppierung, welche hinter dem Attentat von JFK steckt, immer noch an der Macht ist. Die US-Regierung war an dem Attentat beteiligt.*"[1]

Willis sieht in der Ignoranz dieser Tatsache und der Konsequenzen, die sich für die Welt bis heute daraus ergeben, eine große Gefahr. Er sagte weiter, *„die Verantwortlichen hätten den falschen für das Attentat verantwortlich gemacht".*[2] Und mit seiner Meinung steht er nicht allein da. Immer mehr Menschen glauben nicht mehr an die offizielle Version der US-Regierung und des Warren-Reports. Der Autor Traugott Ickeroth (u.a. „Die neue Weltordnung – Ziele, Orden und Rituale der Illuminati" und „Im Namen der Götter") sprach ebenfalls seine Zweifel zu den offiziellen Verlautbarungen aus.

Traugott Ickeroth: *„Schon als kleiner Junge hatte ich so eine Art Mantra: Ich will wissen, ich will wissen... Irgendwann, ich war glaube ich 17, las ich ein Buch von Norman Mailer. Darin beschrieb er, dass er die Mutter von Lee Harvey Oswald besucht habe. Diese konnte das alles nicht verstehen, denn sie behauptete, ihr Sohn habe Kennedy gewählt. Habe er ihr selbst gesagt. Da dachte ich bei mir, dass das keinen Sinn macht, Kennedy zu wählen und ihn dann umzubringen...*"[3]

Ohne Frage kommt man am ehesten dann hinter die Wahrheit, wenn man die Fakten, welche zu dem Mordanschlag führten, durchleuchtet. Was geschah wenige Tage vor der Ermordung Kennedys? Welche Ankündigungen hatte John F. Kennedy nur kurze Zeit zuvor gemacht – die nach seinem Tod von dessen Nachfolger, Präsident Lyndon B. Johnson, Freimaurer, wieder schleunigst in die Schreibtischschublade verbannt wurden? Was könnte so wichtig gewesen sein, dass das internationale Logentum – und somit auch die mächtigsten Privatbanken – seine Ermordung anordneten? Ich verrate es Ihnen: John F. Kennedy hatte den Plan gefasst, ein Gesetz zu erlassen, das der FED (Federal Reserve Bank, der Zentralbank Amerikas, die von Privatbanken gehalten wird und das gedruckte Geld an die US-Regierung verleiht), die Möglichkeit genommen hätte, Geld zu drucken und der USA somit einen „eigenen" richtigen Dollar bescheren würde.

Im Klartext: Das Ende der Macht der Privatbanken und deren hintergründig agierenden Elite, welche zwischenzeitlich in öffentlich erhältlichen Dokumentationen auch als die übergeordnete unbekannte Ebene hinter der

Mafia bezeichnet wird.[4] Die wachsende Schwäche der US-Wirtschaft war beim Amtseintritt von John F. Kennedy so evident, dass der Präsident kurz vor seiner Ermordung massive Schritte zum Wiedererstarken der Kapitalausstattung umsetzen wollte.

In seinem Bericht zur Lage der Nation warnte er im Januar 1961:
„Seit 1958 hat sich die Schere zwischen der Dollarmenge, die wir im Ausland ausgeben oder dort investieren, und der Dollarmenge, die wir von dort zurückbekommen, wesentlich erweitert. Das Defizit unserer Zahlungsbilanz hat sich in den letzten drei Jahren um fast 11 Milliarden Dollar erhöht. Dollarinhaber im Ausland sind dazu übergegangen, ihre Dollars in Gold einzulösen. Das ist in einem solchen Umfang geschehen, dass wir einen Goldabfluss aus unseren Reserven von fast fünf Milliarden Dollar verzeichnen."[5]

Zudem hatte JFK den Befehl gegeben, die Mittel der CIA stark zu kürzen. Mafiosi Santo Trafficante war überaus verärgert über den Krieg, den die Kennedy-Brüder gegen das organisierte Verbrechen führten, insbesondere gegen seine Freunde Sam Giancana und Jimmy Hoffa, die ebenfalls gemeinsam mit der CIA an Komplotten gegen Castro beteiligt gewesen waren. Jimmy Hoffa verschwand 1975, Giancana wurde im selben Jahr umgebracht. Beide sollten vor dem offiziellen Untersuchungskomitee über die Anti-Castro-Verschwörungen aussagen.

Bevor er an Krebs starb, bestätigte der ehemalige CIA-Offizier David Phillips, der 1963 antikubanische Operationen in Mexiko-City durchgeführt hatte, dass *„JFK einer Verschwörung zum Opfer gefallen"* sei. Er fügte hinzu, wahrscheinlich seien *„einzelne US-Geheimdienstleute"* daran beteiligt gewesen. Von 1960 bis 1962 unterhielt John F. Kennedy eine Liebesaffäre mit Judith Campbell, die während dieser Zeit auch mit den Gangstern Sam Giancana und John Roselli verkehrte. Über Thompson und JFKs Berater Bobby Baker kam dieser im Sommer 1963 auch mit Ellen Rometsch in Kontakt, mit der er ebenfalls eine Affäre begann. Die deutschstämmige Rometsch wurde vom FBI der Spionage verdächtigt und im August 1963 auf Veranlassung von Justizminister Robert Kennedy ausgewiesen. Gegen Baker wurden im selben Jahr Senatsermittlungen wegen Vorwürfen der Bestechung und sexuellen Dienstleistungen eingeleitet.

Das Komitee zur Aufdeckung des Kennedy-Mordes fand Beweise, die Oswald und seinen Mörder Jack Ruby mit Marcellos Mafia-Organisation in Verbindung brachten. Außerdem ist bekannt, dass der Ex-CIA-Pilot David Ferrie ebenfalls für Marcello arbeitete. John Martino, ein Freund von Mafiaboss Trafficante, arbeitete als Vertragsagent in der CIA mit den Anti-Castro-Gruppen der Exilkubaner zusammen.

Mit dem Tod Kennedys begann hintergründig der Aufstieg des Freimaurers und Skull & Bones-Mitglieds George Bush sen., welcher später die Leitung der CIA übernahm. Die Leitung der offiziellen Ermittlungskommission um die Ermordung des Präsidenten übernahm ebenfalls ein Freimaurer: Earl Warren („Warren-Report").

Damals glaubte man noch den US-Medien und den Worten des neuen Präsidenten Lyndon B. Johnson (ebenfalls Freimaurer) und jenen des FBI-Chefs J. Edgar Hoover (Freimaurer) denen zufolge Präsident Kennedy von einem Einzeltäter namens Lee Harvey Oswald ermordet worden war. Man schöpfte auch keinerlei Verdacht, als Oswald – ein junger gesellschaftlicher Außenseiter und Ex-Angehöriger der Marine, der die Welt angeblich verachtete – seinerseits am Morgen des 24. November dem Nachtclubbesitzer Jack Ruby zum Opfer fiel. Mitte der sechziger Jahre bemerkte man zwar allmählich die Diskrepanz zwischen den Erkenntnissen der Warren-Kommission für diesen Mord und den 1964 veröffentlichten 26 Beweisakten. Doch erst unabhängige Untersuchungen – 1967 von Jim Garrison eingeleitet, einem einzelgängerischen Bezirksstaatsanwalt in New Orleans, wo Oswald einige Monate im Sommer 1963 gelebt hatte – trugen zu einer ganzen Reihe von Verschwörungstheorien bei.

1966 wurde ein FBI-Bericht entdeckt, in dem zwei FBI-Agenten, die der Kennedy-Autopsie beigewohnt hatten, schilderten, es sei *„ein Luftröhrenschnitt durchgeführt worden, sowie ein chirurgischer Eingriff im Kopfbereich, insbesondere an der Schädeldecke".* Agent James Sibert bestätigte zu einem späteren Zeitpunkt, dies sei 'genau das gewesen, was der Arzt gesagt hatte'. Anhand gründlicher Untersuchungen kam David Liften, der die Bedeutung von Siberts Bericht erkannt hatte, in seinem Buch „Best Evidence" zu dem Schluss, dass *„in den sechs Stunden zwischen dem Attentat in Dallas und der Autopsie in dem Bethesda-Marine-Krankenhaus, Washington, an* *dem Körper des Präsidenten Veränderungen vorgenommen und sein Transport verzögert worden waren"*. Lifton brachte zwar unerklärliche, nichtsdestotrotz aber überzeugende medizinische Beweise, dass zwei Ambulanzen und zwei Särge benutzt worden waren, um den Körper des Präsidenten nach Bethesda zu transportieren.[7]

Liften spekulierte, dass der von Millionen von Menschen im Fernsehen gezeigte Sarg neben der blutbefleckten Jackie Kennedy wahrscheinlich leer war und als Köder verwendet wurde. Zur Bekräftigung dieser Theorie bestätigte das medizinische Personal von Bethesda, dass Kennedys Leichnam tatsächlich in einem einfachen Metallsarg in dem Hospital ankam. Liften nimmt außerdem an, dass die von den Gewehrschüssen verursachten Verletzungen am Kopf chirurgisch verändert worden waren, um die Einschusswunde einer Kugel an der Stirn zu verbergen, da diese auf die Anwesenheit von mindestens zwei Schützen hätte schließen lassen. Nach Liften wurde der Beschluss zu dieser gezielten Verschleierung auf höchster Ebene der US-Regierung gefasst.[8]

Liftons seltsame Idee wäre in die Vielzahl der verschiedenen Verschwörungstheorien eingereiht und bald vergessen worden, hätte es da nicht die Aussagen einer Reihe von medizinischen Experten gegeben. Dr. Robert McClelland, der Chirurg, der an JFKs Hals den Luftröhrenschnitt vorgenommen hatte, versicherte, dass die Röntgenaufnahmen, die er 1989 erstmals zu Gesicht bekam, *„nicht dieselben Verletzungen am Kopf des Präsidenten aufwiesen, die er in der Notfallstation gesehen habe"*. Auch Jerrol Custor, der 1963 einige der Originalröntgenaufnahmen gemacht hatte, wurden die Aufnahmen 1989 gezeigt. Er erklärte rundweg, es handele sich um eine Fälschung, und auch Floyd Reibe, der die Autopsie fotografiert hatte, hielt die veröffentlichen Fotos für fingiert.

Die meisten Menschen auf der Welt wissen nicht einmal, dass es außer dem „Zapruder-Film" des Kennedy-Attentates einen zweiten Film, den sogenannten „Orville-Film" gibt, welcher die Ermordung von der anderen Seite der Straße filmte. Orville filmte sogar zufällig Zapruder, wie er seinen Film dreht. Orville hatte nach dem Attentat den Trubel um den Zapruder-Film mitbekommen und keine Lust, sich mit den amerikanischen Geheimdiensten auseinanderzusetzen. Seine Familie veröffentlichte den Film aus Orvilles Nachlass, nachdem dieser verstorben war.

Den weltbekannten Zapruder-Film von Abraham Zapruder verkaufte dieser damals für 250.000 Dollar an das *Life Magazine*, welches einzelne Bilder daraus veröffentlichte. Im Fernsehen wurde die komplette Sequenz erstmals im Jahr 1975 ausgestrahlt. Vor dieser Zeit erhielt die amerikanische Öffentlichkeit lediglich eine Beschreibung der Aufnahmen des CBS-Mitarbeiters Don Rather, der fest behauptete, der Präsident sei nach dem tödlichen Kopfschuss nach vorne und nicht nach hinten gefallen. Interessant hierbei ist, dass Abraham Zapruder, der den bekanntesten Film zum Kennedy-Mord drehte, „zufällig" selbst Freimaurer des Schottischen Ritus (33°) war.

Abb. 1 links bis **Abb. 3** rechts: Der Hochgradfreimaurer Abraham Zapruder, gefilmt von der anderen Straßenseite aus, wie er den Mord an John F. Kennedy aufnahm.

Um die Verwirrung noch zu vergrößern, wurden – vermutlich nicht ganz aus Versehen (…) – die beiden wichtigsten Einzelaufnahmen im Bericht der Warren-Kommission seitenverkehrt gedruckt, sodass der Eindruck entstand, Kennedy sei von hinten erschossen worden.[8] Das FBI entschuldigte dies später mit der Aussage, hier wäre ein „Druckfehler" passiert.

Carl Oglesby, der in den 1970er-Jahren das Interesse des Kongresses für eine erneute Untersuchung des Kennedy-Mordes auf sich zog, meinte zu diesem Attentat:

„...eine geheime Macht, die wir nur schwach erkennen können und der wir kaum Widerstand zu leisten wissen, scheint Schlüsselpositionen der Regierung, die für das integre Verhalten der Nachrichtendienste entscheidend sind, in Besitz genommen und manipuliert zu haben..."

Dies wird auch an der absonderlich erscheinenden Vorgehensweise gegen unliebsame Zeugen und Beweismittel deutlich.

Abb. 4 links: Der Hochgradfreimaurer Earl Warren, nach dem der „Warren-Report" und die „Warren-Kommission" benannt wurden, die offizielle Untersuchungskommission zur „Aufklärung" des Mordes an John F. Kennedy am 22.11.1963 in Dallas, Texas. Warren war selbst Mitglied in der Kommission, darunter auch einige andere Hochgradfreimaurer, wie zum Beispiel Gerald Ford.
Abb. 5 rechts: Hochgradfreimaurer Abraham Zapruder, der die Ermordung von John F. Kennedy am 22.11.1963 in Dallas am Dealey Plaza gefilmt hatte, ein geschichtsträchtiger Ort, benannt nach dem Hochgradfreimaurer Georg Bannermann Dealey.

Deputy Sheriff Buddy Walthers, der auf der Dealey Plaza sah, wie ein unbekannter Zivilist mit einem Funkempfänger im Ohr eine Patrone aufhob, wurde später ermordet. Die Patrone verschwand. Der Augenzeuge Warren Reynolds, der einen Schützen auf der Jefferson Street laufen sah, zögerte zu Beginn, ihn als Oswald zu identifizieren. Kurz darauf wurde er in einer Tiefgarage in den Kopf geschossen. Glücklicherweise überlebte er. Danach änderte dieser aber seine Meinung in der Öffentlichkeit und es stand für ihn plötzlich fest, dass der Flüchtende vom Tatort in Dallas doch Oswald gewesen wäre...

Der aus Weißrussland stammende Antikommunist mit CIA-Verbindungen und zudem Freund von Oswald, George D. Mohrenschild, äußerte die Ansicht, Oswald sei unschuldig. Nur wenige Stunden bevor er von dem Untersuchungsbeamten Gaeton Fonzi hierzu eingehend befragt werden konnte, steckte er sich einen Gewehrlauf in den Mund und drückte ab. So zumindest die offizielle Version der Geschichte. Der Kongressabgeordnete Hale Boggs war Mitglied der Warren Kommission. Er widersprach der offiziellen Version um die „Magische Kugel"[9] und verdächtigte Bundesbehörden, sie würden schlampig ermitteln. Nur kurze Zeit später verschwand sein Privatflugzeug für immer in Alaska.

David Ferrie, ein CIA-Verbindungsmann mit Mafia-Kontakten, war Lee Harvey Oswalds Vorgesetzter bei der *New Orleans Civil Air Patrol* und auch sonst in einigen Punkten in das Geschehen involviert. Staatsanwalt Jim Garrison, der für eine Wiederaufnahme der Untersuchungen um den Kennedy-Mord sorgte, unter anderen auch nachfolgend verfilmt in „JFK – Tatort Dallas", konnte David Ferrie bei seinen Ermittlungen nicht in den Zeugenstand bekommen, da Ferrie vorher an den Folgen eines Gerinsels im Gehirn erlag. Nicht jeder glaubt in diesem Fall an einen natürlichen Tod. Garrison selbst beschreibt in seinem Buch „Wer erschoss John F. Kennedy – Auf der Spur der Mörder von Dallas", dass seine Aktivitäten nicht ohne Reaktionen „von oben" blieben. Zuerst trat man mit Bestechungsversuchen an ihn heran. Man bot ihm ein Richteramt an, wenn er seine Untersuchungen einstellen würde. Doch er weigerte sich. Danach wurde er zur Zielscheibe von Medienkampagnen. Journalisten beschuldigten ihn plötzlich der Verschwendung von Steuergeldern, Behörden stellten ihm Fallen. Man versuchte ihn fälschlicherweise als homosexuell zu diffamieren und zu ertappen, doch auch dies gelang nicht. Am 30 Juni 1971 wurde Garisson aus heiterem Himmel heraus medienwirksam von Bundesbeamten der Steuerfahndung verhaftet, weil er angeblich Schmiergelder von einer Spielhalle angenommen habe. Bei dem Monate später stattfindenden Prozess wurde er freigesprochen. Doch danach ging seine Wiederwahl als Staatsanwalt den Bach hinunter.[10]

Aber auch andere versuchten, Licht ins Dunkel um den Kennedy-Mord zu bringen. Etwa eine halbe Millionen Seiten möglicher brisanter Fakten werden aus Gründen der „Nationalen Sicherheit" teilweise noch unter Verschluss gehalten. Weitere 2.800 Dokumente wurden jetzt unter Präsident Trump freigegeben. Nähere Informationen hierzu im Verlauf des Buches.

In den siebziger Jahren des zwanzigsten Jahrhunderts erhielt ein Kongressabgeordneter die Erlaubnis, Material aus dem Tresorraum des Kongresses einzusehen. Danach versuchte ein CIA-Mitarbeiter Berichten zufolge die offiziellen Autopsieaufnahmen zu stehlen. Fotos, die nach immer wieder geäußerten Vermutungen gefälscht waren, weil sie dem Obduktionsbericht widersprachen.[11]

Dr. Mary Sherman, die das Pech hatte, mit dem an einem Blutgerinsel im Gehirn verstorbenen David Ferrie befreundet zu sein, wurde in ihrem Bett erschossen und verbrannt. Der Gerichtsmediziner Dr. Nicholaus Chetta, der die Obduktionen an Ferrie und Sherman durchgeführt hatte, fiel einem Herzanfall zum Opfer. Zu dieser Zeit sorgten unbekannte Täter auch dafür, dass das Erscheinen des ebenfalls von Garrison gesuchten Freundes von Ferrie, Alladio Del Valle, vor Gericht nicht möglich wurde. Man fand seine Leiche in Miami. Ein Machetenhieb hatte ihm den Schädel gespalten. Außerdem fand man einen großkalibrigen Schusskanal durch seinen Körper.

Die berühmten Fotos, auf denen Oswald mit dem Gewehr und der kommunistischen Zeitung *The Daily Worker*, auf der linken Zeitung *The Militant* und im *Life Magazin* zusehen war, sind in der Zwischenzeit als Fälschungen entlarvt worden. Unter anderem sogar vom Fotosachverständigen des Warren-Untersuchungsausschusses, der ein Gegengutachten verfasste. Hierbei ergaben die Untersuchungen, dass Oswalds Gesicht auf beiden Bildern identisch ist, nicht aber der dazugehörige Körper. Die beiden Oswalds sind nicht einmal gleich groß. Auf beiden Fotos gibt es Schatten in verschiedene Richtungen und andere Ungereimtheiten. Aber trotzdem akzeptierte die Öffentlichkeit die Bilder als Beweis für Oswalds Geisteshaltung.

Carolyn Walther, die im neben dem Schulbuchlager liegenden Dal-Tex-Gebäude arbeitete, hatte ebenfalls wie andere Zeugen einen Bewaffneten im Schulbuchlagerhaus bemerkt. Laut ihrer Aussage war er hellhaarig und es wäre ein zweiter Mann hinter ihm gestanden. Auch sie wurde von der Warren-Kommission nicht als Zeugin geladen.

Mehreren Zeugen, die deutlich gesehen haben wollen, wie die Kugel Kennedy in die Stirn getroffen habe, wurde bei der Warren-Kommission keine größere Bedeutung beigemessen. Einige der Zeugen wurden gar nicht erst verhört. Und falls doch, dann fanden ihre Aussagen nicht Eingang in den Report. Über 40 von ihnen erlagen einige Zeit später Unfällen, Krankheiten oder begingen bedauerlicherweise Selbstmord. 27 weitere kamen noch dazu, als der Kongress den Untersuchungsausschuss einberief.

Das *Assassination Investigation Bureau of Cambridge* hat derzeit sogar eine Liste von über 100 Todesfällen im Zusammenhang mit dem Kennedy-Mord zusammengetragen, von denen man annimmt, dass die Todesursache keine natürliche gewesen ist. Im „Lexikon der Verschwörungstheorien" von Robert Anton Wilson, der auf diesen Sachverhalt dort eingeht, werden einige der Namen daraus aufgelistet.[12]

Einer der Zeugen wurde irrtümlich für ein Reh gehalten und erschossen, wie der Autor Jim Marrs bei einem Kongress in Dallas 1991 berichtete. Der Mafioso John Roselli berichtete gegenüber dem Journalisten Jack Anderson und Kerry Wendell Thornley, die CIA habe ihren eigenen Präsidenten getötet. Er sollte damals vor dem *House Select Committee on Assassinations* über den Kennedy-Mord aussagen. Aber es kam leider nicht dazu, denn Rosellis Einzelteile wurden zerhackt in einem Metallfass entdeckt. Es trieb vor der Bucht in Miami im Wasser.

Bis heute hat sich die Theorie gehalten, dass die offiziellen Autopsiefotos Fälschung sind. Die Originale soll Lieutenant William Pitzer an sich genommen haben. Pitzer berichtete, Uniformierte hätten ihn in brutalen Verhörmethoden indoktriniert. Er wisse überhaupt nichts. Später beging er mit einer Schusswaffe Selbstmord. Wie auch ein anderes vermeintliches Opfer in diesem Zusammenhang, Ivar Kreuger, war Pitzer Linkshänder, jedoch umklammerte nach dem angeblichen Selbstmord seine rechte Hand die Waffe. Wäre es nicht so ernst, könnte man es schon fast parodieren. Denn bei dem früheren CIA-Agenten Gary Underhill war es genau andersherum. Er vertraute Freunden an, die CIA sei in das Kennedy-Attentat verwickelt. Der Rechtshänder schoss sich kurz darauf in die linke Schädelseite... Auch die Aussagen späterer Zeugen bringen den Verdacht auf, dass nicht immer alles mit rechten Dingen zugegangen ist. So erklärte zum Beispiel der ehemalige Kongresssprecher Tip O'Neil, die Kennedy-Berater

Kenneth O'Donnell und Dave Powers hätten ihm berichtet, das FBI habe sie überredet, ihre eigenen Zeugenaussagen bezüglich eines Todesschusses vom Grashügel zu ändern. Doch inzwischen gibt es zu der Anzahl der Schüsse auch ganz neue Hinweise, die Fragen aufwerfen. Zeugen sprechen von 4 Schüssen, die sie gehört hätten. Diese Vermutung wird auch nach der Untersuchung eines Tonbandmitschnitts unterstützt, die ein Polizist unabsichtlich am Tatort machte und die erst als wertlos galten, da man nichts Verwertbares hörte. Erst durch modernste Untersuchungen konnten aus dem Rauschen tatsächlich mindestens 4 vermeintliche Schüsse herausgefiltert werden. Zudem scheint es bei der Planung des Attentats Berichten zufolge eine Art Schießbefehl gegeben zu haben, was unter Umständen nahelegt, dass sogar weitaus mehr Schüsse als 4 gefallen sind, diese aber nicht einzeln akustisch wahrgenommen wurden, da sie simultan abgefeuert worden sind.

Unzählige Verschwörungstheorien haben sich damit beschäftigt, ob Kennedy tatsächlich von Oswald aus dem Schulbuchlagerhaus heraus erschossen wurde, oder ob die Schüsse von anderen Orten auf den Präsidenten abgefeuert worden sind. Inzwischen wird deutlich: Es wurden unter Umständen sogar mindestens 13 Schüsse abgefeuert – was aufgrund der vielen Aussagen und Fotos, von der „Magischen Kugel" über das Auffinden möglicher weiterer Patronen bis hin zu weiteren Spuren durch Geschosse am Tatort zumindest nicht ganz auszuschließen ist.

Auch bei der Ermordung des angeblichen Einzeltäters Lee Harvey Oswald scheint es eine Art „Hinweis" gegeben zu haben, der den Schüssen vorausging – von wem auch immer. Oswald wurde am 24. November 1963 um 11:21 Uhr im Kellergeschoss des Polizeipräsidiums vor laufender Kamera in Anwesenheit zahlreicher Polizisten und Journalisten von dem damals 52-jährigen Nachtclubbesitzer Jack Ruby mit einer 38er in den Unterleib geschossen. Nach dem Eintreffen von Ruby im Keller hörten mehrere Zeugen ein vierfaches Hupen auf der Straße, welches ihnen wie ein Signal erschien. Unmittelbar danach wurde Oswald von den Beamten weggeführt. Schon seinerzeit wurden hierzu Stimmen laut, hier könne nicht alles mit rechten Dingen zugegangen sein. Der infolge zu lebenslanger Haft verurteilte Ruby, der in Chicago aufwuchs, wo seine Gang unter anderem Botendienste für Al Capone erledigte, verlangte im Gefängnis von Dallas vier

Jahre lang hartnäckig, nach Washington verlegt zu werden. Dort würde er sich sicher fühlen, um über die wahren Hintergründe des Mordes an John F. Kennedy zu sprechen. Als ihm diese Anhörung im Jahr 1967 endlich zugesagt wurde, verstarb Ruby kurz davor ganz unerwartet den offiziellen Angaben zufolge an Lungenkrebs.

Tatsache ist, dass er sich vor dem Mordanschlag auf Lee Harvey Oswald ziemlich unauffällig verhielt. Er hätte ihn bereits am Freitagabend, während der ersten kurzen Pressekonferenz, erschießen können, als Oswald nur wenige Meter an ihm vorbeilief. Das gesamte Wochenende trieb Ruby sich in der Dallas Police Station herum und verteilte Freikarten für seine Nachtclubs... Das entspricht nicht gerade dem Verhalten eines Mannes, der einen Mord beabsichtigt. Warum hatte er Oswald also nicht bei der ersten Gelegenheit erledigt? Weil er zu diesem Zeitpunkt noch nicht den Auftrag dazu erhalten hatte? Der Mordauftrag muss relativ kurz vor den Todesschüssen an Oswald erteilt worden sein. Denn Menschen, die Ruby kannten, sagten später aus, er hätte niemals seinen Hund Sheba im Auto eingesperrt zurückgelassen, wenn er beim Aussteigen schon gewusst hätte, dass er nicht zurückkommt.

Interessant erscheint auch die Aussage von Ron Lewis. Lewis war ein enger Freund von Lee Harvey Oswald: *„Lee und ich arbeiteten für Guy Banister, den früheren Chef des FBI-Büros in Chicago. Banisters Aufgabe war es, die Ermordung Kennedys zu planen... Einer seiner Vorgesetzten im Netz ... war Clay Shaw – ein Vertragsagent der CIA.“*

Ron Lewis berichtete weiter, Oswald habe ihn schon im September 1963 darüber informiert, dass Banister die Ermordung Kennedy plane. Ron Lewis: *„Lee erzählte mir im September 1963 davon. Im Oktober hatten wir dann ein langes Gespräch...“*[13]

Oswald schwor ihn damals darauf ein, nichts davon in irgendeiner Form an die Öffentlichkeit dringen zu lassen, weil sonst er und Lewis die Sache nicht überleben würden. Ron Lewis: *„Ich sagte ihm, ich hielt dicht ... Und er wusste, dass ich die Wahrheit sage, denn sonst hätte man mich getötet.“*

Lewis war jedoch nicht der Meinung, dass die offizielle Variante über das Kennedy-Attentat bezüglich Lee Harvey Oswald stimmt. Oswald scheint gezielt als eine Art Bauernopfer auserkoren worden zu sein in dieser Verschwörung bis in die höchsten Kreise. Ron Lewis: *„Ich glaube nicht, dass er geschossen hat ... Die gerichtsmedizinischen Gutachten waren negativ."*

Abb. 6 oben links und **Abb. 7** oben rechts: Freimaurertempel in Dallas, Texas.

Auf die Frage, wer den tödlichen Schuss auf Kennedy seiner Meinung nach abgeschossen hat, antwortete Lewis: *„Ich glaube, einer der Mörder war ein ehemaliger Polizist aus Dallas namens Roscoe White. Er war auch als Killer für die CIA tätig und hatte bereits 28 Menschen getötet. Seine Frau arbeitete in Jack Rubys Nachtclub."*[(14)]

Zwar behauptete der Warren-Bericht: *„Es gibt keinen Beweis dafür, dass Oswald und Ruby einander kannten oder durch Dritte Kontakt hatten"*, aber auch das entsprach nicht den Tatsachen. Auch hier musste der Untersuchungsausschuss des US-Repräsentantenhauses später den Warren-Report korrigieren: *„Die Untersuchung des Ausschusses über Oswald und Ruby förderten eine Vielfalt von Kontakten zutage, die zu einer Mordverschwörung gereift sein könnten. Weder Oswald noch Ruby waren Einzelgänger, als welche sie die Untersuchung von 1964 (der Warren Report) darstellte."*

So erklärte zum Beispiel Raymond Cummings, ein Taxifahrer aus Dallas, dem Bezirksstaatsanwalt Jim Garrison, er habe Lee Harvey Oswald und David Ferrie Anfang 1963 zu Rubys *Carousel Club* gefahren. Robert K. Patterson, ein Elektrohändler, gab an, dass Ruby mit Oswald am 1. November 1963 in seinem Laden zusammen einkaufen waren.

21

Eine weitere Zeugin, vielleicht eine der interessantesten, ist Beverly Oliver, die auch den Mord an Kennedy aus unmittelbarer Nähe verfolgte. Untersucher gaben ihr den Namen „Babushka Lady", weil sie am Tag, als John F. Kennedy ermordet wurde, ein Kopftuch trug und dadurch wie ein russisches Großmütterchen aussah. An diesem Kopftuch ist sie auf allen Aufnahmen vom Attentat gut zu erkennen, mit einer Filmkamera in der Hand. Zur damaligen Zeit trat Beverly als Sängerin im *Colony Club* auf, der unmittelbar neben Jack Rubys *Carousel Club* lag. Sie war sowohl mit Jack Ruby als auch mit einigen seiner Tänzerinnen gut befreundet. Ihre Aufnahmen waren sicher um ein Vielfaches besser als der bekannte Zapruder-Film, weil sie direkt vor dem Präsidenten stand, als dieser erschossen wurde. Doch ihr Film wurde vom FBI beschlagnahmt. Man sagte ihr, sie würde ihn in 10 Tagen zurückbekommen. Doch sie bekam ihn nie wieder… Die Ex-Tänzerin berichtete, sie habe etwa zwei Wochen vor dem Attentat Rubys Club besucht. Jack habe ihr dort einen „Lee Oswald vom CIA" vorgestellt. Als sie die Fotos des angeblichen Todesschützen in der Zeitung sah, erkannte sie Lee Harvey Oswald sofort wieder. David Ferrie, so berichtete sie, habe damals so regelmäßig im Carousel Club verkehrt, dass sie ihn für den neuen Vize-Manager des Clubs hielt.

Am 18. Juli 1964 ließ Jack Ruby auf eigenen Wunsch einen Lügendetektortest an sich durchführen. Auf die Fragen *„Kannten Sie Oswald vor dem 22. November 1963"* und *„Unterstützten Sie Oswald bei dem Attentat?"* antwortete er jedes Mal mit *„Nein!"*. Aus dem Ergebnis des Lügendetektortests folgerte die Warren-Kommission, dass er die Wahrheit sagte. Ein starker Ausschlag des Detektors wurde auf eine Körperbewegung und starken Stress zurückgeführt. Im Jahr 1979 wurden die Ergebnisse von Rubys Lügendetektortest von Experten des Untersuchungsausschusses des US-Repräsentantenhauses erneut ausgewertet. Zu diesen zählte auch Richard O. Arthur, Leiter des Nationalen Ausbildungszentrums für Lügendetektoruntersuchungen in New York. Er und seine Kollegen kamen einstimmig zu dem Schluss, dass Jack Ruby in beiden Fällen gelogen hatte. Vor der Warren-Kommission ließ Ruby zudem durchblicken, dass er aus irgendeinem Grund auch Angst vor dem Vorsitzenden Hochgradfreimaurer Earl Warren, der die Warren-Kommission leitete, hatte, als er sagte: *„Meine Herren, wenn Sie mehr erfahren wollen, müssen Sie mich hier heraus-*

holen und nach Washington bringen, und das hat auch etwas mit Ihnen zu tun, Vorsitzender Warren..."[15]

Er wurde von einem der Männer der Kommission gefragt, ob es wahr wäre, dass der (erschossene) Polizist Tippit zusammen mit dem Ölmillionär H. L. Hunt und jenem Mann, der die Anti-Kennedy-Zeitungsanzeige am Tag des Attentats bezahlt hatte, bei ihm im Club war. Jack Ruby gab eine Antwort, die man in verschiedener Weise deuten konnte: *„Ich bin so wenig an einer Verschwörung beteiligt, wie Sie, meine Herren, hier im Raum."*

Nachdem sich die Delegation verabschiedet hatte, wirkte Ruby etwas resigniert und sagte: *„Nun gut. Sie werden mich nie mehr wiedersehen. Das kann ich Ihnen sagen ... Eine völlig neue Form der Regierung wird das Land übernehmen, und ich weiß, dass ich nicht mehr lange genug lebe, um das mitzuerleben."*

Zu einem Radioreporter sagte er: *„Ich weiß, dass auf der ganzen Welt eine furchtbare Verschwörung im Gange ist ... Ich sage die Wahrheit ... Die Welt hat ein Recht darauf, die Wahrheit tu erfahren."*

Dem Team eines Fernsehsenders sagte er später: *„Die Hintergründe von dem, was geschah, sind nie bekannt geworden. Die Welt wird nie erfahren, was wirklich geschah – mein Tatmotiv zum Beispiel..."*[16]

Als der Reporter erfahren wollte, ob die Wahrheit je ans Licht kommen wird, ergänzte Ruby: *„Leider werden diese Leute, die so sehr davon profitieren und darum ein Interesse haben, mich hier zu lassen, nie zulassen, dass die Weltöffentlichkeit die wahren Tatsachen erfährt."*

Der Reporter fragte weiter: *„Sind diese Männer in hohen Positionen?"*

Jack Ruby antwortete: *„Ja!"*

Dem Psychiater Werner Teuter, der Ruby auf seine Schuldfähigkeit hin untersuchte, berichtete er, das Attentat sei ein Regierungsumsturz gewesen. Und er würde wissen, wer Kennedy ermordet habe.

Ruby zu Teuter: *„Ich hatte keine andere Wahl! Ich wollte nicht sterben! … Ich bin nicht verrückt! Ich wurde gezwungen, Oswald zu töten!"*

Am 9. Dezember 1966 wurde Ruby in das Parkland Hospital verlegt. Am 3. Januar 1967 war er tot. Man diagnostizierte, er habe Lungenkrebs und eine Lungenentzündung gehabt. Später kam die Behauptung auf, man habe ihn zum routinemäßigen Röntgen gebracht und dort 20 Minuten warten lassen, während der Apparat bereits eingeschaltet war.[17]

Santos Trafficante, Mafiaboss von Florida, der in die Mordanschläge der CIA auf Fidel Castro verwickelt gewesen war, scheint ein weiteres Mitglied innerhalb dieser Verschwörung gewesen zu sein. Jimmy Hoffa, der ebenfalls mit der CIA an Komplotten gegen Castro beteiligt gewesen sein soll, ebenso. Hoffas Anwalt behauptete 1994, dieser habe ihn 1963 nach New Orleans geschickt, um Trafficante und den örtlichen Mafiaboss Carlos Marcello darum zu bitten, den Mordanschlag mit zu organisieren. Das Komitee zur Aufdeckung des Kennedy-Mordes fand angeblich Beweise, die neben Oswald auch seinen Mörder Jack Ruby und Marcellos Mafiaorganisation in Verbindung brachten. In einer Fernsehdokumentation über die Mafia, die vor Jahren ausgestrahlt wurde (siehe hierzu den Artikel im *COVER UP! Newsmagazine*) wird detailliert belegt, dass inzwischen eine übergeordnete Hierarchie in der Mafia entstanden ist, und dass diese von mächtigen Leuten aus dem Bankenwesen und Personen und Gruppierungen geleitet wird, die auch dem internationalen Logentum angehören.[18] Unter anderem werden in der mehrteiligen Dokumentation hier auch die Rothschilds namentlich erwähnt. Aber auch die CIA scheint laut dieser Dokumentationsquelle eine gewichtige Rolle als Verbindung zur Mafia zu spielen.

Jack Ruby war ganz offensichtlich eine wichtige Figur, die mit den Bossen des organisierten Verbrechens in Verbindung stand. Tatsächlich hatte Ruby Trafficante in Kuba mehrmals besucht. Glaubt man der offiziellen Seite, dann wollten Robert und John F. Kennedy mit Hilfe der CIA Fidel Castro ermorden lassen. Allerdings konnten derartige Behauptungen im Falle von John F. Kennedy nie bewiesen werden. Im Falle von Robert Kennedy wiegen die Indizien etwas schwerer. Jedoch ist auch hier nicht auszuschließen, dass die CIA einen Mordauftrag in verschiedene Vorgänge hineininterpretiert hat. Wie auch immer, der Plan wurde später angeblich aufgegeben. Castro, der mehrere Mordanschläge überlebte, sagte im September 1963: „*Wir sind vorbereitet, zu antworten. Die Führer der Vereinigten Staaten müssen wissen, dass sie, wenn sie planen, kubanische Führer zu eliminieren, selbst nicht sicher sind.*"

Und hier wird auch eine dubiose Person interessant, die beim Anschlag auf Kennedy kurz vor der Ermordung in eine Art Funksprechgerät sprach und in die Geschichte um den Kennedy-Mord als „der Kubaner" einging. Nähere Informationen hierzu folgen im Verlaufe des Buches. Fidel Castro sagte im Jahr 1978, dass es eine „ungeheure Verrücktheit" von ihm gewesen wäre, die Ermordung Kennedys zu empfehlen, trotz der versuchten Invasion in der Schweinebucht. Dass „Kuba" tatsächlich mit dem Attentat auf John F. Kennedy in Zusammenhang zu bringen ist, wird von vielen bezweifelt. Sie argumentieren mit dem Hinweis, dass Amerika Kuba in Grund und Boden gebombt hätte, wenn es tatsächlich nur einen einzigen echten Beweis dafür gegeben hätte. Wobei militante Kubaner oder Pro-Kubaner durchaus im geheimen Plan eine Rolle gespielt haben könnten, die sich durch Castros Worte und die Mordanschläge auf ihren eigenen Präsidenten bestärkt sahen, aktiv an einer Verschwörung gegen Kennedy mitzuwirken. Denn Castros Drohung gegen amerikanische Spitzenpolitiker wurde im September 1963 in der *News Orleans Times* abgedruckt, als Oswald gerade in der Stadt weilte.

Oswalds Onkel Charles „Dutz" Murret hatte jahrelang in der Unterwelt im Spielsyndikat von Carlos Marcellos Mafiafamilie gearbeitet. Als Oswald wegen seiner Teilnahme an einem „Fair Play für Kuba-Treffen" verhaftet wurde, engagierte Murret eine Unterweltfigur aus dem Umfeld Marcellos, um Oswalds Kaution zu bezahlen. So könnte man auf Oswald als Sündenbock aufmerksam geworden sein, der nun in der Schuld der Mafia stand.

Jimmy Hoffa verschwand spurlos im Jahr 1975, kurz bevor er im selben Jahr vor dem offiziellen Untersuchungsausschuss über die Anti-Castro-Verschwörung aussagen sollte. Durch eine Vorladung gezwungen, erschien Trafficante vor dem Komitee, weigerte sich jedoch, irgendeine Frage zum Kennedy-Attentat zu beantworten. Vor dem Mord an Kennedy wurde

Trafficante mit den Worten zitiert: *„Dieser Kennedy sitzt in der Patsche! Er wird bekommen, was er verdient! Er wird es bekommen!"*

Nachdem der Mafioso Giancana, der ebenfalls vor dem Komitee aussagen sollte, kurz zuvor – im gleichen Jahr 1975, in dem Hoffa spurlos verschwand – ermordet wurde, wurde folgende Aussage Trafficantes vom FBI auf Band aufgenommen: *„Jetzt leben nur noch zwei Personen, die wissen, wer Kennedy getötet hat. Und die werden nichts sagen."*

John Martino, ein Freund des Mafia-Bosses Trafficante, arbeitete als Vertragsagent der CIA mit den Anti-Castro-Gruppen der Exilkubaner zusammen. Vor seinem Tod erklärte er, Oswald sei von den exilkubanischen Anti-Castro-Gruppen aufgehetzt worden, ohne zu wissen, für wen er in Wirklichkeit arbeitete, und wer im Hintergrund wirklich die Strippen zieht. Lee Harvey Oswald sollte ihm zufolge nach der Ermordung des Präsidenten im Texas Theater getötet werden. Doch es kam zu einer Panne, mit der niemand gerechnet hatte. Martino: *„Wir konnten ihn nicht erwischen! ... Sie ließen ihn von Ruby töten."*

Die damals bekannte US-Kolumnistin Dorothy Kilgallen hatte Ruby bereits etwa anderthalb Jahre vor seinem Tod interviewt. Danach plante sie, ein Buch über das Kennedy-Attentat zu publizieren. Ihrem Rechtsanwalt Mark Lane erzählte sie: *„Sie haben den Präsidenten ermordet, und die Regierung ist nicht bereit, uns die Wahrheit zu sagen. Ich werde den Fall offenlegen!"*

Freunden berichtete Dorothy Kilgallen: *„Das muss eine Verschwörung sein! Die (Warren-)Kommission ist lächerlich. Ich werde die Wahrheit aufdecken. Das wird der Coup des Jahrhunderts!"*

Am 8. November 1965 wurde Dorothy Kilgallen tot in ihrem Haus aufgefunden. Zu Beginn behauptete man, sie wäre an einem Herzanfall gestorben. Später diagnostizierte man eine Überdosis Schlaftabletten und Alkohol. Alle ihre Aufzeichnungen zum Kennedy-Attentat sind seitdem verschwunden. Welch ein Zufall...

Im Jahr 1978 gab die amerikanische Politik dem Druck der Öffentlichkeit nach: Ein Untersuchungsausschuss rollte den Kennedy-Fall neu auf und kam zu der Überzeugung, es bestehe „*eine hohe Wahrscheinlichkeit, dass zwei Schützen feuerten*". Dies war zwar kein Eingeständnis, dass die offizielle Geschichte falsch war, welche man dem amerikanischen Volk und der Welt über Jahre präsentiert hatte, aber es befeuerte die Spekulationen und führte dazu, dass immer mehr Forscher nach immer mehr Unstimmigkeiten suchten. Und diese auch fanden...

Einige der Schüsse auf John F. Kennedy haben bereits damals aufgezeigt, dass sie von (schräg) oben gekommen sein mussten, wie zum Beispiel jene, welche in die Hand und das Bein des vor ihm sitzenden Gouverneurs John Connally trafen. Andere Spuren am Tatort deuten an, dass „Schüsse von oben" teilweise aus einer ganz anderen Richtung gekommen sein könnten als vom Schulbuchlager. Auch hierzu mehr im Verlauf des Buches. Während sich die Welt somit bei ihren Analysen darauf konzentrierte, ob die Schüsse „von vorne" oder „hinten" kamen, wurde die Wahrheit wohl übersehen: Viele der Augenzeugen gaben an, sie hätten sich auf den Boden geworfen, weil sie Schüsse über sich hörten. Auch die Behauptungen, der Fahrer hätte Kennedy erschossen, lösen sich bei näherer Untersuchung in Schall und Rauch auf. Betrachtet man die Sequenz zu dieser Behauptung nicht nur einmal, sondern immer wieder, dann wird deutlich, dass es sich bei der angeblichen „Waffe" in der Hand des Fahrers um eine optische Täuschung gehandelt hat, verursacht durch ein Spiel aus Licht und Schatten in den Haaren des Beifahrers (siehe hierzu auch Abb. 89 und 90, sowie nähere Informationen an andere Stelle im Buch, wo wir etwas näher auf die Thematik eingehen). Zumal dies sicherlich weder dem Beifahrer noch Jackie Kennedy verborgen geblieben wäre, da eine Waffe, abgefeuert ohne Schalldämpfer aus nächster Nähe, nicht zu überhören wäre. Der inzwischen ermordete Marinegeheimdienst-Mitarbeiter William Cooper behauptete, er habe Dokumente gesehen, die den Fahrer als Schützen bezeichneten. Doch offensichtlich handelte es sich hierbei um eine Fehlinformation oder eine Spekulation, wie wir im Verlauf des Buches noch erfahren werden.

Am Himmel über Kennedy befand sich aber mindestens ein Hubschrauber, welcher die Szenerie offensichtlich von oben fotografierte und überwachte. Inzwischen aufgetauchte Aufnahmen (siehe Abb. 93 bis 99) zeigen einen Hubschrauber über Dallas an diesem Tag – und Augenzeugen erwähnten ihn in ihren Ausführungen.

Tom Flocco berichtete unter anderem:

„Nach Angaben des US-Geheimdienstexperten wurden zusätzliche Fotos und Filme von einem Polizeihubschrauber in der Luft über der Fahrzeugkolonne aufgenommen, als Aktivisten einer namentlich nicht genannten ausländischen Regierung, die nicht zur Polizei von Dallas gehörte, ihn ermordeten."

Tom Heneghan, ein Militär- und Nachrichtenexperte, sagte, dass die Aufnahmen aus dem Helikopter über dem Tatort in Dallas beweisen würden, dass die Oswald-Story konstruiert wurde. Saß in diesem tief fliegenden Hubschrauber eventuell einer der Schützen? Außerdem belegen Aufnahmen die Anwesenheit von Personen, offensichtlich Scharfschützen, auf umliegenden Dächern, wie zum Beispiel auf dem Dach des Dallas County Records Building, das neben dem Schulbuchlager liegt (Abb. 93-99). Wir werden auch hierauf im Verlauf des Buches näher eingehen.

Nach der Veröffentlichung des nun angeblich „unbearbeiteten" Zapruder-Films führte Professor Dr. John Nichols aus, dass auf dem Film ein von vorne kommender Schuss gezeigt wird. Er führte weiter aus, der Präsident sei von mehreren Kugeln getroffen worden, wobei die von hinten abgefeuerten aus unterschiedlichen Richtungen kamen. Dies sollte beispielsweise das Dallas County Records Building näher ins Visier der Ermittlungen rücken lassen. Dies geschah aber nicht. Der Zapruder-Film beweist zudem, dass Oswald maximal 5,6 Sekunden Zeit hatte, seine 3 Schüsse abzufeuern. Kaum möglich, wie auch in dem Film „JFK – Tatort Dallas" aufgeführt wurde. Auch wenn inzwischen einige Dokumentationen versucht haben, die These der „Unmöglichkeit" der magischen Kugel zu widerlegen.[19] Teilweise auf tönernen Füßen... So wurden zum Teil Schusstest vorgeführt, die die Richtigkeit der offiziellen Darstellung belegen sollen. Aber man versäumte dabei, auf Details zu achten. In einem Fall wurde nicht einmal die Entfernung von Oswald zu Kennedy korrekt bei den Vergleichen berücksichtigt, was aber notwendig ist, um überhaupt in Betracht ziehen zu können, wie sich eine „Magische Kugel"[20] verhalten haben könnte. Andere Details um die Ermordung des Präsidenten wurden gleich ganz weggelassen, weil sie die „Einzeltäterthese" als unhaltbar aufzeigen würden.

Aber nicht nur dort: So erklärten auch Mitglieder der Warren-Kommission, das FBI und die CIA hätten gewichtiges Material über Lee Harvey Oswald zurückgehalten und der Kommission nicht zur Verfügung gestellt. Staatsanwalt Jim Garrison gelang es zudem, einem zweiten „Oswald" auf die Spur zu kommen, Irgendjemand hatte hier wohl versucht, Oswald als den Sündenbock aufzubauen – lange bevor das Attentat stattfand. Das FBI versuchte später laut Garrison Augenzeugen des falschen Oswalds in den Mund zu legen, sie hätten den echten Oswald gesehen, auch wenn diese es bestritten. Die Warren-Kommission überging diese Vorgänge in der Regel einfach. Im Falle einer Probefahrt beim Autohaus Downtown Mercury, bei der sich „Oswald" auffallend verhielt, beschrieb der Besitzer des Autohauses Frank Rizzo „Oswald" als eine Person, die etwa 30 Zentimeter kleiner war als der echte Oswald. Als dieser ein Bild von Lee Harvey Oswald vorgelegt bekam, sagte er: *„Naja, ich bin mir nicht sicher ... Aber wenn ich mich eindeutig äußern muss, würde ich sagen, dass er es nicht ist..."*[21]

Das fehlende Gehirn JFKs: Nach Aussage eines der Pathologen, Dr. Pierre Fink, war eine Anweisung von einem General der US-Armee gekommen, die Wunden nicht zu sezieren. Auch das Gehirn durfte nicht untersucht werden, sodass es völlig unmöglich war, den Schusskanal einer oder mehrerer Kugeln durch den Kopf festzustellen. Das Gehirn wurde für spätere Untersuchungen aufbewahrt und 1966 zusammen mit den Röntgenaufnahmen und Fotos dem Nationalarchiv in Washington übergeben. Nicht lange darauf verschwand es samt Gewebeproben und Dias!

Oswald soll Kennedy vom 6. Stock des Schulbuchlagerhauses aus mit einem Mannlicher-Carcano-Gewehr im Wert von damals 13 Dollar, welches er sich per Postversand bestellte, erschossen haben. Mit Munition, die seit 1947 nicht mehr verwendet wurde. Mit dieser „Top-Ausrüstung" visierte er angeblich den in etwa 60 Metern Entfernung in der Limousine fahrenden Präsidenten durch ein falsch eingestelltes Zielrohr im Wert von 1,50 Dollar durch die Baumwipfel an. Das Visier saß so schräg zum Lauf, dass es nach dem Auffinden der Waffe erst von einem Techniker korrigiert werden musste, bevor geübte Schützen den Versuch unternehmen konnten, Oswalds angebliche Meisterleistung nachzuahmen – was jedoch 120 Scharfschützen nicht gelang. Doch Oswald gelang es angeblich: drei Schüsse. Mit Erfolg. Wobei er vor jedem Repetieren unter Umständen noch mit der Hand nachladen musste, denn es wurde kein Ladestreifen gefunden.

Was noch mehr verwundert, ist die Tatsache, dass auf dem aktenkundigen Mannlicher-Carcano-Kleinkaliber-Gewehr keine Fingerabdrücke von Oswald gefunden werden konnten. Er wurde noch am Tage seiner Verhaftung einem Nitrat-Test unterzogen, der nachwies, dass er in den letzten 24 Stunden keine Waffe abgefeuert hatte. Diese Fakten wurden infolge 10 Monate lang unterschlagen. Noch am späten Abend des Attentatstages gab Bezirksstaatsanwalt Henry Wade die Information an die Medien, dass man ein *Mauser*-Gewehr gefunden habe... Welches aber unverzüglich wo auch immer wieder verschwand.

Wäre dies noch nicht genug, so fand auch noch der Bezirksstaatsanwalt Jim Garrison einen Film, den eine unabhängige Filmgesellschaft gemacht hatte. Auf diesem sieht man, wie Polizisten ein Gewehr über die Feuerwehrleiter aus dem Schulbuchlager bringen. Es wurde dabei wie ein rohes Ei behandelt. Als diese unten ankamen, sieht man auf dem Film einen Polizeibeamten, der diese Waffe kurz triumphierend in die Höhe hebt. Von dieser Szene gibt es eine Nahaufnahme in der Bildlegende „Die Waffe des Attentäters".[22] Das Merkwürdige dabei ist jedoch, dass diese Waffe im Gegensatz zu dem nicht mehr auffindbaren Mauser-Gewehr und zum offiziellen italienischen Mannlicher-Carcano-Gewehr, das Oswald benutzt haben soll, kein Visier hatte. Somit haben wir hier bereits ein drittes Gewehr, welches nie wieder auftauchte.

Oswald schien, glaubt man der offiziellen Version, also nicht nur ein begnadeter Schütze zu sein, der alle 120 nach dem Attentat folgenden professionellen Schützen, die das Unmögliche nachahmen wollten, in den Schatten stellte. Er schien sogar Hellseher gewesen zu sein, glaubt man dem offiziellen Bericht. Denn die Wagenkolonne wich von ihrer vorgesehenen Route ab. Seinem Assistenten Frank Klein zeigte Jim Garrison die Titelseite des *Dallas Mourning News* vom 22. November 1963. Diese wurde fast vollständig von einer grafischen Darstellung der vorgesehenen Fahrroute von Kennedy in Dallas eingenommen. Laut diesem Plan sollte die Limousine mit dem Präsidenten nicht von der Main Street abbiegen. Erst unmittelbar kurz vor dem Attentat entschied man sich, die eigentlich geplante Route zu ändern. Bei der offiziellen Route hätte Oswald bis heute im Schulbuchlager warten können, dass der Präsident vorbei fährt...[23]

Nun, die Warren-Kommission musste sich mit all dem nicht beschäftigen, denn ihr wurde eine alternative Titelseite vorgelegt, die zu den Beweisstücken kam. Diese zeigte keine Fahrtroute, sondern eine große graue Fläche. Aber auch Präsident Kennedy selbst schien eine Vorahnung zu haben. Am Tage des Attentats sagte JFK zu seinem persönlichen Berater Kenneth O'Donnell sowie seiner Frau: *„Wenn einer tatsächlich den Präsidenten der USA erschießen wollte – schwer ist das nicht… Alles, was er tun muss ist, irgendwann mit einem Gewehr mit Zielfernrohr in ein hohes Gebäude zu gehen … Und niemand kann etwas dagegen machen…"*

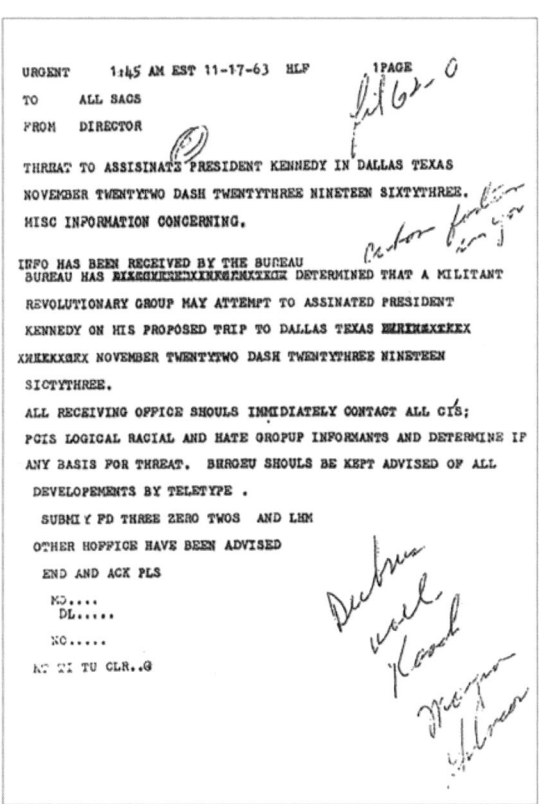

Abb. 8 oben: FBI-Fernschreiben vom 17. November 1963 an alle Dienststellen mit der Warnung, dass für den 22. oder 23. Dezember 1963 ein Attentat auf den Präsidenten in Dallas geplant sei. Es wurde ignoriert.

William S. Walter, ein ehemaliger FBI-Agent, hatte am 17. November 1963 Nachtdienst im Büro der FBI-Niederlassung in New Orleans. Er berichtete davon, dass ein Telex eintraf, in dem unter anderem stand: „...*Büro des FBI kam zu dem Schluss, dass eine militante revolutionäre Gruppe versuchen könnte, Präsident Kennedy bei geplanter Reise nach Dallas, Texas, am 22./23. November 1963 zu ermorden...*"

William S. Walter informierte unverzüglich die fünf zuständigen örtlichen FBI-Agenten. Hiermit hielt er seine Pflicht für erledigt. Nachdem das Attentat stattgefunden hatte, lief Walter unverzüglich in sein Büro und sah in den Akten nach, ob das Telex auch wirklich abgelegt war. Er fand es, sowie ein später angefertigtes Duplikat. Er schrieb den Inhalt ab. Später schaute er erneut nach. Telex und Duplikat waren inzwischen aus den Akten verschwunden. Wie sich herausstellte, hatte das FBI niemanden über das hochbrisante Telex in Kenntnis gesetzt. Nicht einmal den Secret Service, der für die Sicherheit des Präsidenten zuständig ist. Staatsanwalt Jim Garrison war überzeugt, dass eine Weiterleitung der Meldung die Änderung der Fahrtroute des Präsidentenkonvois als Falle entlarvt hätte.

Eine Vielzahl von Verdächtigen, darunter auch solche, welche unmittelbar nach dem Attentat aus dem Schulbuchlagerhaus rannten, wurden von der Polizei laufengelassen. Es wurde nicht einmal der Versuch unternommen, die Inhaber eines Kombi ausfindig zu machen, in dem drei Personen entgegen der Fahrtrichtung davongerast waren, nachdem sie kurz zuvor aus dem Schulbuchlager gerannt kamen. Und dies, obwohl der Vorfall der Mordkommission gemeldet wurde.

Eine Vielzahl der Zeugenaussagen wurde in den offiziellen Berichten derart verändert, dass sie den genau gegenteiligen Sinn erhielten. Darüber beklagten sich einige der Betroffenen bei Jim Garrison. Garrison will auch ermittelt haben, dass die Beweisführung des Tippit-Mordes eine Reihe von Ungereimtheiten aufwies. Viele Zeugen identifizierten Oswald nicht als jene Person, der den Polizeibeamten Tippit ermordet haben soll. Einige Zeugen sprachen sogar von zwei Polizistenmördern. Keiner davon wäre Oswald gewesen.

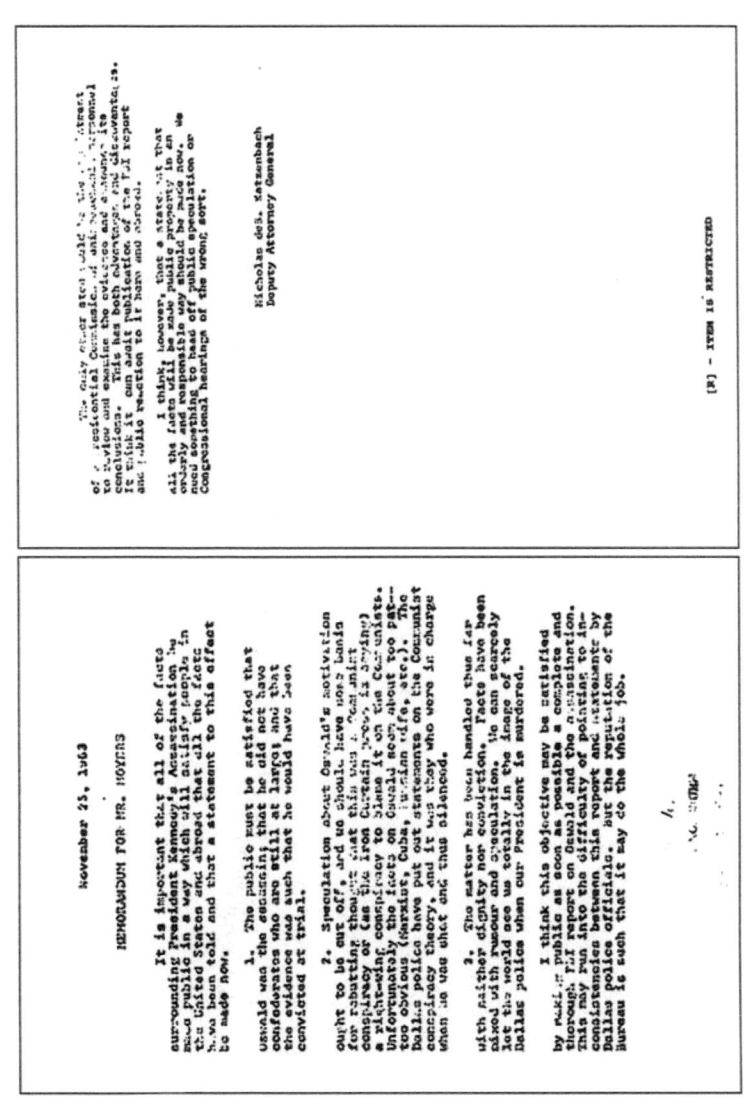

Abb. 9 oben: Memorandum des Vize-Justizministers Nicholas d. Katzenbach vom 25. November 1963, mit der Aussage, *„Die Öffentlichkeit muss damit zufriedengestellt werden, dass Oswald der Attentäter war (und) dass er keine Mittäter hatte…“*

Verwertet wurden jedoch auch hier – „9/11" lässt grüßen – nur ins Bild passende Aussagen, die wiederum nicht selten suggestiv zustande gekommen sein sollen. Der Autor Michael Hesemann bemerkt in seinem Buch „Geheimakte John F. Kennedy" dazu treffend: *Die Parallelen zwischen dem 22. November 1963 und dem 11. September 2001 ... reichen sehr viel weiter. Die Auswirkungen, selbst die Nutznießer der beiden Anschläge, sind praktisch dieselben. Mehr noch: Mit dem 11. September 2001 begann praktisch nur die zweite Phase einer Entwicklung, deren Ausgangspunkt der 22. November war.*"[24]

Bei der Autopsie von Tippits Leiche wurden vier Kugeln herausgeholt, die zudem zwei unterschiedlichen Munitionsarten angehörten. Aus unerfindlichen Gründen schickte die Mordkommission aber nur eine Patrone davon an das FBI-Labor in Washington. Und diese passte, oh Wunder, nicht zu Oswalds Revolver. Das Gleiche galt für die später aufwendig beschafften drei weiteren Kugeln...

Nach Oswalds kurzem Abstecher in seine Wohnung ging er ins Kino. Er machte jedoch laut der Warren-Kommission einen langen Umweg, bis er endlich auf Tippit stieß. Ein Augenzeuge sah ihn dort angeblich um 13:06 Uhr. Danach hätte Oswald die 1,4 Kilometer zu Fuß in drei Minuten zurücklegen müssen, was einer Geschwindigkeit von 28 km/h entspricht. Die Warren-Kommission versuchte das Problem zu lösen, indem sie den Tippit-Mord – sämtlichen Zeugenaussagen aus den Aufzeichnungen der Polizei zum Trotz – kurzerhand auf 13:16 Uhr verlegt hat. Aber um 13:16 Uhr war der Polizist Tippit bereits tot.

Einer der Augenzeugen, der den Mord an Polizist Tippit sah, war Domigo Benavides. Er berichtete später der Polizei, Tippit habe den Wagen geparkt und danach verlassen. Er stand an der linken Tür, ein weiterer Mann wäre rechts am Polizeiwagen gestanden. Danach hörte er drei Schüsse, woraufhin der Polizist zu Boden fiel. Der Schütze rannte um eine Straßenecke, öffnete dabei seinen Revolver und warf die leeren Patronenhülsen in die Büsche an der Straße. Der Zeuge hielt mit seinem PKW an und lief zum Tatort. Er stellte fest, dass der Polizist tot war. Der Zeuge versuchte daraufhin über das Funkgerät von Tippit die Polizei zu erreichen, was ihm auch gelang. Man forderte ihn daraufhin auf, den Polizeifunk nicht zu benutzen, worauf der Augenzeuge sagte: *„Wir haben hier eine Schießerei!"*

Als man ihm später Bilder von Oswald vorlegte, sagte Domingo Benavides, der Täter habe ganz anders ausgesehen. Erst nachdem sein Bruder Edward, der ihm zum Verwechseln ähnlich sah, in einer Schlägerei getötet wurde, änderte er seine Aussage. Nur eine einzige Zeugin identifizierte Oswald überhaupt als Täter: Helen Markham. Und dies erst, nachdem die Polizei sie dazu drängte. Davor beschrieb sie den Täter als klein, untersetzt und mit buschigem Haar. Nicht wirklich eine Beschreibung, die auch nur im Geringsten auf Lee Harvey Oswald zutrifft. Der Augenzeuge Jack Tatum beschrieb den Mord als eine regelrechte Hinrichtung: Der Täter wäre hinüber zu Tippit gegangen, stellte sich direkt über den bereits am Boden liegenden Polizisten und schoss diesem in den Kopf. Auch er sagte aus, der Täter habe anders ausgesehen als Oswald.

Eine weitere Zeugin, Acquilla Clemons, sah zwei Männer am Tatort, die sich über Handzeichen verständigten und infolge in verschiedene Richtungen davonfuhren. Sie beschrieb ebenso wie Helen Markham vor ihrer Bearbeitung durch die Polizei den Täter als *„ziemlich klein"* und *„ziemlich untersetzt"*. Aber ihre Aussage wurde von der Warren-Kommission komplett ignoriert. Später wurde sie von einem Mann mit Gewehr bedroht und dazu aufgefordert, *„das Maul zu halten"*.

Frank Wright, ein anderer Augenzeuge, bestätigte, dass der Mörder einen langen Mantel trug. Doch einen solchen besaß Oswald nicht. Dieser wäre in einem grauen Ford Plymouth, Baujahr 1950, davongefahren. Sein Nachbar, der dem Mörder noch nachlief, bestritt energisch, dass es sich um Lee Harvey Oswald gehandelt habe. Erst nachdem diesem zwei Monate später in den Kopf geschossen wurde, was er wie durch ein Wunder überlebte, änderte er seine Meinung und „identifizierte" Oswald vor der Warren-Kommission.

Im Jahr 1977 wurde ein FBI-Memorandum von Freimaurer J. Edgar Hoover freigegeben, in dem der FBI-Direktor seinem „Mann in Dallas" befahl, seinen Agenten nicht zu gestatten, Acquilla Clemons und Frank Wright zu verhören.

Abb. 10: Freimaurergedenkbrief zu Ehren des Logenbruders J. Edgar Hoover. Er war der FBI-Direktor, der zu jener Zeit die Ermittlungen leitete, als John F. Kennedy ermordet wurde.

Selbst die Spurensicherung, die kurz nach dem Mord den Tatort untersuchte, fand keinen einzigen Beweis für Oswalds Involvierung. So stellte auch Special Agent Courtlandt Cunningham vor der Warren-Kommission fest, dass keine der vier aus der Leiche von Tippit entfernten Kugeln aus dem Revolver von Oswald abgefeuert wurden. Später behauptete man auch, es sei am Tatort eine braune Geldbörse gefunden worden, in der sich ein Führerschein befand, der auf Lee Harvey Oswald ausgestellt war. Aber der echte Oswald hatte seinen Geldbeutel seiner Frau in die Nachttischschublade gelegt. Und einen Führerschein hat Oswald nie besessen…

Auch hier könnte dem Einen oder Anderen die eine oder andere Anekdote aus dem offiziellen „9/11"-Untersuchungsbericht ganz spontan in Erinnerung kommen, wo die Pässe einiger „Täter" offensichtlich entweder unbeschädigt am Ground Zero oder im geparkten Auto gefunden wurden.

Als es sich nicht mehr leugnen ließ, dass Oswald leider gar keinen Führerschein besaß, verschwand dieser zuvor von der Polizei benannte aufgefundene Beweis dann auch in irgendeiner Versenkung und wurde infolge im Warren Report mit keiner Silbe erwähnt… Jemand hatte hier offensichtlich versucht, eine falsche Spur zu legen!

Ein erstes Resümee

Nach dieser Einleitung zu einigen Aspekten über den Kennedy-Mord wird bereits deutlich: Nicht alles scheint so zu sein, wie es uns offiziell als Wahrheit verkauft wird. Und die Auswirkungen der Ignoranz, mit der wir uns Tag ein Tag aus davor verwehren, näher hinzuschauen, könnte gravierendere Folgen haben, als Sie vielleicht denken. „Big Brother" und seine wahren Absichten hinter dem offiziellen Geplänkel lassen grüßen…

Bevor er an Krebs starb, bestätigte der ehemalige CIA-Offizier David Philipps, der 1963 antikubanische Operationen in Mexico-City durchgeführt hatte, gegenüber einem Forscher, *„dass JFK einer Verschwörung zum Opfer gefallen wäre".* Und erfügte hinzu, wahrscheinlich seien einzelne US-Geheimdienstleute daran beteiligt gewesen. Doch auch diese hätten nur im Auftrag gearbeitet!

Aber wer bitte hat die Macht, der CIA und der Mafia einen Auftrag zu erteilen, bei dem nahezu alle funktionieren wie ein Uhrwerk, unliebsame Zeugenaussagen nach dem Attentat im großen Stil gezielt aussortiert oder ignoriert werden? Und Zeugen selbst, die nicht die offizielle Variante bestätigen, entweder „bearbeitet" oder ermordet wurden? Wer hatte die Macht, die Leiche von John. F. Kennedy nach dem Attentat zu manipulieren und die Möglichkeiten, dass gewichtige Beweise aus den Akten gezielt verschwanden und zudem bereits im Vorfeld Warnungen auf ein Attentat ignoriert wurden? Das sollte alles nur das Werk einer kriminellen Organisation wie der Mafia sein – oder von ein paar fanatischen Kubanern? Von Lee Harvey Oswald und der offiziellen These wollen wir erst gar nicht sprechen… Irgendetwas kann hier nicht stimmen. Wer gab hintergründig den Auftrag an die Beteiligten in diesem CIA/Mafia-Konglomerat?

Wo ist die wahre Spitze der Pyramide im Falle des Kennedy-Mordes? Wer profitierte hintergründig? War es ein Staatsstreich?

DISPATCH

CLASSIFICATION

PROCESSING ACTION

MARKED FOR INDEXING

Chiefs, Certain Stations and Bases

Document Number 1035-960

for FOIA Review on SEP 1976

X NO INDEXING REQUIRED

ONLY QUALIFIED DESK CAN JUDGE INDEXING

MICROFILM

2 Countering Criticism of the Warren Report

IF REQUIRED - REFERENCES

CONTINUATION OF DISPATCH

a. To discuss the publicity problem with liaison and friendly elite contacts (especially politicians and editors), pointing out that the Warren Commission made as thorough an investigation as humanly possible; that the charges of the critics are without serious foundation, and that further speculative discussion only plays into the hands of the opposition. Point out also that parts of the conspiracy talk appear to be deliberately generated by Communist propagandists. Urge them to use their influence to discourage unfounded and irresponsible speculation.

b. To employ propaganda assets to answer and refute the attacks of the critics. Book reviews and feature articles are particularly appropriate for this purpose. The unclassified attachments to this guidance should provide useful background material for passage to assets. Our play should point out, as applicable, that the critics are (i) wedded to theories adopted before the evidence was in, (ii) politically interested, (iii) financially interested, (iv) hasty and inaccurate in their research, or (v) infatuated with their own theories. In the course of discussions of the whole phenomenon of criticism, a useful strategy may be to single out Epstein's theory for attack, using the attached Fletcher Knebel article and Spectator piece for background. (Although Mark Lane's book is much less convincing than Epstein's and comes off badly where contested by knowledgeable critics, it is also much more difficult to answer as a whole, as one becomes lost in a morass of unrelated details.)

4. In private or media discussion not directed at any particular writer, or attacking publications which may be yet forthcoming, the following arguments should be useful:

a. No significant new evidence has emerged which the Commission did not consider. The assassination is sometimes compared (e.g., by Joachim Joesten and Bertrand Russell) with the Dreyfus case; however, unlike that case, the attacks on the Warren Commission have produced no new evidence, no new culprits have been convincingly identified, and there is no agreement among the critics. (A better parallel, though an imperfect one, might be with the Reichstag fire of 1933, which some competent historians (Fritz Tobias, A.J.P. Taylor, D.C. Watt) now believe was set by Van der Lubbe on his own initiative, without acting for either Nazis or Communists; the Nazis tried to pin the blame on the Communists, but the latter have been much more successful in convincing the world that the Nazis were to blame.)

... ... value particular items and ignore others. They tend ... ...tnesses (which

Abb. 11 oben: CIA-Dokument 1035-960, das freigegeben wurde. Darin wurden alle Kontaktleute der CIA in den Medien angewiesen, jede Kritik am Warren-Report in Buchrezensionen und Artikeln als „kommunistische Propaganda" oder „grundlose verantwortungslose Spekulationen" zu diffamieren.

Um dies herauszufinden, ist es umso spannender und wichtig, einen weiteren (zum Teil gänzlich neuen) Blick auf die damaligen Ereignisse, Ungereimtheiten, Bilder und Aussagen zu werfen. Und genau das werden wir in diesem Buch tun.

Es ist inzwischen kein Geheimnis mehr, dass die Gründungsväter der Vereinigten Staaten allesamt Hochgradfreimaurer waren, die nach der Revolution von 1776 in Neuengland einen Staat nach ihren Idealen aufbauen wollten. Die fehlende Spitze der Freimaurer-Pyramide steht auch für das „verlorene Meisterwort" der Freimaurer. Das Dreieck repräsentiert in erster Linie nicht die heilige Dreifaltigkeit, sondern Isis, Osiris und Horus. In seinem Inneren erstrahlt das „Auge des Horus". Dieses ist kein christliches Symbol für die Freimaurer in ihren Lehren. sondern symbolisiert den „Großen Architekten des Universums" (GAU).

Dieselbe Symbolik können wir auch am Dealey Plaza wiederfinden, wo Präsident John F. Kennedy ermordet wurde. Dort steht ein 13-stufiger Obelisk, gekrönt von einer steinernen Flamme, die symbolisch auch für das kosmische Feuer steht in der Freimaurerei.[25] Die Pyramide mit dem fehlenden Abschlussstein ist im Straßenverlauf des Dealey Plaza angedeutet, wo diese durch die dreifache Unterführung beziehungsweise das Ende der Rasenfläche angedeutet wird.[26] Am Fuße dieser Pyramide, neben dem Obelisk, findet man ein Wasserbecken, in dem sich der Himmel spiegelt, auch als Symbol des Mondes, des Weiblichen, der Isis.[27] Die freimaurerische Dreifaltigkeit ist somit vollständig an der „Trinity-Site", dem Dealey Plaza, anzutreffen. Nicht besonders verwunderlich, geht diese Anlage doch, wie eine angebrachte Plakette den Interessierten wissen lässt, auf die „erste Bruderloge von Dallas" zurück, die dem Schottischen Ritus der Hochgradfreimaurerei folgt.[28] Somit wurde John F. Kennedy, selbst kein Freimaurer, in einer Art Freilufttempel der Freimaurer geopfert.

Tatsächlich rekrutierte auch der OSS und später die CIA seine Gründungsmitglieder aus Freimaurerlogen. Kennedy war nach Quincy Adams der zweite US-Präsident in der Geschichte der USA, der NICHT einer Freimaurerloge angehörte. Und wer auch immer das Attentat auf John F. Kennedy geplant hat, muss offensichtlich mit akribischer Genauigkeit darauf geachtet haben, dass die Symbolik der Freimaurer unübersehbar bleibt. Schließlich liegt Dallas auf dem 33. Breitengrad.

Der höchste offizielle Grad in der Schottischen Freimaurerei ist der 33. Grad. Somit liegt auch nahe, dass es kein Zufall ist, dass John F. Kennedy am 22.11. ermordet wurde, denn 22 + 11 ergibt 33. Lee Harvey Oswald war nur ein Sündenbock, der zuvor in New Orleans mit einigen hochverdächtigen Logenmitgliedern verkehrt hatte. Unter anderem auch mit dem Hochgradfreimaurer Clay Shaw.

Noch interessanter wird die Angelegenheit, wenn wir mit einbeziehen, dass der irische Name *Kennedy* auf das gälische „Cennaideach" zurückgeht, was so viel bedeutet wie „übel verwundeter Kopf". Der Name Oswald wiederum geht auf „Oz" zurück, die „Göttliche Kraft". In der Freimaurerei tragen die Logen drei Säulen, die auch für „Dabar" (Weisheit), „Oz" (Stärke) und „Gomer" (Schönheit) stehen. Die Anfangsbuchstaben ergeben auch das Wort „DOG", englisch für „Hund", symbolisch stehend für „Sirius", den „Hundsstern". Diese drei Säulen treffen in Dallas auch symbolisch in Form von drei Straßen auf den Dealey Plaza, benannt nach dem Hochgradfreimaurer Georg Bannermann Dealey, um dort in der „Spitze der Pyramide" zu kulminieren.[29]

John F. Kennedy wurde in unmittelbarer Nähe zu einer großen Eiche an der Elm Street ermordet.[30] Das Wappenzeichen der Kennedys in Irland ist eine Eiche. Auch das scheint nicht dem Zufall überlassen worden zu sein.

Es besteht kein Zweifel mehr darüber, dass die Ermordung JFKs im Zusammenhang mit einer Verschwörung erfolgte, welche nur von den obersten Kreisen der US-Regierung gedeckt werden konnte und somit auch mitgeplant wurde, wenn man den Aussagen der Zeugen Glauben schenkt. Keine andere Gruppierung hätte die Möglichkeit gehabt, bis in die höchsten Kreise durch die an Schlüsselposten positionierten Mitglieder ihre Arme hineinzustecken. Und wer sonst hätte ein Interesse gehabt, eine solch symbolträchtige theatralische Inszenierung in die Wege zu leiten, als das bereits benannte hintergründig agierende weltweite Logentum?

Gehen wir also in diesem Buch auf die Suche nach unbekannten Fakten, Hintergründen, Eindrücken sowie neu freigegebenen Dokumenten, die Ihnen die Augen öffnen sollten.

Kapitel 1: Die (konstruierte) Lee Harvey Oswald-Story

Die Besetzung von Schlüsselpositionen zur Ausführung krimineller Operationen sowie zur Vertuschung ihrer Handlungen und Absichten durch das international agierende Logentum ist nichts Neues. Man könnte es sogar fast als eine Gegebenheit ansehen, die staatsübergreifend in jenen Ländern und an jenen Orten vorzufinden ist, die in der Hand der geheimen Hintergrundstrukturen sind. Ein Paradebeispiel in diesem Zusammenhang sind sicherlich die aufgedeckten Strukturen nach dem Mord an Aldo Moro durch die Freimaurerloge P2 (*Propaganda Due*). Auch hier bediente man sich als ausführendes Organ einer kriminellen Organisation: Den Roten Brigaden.

Im 19. Jahrhundert gründete *Giuseppe Mazzoni* in Rom die *Loggia Propaganda Massonica* (Freimaurerische Propanganda-Loge), in der er besonders hervorragende Mitglieder des Bundes versammeln wollte. Nachdem Mazzoni 1880 gestorben war, wurde 1887 eine Loge mit dem Namen *Propaganda 2* (abgekürzt *P2*) gegründet, die ein Gegengewicht zur katholischen Kongregation *De propaganda fide* („Für die Ausbreitung des Glaubens") bilden sollte. Dieser Loge gehörten 80 reguläre Mitglieder an. Dazu kamen rund 400 Kandidaten und ein nicht näher zu beziffernder Kreis von Sympathisanten. Nahezu alle Schlüsselpositionen beim Innenministerium, des Geheimdienstes und der Finanzpolizei – selbst der Chef der Einsatzleitung, der für eine Reihe merkwürdiger Pannen bei den Ermittlungen verantwortlich gemacht worden war – wurde gezielt von den Logen durch Freimaurer besetzt.

Die P2-Loge selbst ist aufgrund krimineller Aufdeckungen zumindest offiziell aufgelöst worden, besteht aber de facto in abgewandelter Form weiter. In dieser Organisation (P2) flossen zusammen: Politik, Militär (vor allem höhere Ränge), Carabineri, Industrielle (u.a. FIAT), Presseorgane, Vatikan, Geheimdienste – nicht nur die italienischen, sondern vor allem auch die CIA. Zahlreiche Sprengstoffanschläge gehen auf das Konto dieser Organisation, so etwa im Bahnhof von Bologna oder im Schnellzug *Italicus* zwischen Florenz und Bologna, aber auch viele andere. Es handelt sich um ein okkultes Machtgeflecht, das durch das Wort „Staatsgeheimnis" geschützt und deshalb lange Zeit nicht aufgedeckt werden konnte. Es ist eine Tatsache, dass viele (auch nachträglich noch) erschreckende Details vor allem durch die Arbeit der parlamentarischen Untersuchungskommission und mutiger Journalisten aufgedeckt wurden. Dies bedeutet aber nicht, dass die wahren Machtverhältnisse sich grundlegend geändert hätten. Mit dem Tod von *Enrico Mattei*, einem italienischen Politiker, wird ebenfalls die P2-Loge in Verbindung gebracht. Er starb bei einem Flugzeugabsturz. Die CIA hält alle Akten geheim. Fest steht: An den Trümmern des Flugzeugs, mit dem er abstürzte, fanden sich Sprengstoffspuren. Doch die Öffentlichkeit und auch die Presse hatten sich schon sehr kurz nach dem Tod Matteis mit der offiziellen Version des Unfalls zufrieden gegeben. Bis auf den Journalisten Mauro de Mauro der Abendzeitung *L'Ora*. Er recherchierte in dem Fall und war Anfang 1970 so fündig geworden, dass er eine spektakuläre Serie darüber ankündigte. Da wurde er, nach einem von ihm offenbar sehr wichtig erachteten Anruf, in eine Falle gelockt und verschwand spurlos. Die CIA weigerte sich, die Akten über Mattei freizugeben. Auch der Nachbarflughafen konnte nur feststellen, dass der Leuchtpunkt der Maschine kurz vor der Landung von den Radarschirmen verschwunden war. 18:58 Uhr zeigten die Uhren an jenem Oktobertag des Jahres 1962. Bauern sagten später aus, sie hätten einen Knall gehört und am Himmel einen Feuerball gesehen. Wurde er umgebracht, weil er multinationalen Ölkonzernen die Geschäfte zerstörte? Wir werden später im Buch nochmals darauf zurückkommen, wenn wir über die Umstände sprechen, die zum Flugzeugabsturz führten, bei dem John F. Kennedy jr. verstarb.

Kurz vor seinem „Unfall" verkündete John F. Kennedys Sohn in seinem Umfeld, dass er beabsichtige, politisch aktiv zu werden. Sollte er Präsident werden, so JFK jr. weiter, würde er die hinter dem Mord an seinem Vater stehende Clique an den Galgen bringen und zu diesem Zweck ein Spezialgericht einrichten lassen. Leider sorgte der „Unfall" unmittelbar vor der geplanten Kandidatur, am 16. Juli 1999, für ein jähes Ende seiner Träume.

Ein anderes Opfer in Italien war, wie bereits erwähnt, der Apulier Aldo Moro: Er war zehn Mal Minister und fünf Mal Ministerpräsident. 16. März 1978: Aldo Moro wird entführt, dabei werden sein Fahrer und fünf seiner Leibwächter getötet. 2. Mai 1978: Der Politiker erkennt, dass er sterben muss und schreibt einige Abschiedsbriefe. Teile davon werden am 7. Mai 1978 bekannt. Am 9. Mai desselben Jahres wird seine Leiche gefunden. Der Fundort wurde von einem anonymen Anrufer bekannt gegeben: mitten im

Zentrum Roms, im Kofferraum eines roten Renaults. „Offiziell" ermordet von den *Roten Brigaden*. Genau wie bei den blutigen Aktionen des schwarzen, satanischen Terrors sind die Anschläge auf den Schnellzug *Italicus* und das Bombenattentat in *Peteano* oder das Massenblutbad in der Landwirtschaftsbank in Mailand im Dunstkreis dieser Geheimbünde geplant und ausgeführt worden. Aldo Moro wusste davon. In Moro wuchs der Verdacht, dass sich die Kräfte, die für die Strategie der Spannung – so nennt man vornehm den schwarzen Terror – verantwortlich zeichnen, gleichzeitig jene waren, die nun an seiner Beseitigung arbeiteten. Um dies zu verhindern, wollten Enrico Berlinguer und er alle demokratischen Kräfte, dass heißt die Kommunisten, die Sozialisten und die Christdemokraten, vereinigen. Gewisse Kreise der Geheimdienste hatten sie aber bereits unterwandert.

Um zu erahnen, welches Netzwerk die Freimaurer im Falle Aldo Moro errichtet hatten, um die Hintergründe zu vertuschen, hier nur einige Beispiele:

Franco Ferracutti, Kriminologe und Psychiater – Mitglied der *Freimaurerloge P2*.

Ferdinando Guccione, Präfekt und Chef der zentralen Einsatzleitung – Mitglied der *Freimaurerloge P2*.

Antonio Geraci, Direktor des Geheimdienstes im Innenministerium – Mitglied der *Freimaurerloge P2*.

General Santovito, Direktor des militärischen Geheimdienstes – Mitglied der *Freimaurerloge P2*.

Raffaele Giudice und *Donato LoPrete*, Leiter der Finanzpolizei – Mitglieder der *Freimaurerloge P2*.

Walter Pelosi, später Chef aller Geheimdienste – Mitglied der *Freimaurerloge P2*, um nur einige zu benennen.

Auch in der Einsatzzentrale der Polizei in Rom saß ein Mitglied der *Freimaurerloge P2*: Kommissar Esposito. Vielleicht erklärt dies die unzähligen sogenannten „Zufälle". Nicolo Bocco: *„In diesem Krisenstab gab es Leute mit einer nicht gerade empfehlenswerten Vergangenheit. Nicht nur konnte man sie wegen ihrer Mitgliedschaft in der Geheimloge kritisieren, sondern auch wegen ihrer Nähe zur CIA. Und die CIA verfolgte nicht die Interessen Italiens, sondern der USA!"*

Steve Pieczensik, enger Mitarbeiter von *Außenminister Kissinger* (Mitglied der *Bilderberger*-Gruppe, obskurer Geheimorganisation und Hochgradfreimaurer), nach Rom geschickt, meinte: *„Kein Mensch ist unersetzlich für eine Nation:"* Kissinger hielt Moro für ein trojanisches Pferd. Frau Moro zitierte Kissinger im Gespräch mit ihrem Mann vor dem parlamentarischen Untersuchungsausschuss: *„Entweder Sie stoppen das, oder Sie werden es teuer bezahlen müssen!"* 48 Stunden nach dem Anschlag bezeichnen die Roten Brigaden die Geheimdienste als die Autoren der Falschmeldung und Andreotti als Auftraggeber. Auch Ferdinando Imposimato, damals Untersuchungsrichter in Rom, sagte: *„Es ist klar, dass die Geheimdienste auf Anweisung oder Druck jener politischen Kräfte arbeiteten, die Moros Politik verhindern wollten."*

Moros Sekretär, Corrado Guerzonie, erklärte kurz nach der Entführung, dass sich in einer Aktentasche Dokumente zu einem Bestechungsskandal der amerikanischen Flugzeugfirma *Lockheed* befunden hätten, eine Affäre, in die auch italienische Politiker verwickelt waren. Das Delikate daran: Gut informierte Quellen, die man in den Reihen der CIA vermuten kann, hatten einige Wochen zuvor italienischen Zeitungen Informationen zugespielt, denen zufolge es Moro selbst war, der die Bestechungsgelder der Flugzeugfirma angenommen hatte. Mehrere Zeitungen veröffentlichten die Geschichte. Der ferngesteuerte Versuch, Moro mit dieser Enthüllung politisch zu erledigen, lief auf Hochtouren. Doch dann erwies sich die Geschichte als eine durch bestimmte Kreise lancierte Fehlinformation.

Die Strategie des politischen Rufmords war damit gescheitert. Mino Pecorelli, Journalist, im *Osservatore Politico*: *„Die Roten Brigaden sind nur ein kleiner Motor. Die Rakete, das sind andere..."* Percorelli, auch er ist in der Zwischenzeit ermordet worden, war davon überzeugt, dass in- und ausländische Geheimdienste bei der Entführung Aldo Moros ihre Hände mit im Spiel hatten. Was damals geschah: Am 18. März 1978 wurden in der Via Gradoli Polizisten von Lucia Mokbel empfangen, einer Informantin, die die Polizei in diesem Haus gewonnen hatte. Nachts habe sie in der Wohnung nebenan Morsegeräusche gehört, erzählt sie den ankommenden Polizisten. Die Beamten klingelten an der angegebenen Wohnung, doch niemand öffnete ihnen. Darauf filzten sie das komplette Haus. Dort, wo ihnen nicht geöffnet wurde, brachen sie, wie man es ihnen befohlen hatte, die Türen auf. Nur die Wohnung, aus der die Nachbarin die Morsegeräusche gehört hatte, öffneten sie nicht. Hätten sie es getan, wären sie bereits zwei Tage nach der Entführung auf das Versteck Mario Morettis, des Chefs der Roten Brigaden, gestoßen. Jetzt standen sie vor seiner Wohnung und verschonten sie als einzige. Wieder nur ein Zufall?

Dann bekam das Innenministerium einen Hinweis. Dieser stammte von dem Präsidenten der *Europäischen Kommission*, Romano Prodi: Am Vortag hatte dieser zusammen mit einigen Universitätsprofessoren in Bologna an einem Brunch teilgenommen, bei dem einer der Anwesenden eine spiritistische Sitzung vorschlug, mit deren Hilfe man das Gefängnis Moros finden wollte. Dabei stellten sie die Frage: *„Wo befindet sich das Gefängnis Moros?"* Nach kurzer Zeit fiel ein bekannter Name: *Gradoli*. Möglich ist, dass einer der anwesenden ein Sympathisant der Roten Brigaden war und über Informationen verfügte, die er jetzt durch das Medium der spiritistischen Sitzung unters Volk bringen wollte, denn die linken Intellektuellen begannen sich von den Roten Brigaden zu distanzieren. Die Entführung Moros war für sie eine politische Dummheit. Vielleicht wollte einer der Teilnehmer also mit dem Hinweis auf Morettis Wohnung den radikalen Flügel der Roten Brigaden der Polizei ans Messer liefern. Doch auch diesmal geschah nichts. Romano Prodi verständigte, wie erwähnt, am nächsten Tag das Innenministerium. Doch statt seine Leute in die *Via Gradoli* zu schicken, wo seine Polizisten ja schon einmal waren, sandte Innenminister Cossiga eine Spezialtruppe in das „Dorf" Gradoli...[31]

Es liegt hundert Kilometer von Rom entfernt. Der Minister, der Polizei und Geheimdienste befehligt, erklärt in Rom, *„es gäbe keine 'Via Gradoli'..."* Offensichtlich eine gezielte Falschaussage. Damit wächst die Zahl der Fehlleistungen zu einer inzwischen eindrucksvollen Liste an. Alles nur Zufälle? Betrachtet man die Personen genauer, die sich für diese Fehlleistungen verantwortlich zeichnen, fällt es schwer, auch weiterhin daran zu glauben. Vor allem, wenn man weiß, dass fast alle Mitglieder des von Innenminister Cossiga eingesetzten Krisenstabs ebenfalls Mitglieder ein und derselben Organisation waren: der *Freimaurerloge P2*.

Wenden wir uns mit diesem Wissen wieder dem Mord an JFK zu. Oswald hat bis zu seiner eigenen Ermordung durch den Nachtclubbesitzer Jack Ruby bestritten, Präsident John F. Kennedy erschossen zu haben.

Abb. 12: Als JFK erschossen wurde, stand ein Mann, der große Ähnlichkeit mit Lee Harvey Oswald hat, neben einer Mauer am Eingang des Schulbuchlagers, als unterhalb auf der Elm Street die Präsidentenlimousine vorbeifuhr. Beachten Sie auch die Kleidung der Person. Sie ist identisch zu jener, die Oswald bei einem Verhör nach seiner Festnahme trägt, siehe Bildeinfügung rechts. Oswalds Mutter war davon überzeugt, dass dies ihr Sohn ist. Dies würde bedeuten, Oswald war in dem Moment, als Kennedy erschossen wurde, nicht im Schulbuchlagerhaus, von wo angeblich offiziell die tödlichen Schüsse abgefeuert wurden. (Screenshot aus der Dokumentation „CROSS-FIRE: The Plot That Killed Kennedy").

Auf einer Aufnahme vom Tatort in Dallas sieht man eine Person an einer Mauer, während die Präsidentenlimousine vorbeifährt, die große Ähnlichkeit mit Oswald besitzt. Sie trägt auch die gleiche Kleidung wie Oswald später bei einem Verhör, nachdem Kennedy ermordet worden war. Fakt ist auf jeden Fall, dass Jack Ruby selbst widersprüchliche Angaben machte, die mehr Fragen als Antworten zulassen. In der Öffentlichkeit machte er oftmals Aussagen, dass an den Verschwörungsgerüchten nichts dran wäre und er als Einzeltäter gehandelt habe – ohne von anderen einen Auftrag dazu bekommen zu haben. Erst als im Jahr 1978 ein altes Fernsehinterview gefunden wurde, das Ruby während einer Pause einer Gerichtsverhandlung gab, kamen alte Verschwörungshypothesen wieder auf.

Abb. 13: Am Eingang des Schulbuchlagerhauses steht jene Person, die aussieht wie Oswald. Die beiden Männer vom Sicherheitsdienst schauen direkt zu ihm hinüber. Es wirkt ein bisschen so, als wollten sie damit ausdrücken: *„Was macht der denn hier – der sollte doch als Attentäter im Schulbuchlagerhaus oben herhalten...“* Oswalds Mutter war davon überzeugt, dass dies ihr Sohn ist.

Ruby in dem Interview:
„Das Einzige, was ich sagen kann: Alles, was von Bedeutung ist, alles, was geschehen ist, kam niemals ans Tageslicht. Die Welt wird niemals die wahren Tatsachen erfahren. Mit anderen Worten, meine wahren Motive. Ich bin die einzige Person im Hintergrund, die die Wahrheit über alles, was sich auf meine Person bezieht, kennt.“

Ruby wurde infolge dessen gefragt, ob er glaube, dass die Wahrheit jemals ans Licht kommen werde. Er antwortete: *„Nein. Denn unglücklicherweise werden diese Leute, die so viel zu gewinnen haben und ein starkes Motiv hatten, mich in diese Lage zu bringen, in der ich bin, niemals zulassen, dass die wahren Tatsachen ans Tageslicht der Welt kommen.“*

Die anschließende Vermutung eines Reporters, ob eben diese Leute hohe Positionen bekleiden würden, bestätigt er klar und deutlich.

Abb. 14: Gegenüberstellung – Bild von Lee Harvey Oswald (rechts) und der Mann vor dem Schulbuchlagerhaus (links).

Die offiziellen Protokolle

23. November 1963

00:23 Uhr in die Zelle gebracht, 00:35 Uhr aus der Zelle geholt.
Oswald beklagt sich: *„Das ist das dritte Mal, dass mir Fingerabdrücke genommen und Fotos gemacht wurden."*

01:10 Uhr
Zurück in die Zelle.

01:35 Uhr
Anklageverlesung: Staat Texas gegen Lee Harvey Oswald betreffend heim-
tückischem Mord an John F. Kennedy.
Oswald: *„Well Sir, ich denke, dass ist der Prozess ... Ich will meinen Anwalt
kontaktieren, Mr. Abt in New York City. Ich würde gerne diesen Gentleman
haben. Er ist bei der American Civil Liberties Union* (ACLU, Bürgerrechtsbewegung).*"*

10:30 - 13:10 Uhr
Befragung/Verhör im Büro von Capt. Will Fritz.
Oswald: *„Ich sagte, ich will Anwalt Abt kontaktieren. Er verteidigte den
Smith Act Fall 1949, 1950, aber ich weiß seine Adresse nicht, außer dass er in
New York ist. ... Ich habe nie ein Gewehr besessen ... Michael Paine besaß
ein Auto, Ruth Paine zwei Autos ... Robert Oswald, mein Bruder, wohnt in
Ford Worth. Er und die Paines waren sehr enge Freunde in der Stadt. ... Das
FBI hat mich verschiedene Male gründlich verhört ... Sie haben es auf die
harte und weiche Tour gemacht, und sie haben auf guter Kumpel gemacht ...
Mir sind all die Arten von Verhör bekannt und ich habe nicht die Absicht, irgendeine Aussage zu machen. ... In den vergangenen drei Wochen hat das FBI
mit meiner Frau gesprochen. Sie waren aufdringlich und unhöflich. Sie haben
meine Frau eingeschüchtert und ich betrachte ihre Handlungsweise als schädi-
gend."* (Als er verhaftet wurde, hatte Oswald die private und Büro-
Geschäfts-Nr. und das Autokennzeichen von FBI-Agent James Hosty bei
sich.)
Oswald: *„Ich wurde in New Orleans wegen Ruhestörung verhaftet und zahlte
eine Buße, weil ich für das FairPlay für Kuba-Komitee demonstrierte. Ich hatte eine Schlägerei mit einigen Anti-Castro-Flüchtlingen. Sie wurden freigelas-*

sen, während ich eine Buße bekam ... Ich lehne einen Lügendetektor (Polygraph) ab. Ich war immer gegen einen Lügendetektor ... Das FBI hat seine Grenzen überschritten mit den verschiedenen Taktiken, mich zu verhören ... Ich habe John Kennedy nicht erschossen ... Ich wusste nicht einmal, dass auf Gouverneur Conally geschossen wurde ... Ich besitze kein Gewehr. Ich habe B. W. Frazier nichts gesagt, dass ich irgendwelche Vorhangstangen zurückbringe. ... Meine Frau wohnt bei Mrs. Paine. Diese lernte Russisch. Sie brauchen Hilfe wegen dem Baby; so war es eine gute Sache für beide ... Ich kenne Mrs. Paine nicht sehr gut, aber Mr. Paine und seine Frau waren lange Zeit getrennt. In der Garage des Paines-Hauses hat es einige Seesäcke mit einer Menge Sachen von mir. Ich ließ sie dort, nachdem ich im September von New Orleans zurückkam. Der Name von Alek Hidell wurde aufgeschnappt, als ich in New Orleans ... Ich spreche Russisch, korrespondiere mit Leuten in Russland, und erhalte Zeitungen aus Russland. ... Ich besitze gar kein Gewehr ... Ich hatte ein kleines Gewehr vor einigen Jahren. Man kann kein Gewehr kaufen in Russland, man kann nur Schrotflinten (shotguns) kaufen. Ich hatte eine Flinte und jagte etwas, als ich dort war. Ich brachte kein Gewehr mit von New Orleans. Ich bin nicht Mitglied der Kommunistischen Partei. Ich gehöre der Bürgerrechtsbewegung an ... Ich brachte kein Paket ins Texas Schulbuchlager. Ich trug mein Lunch, ein Sandwich, das ich in Paine's Haus zubereitete, und eine Frucht. ... Ich habe persönlich nichts gegen John Kennedy."

13:10 - 13:30 Uhr
Lee Harvey Oswald wird von der Mutter Marguerite Oswald und seiner Frau, Marina Oswald, besucht.
Oswald zu seiner Mutter: „Nein, da gibt's nichts, was du tun kannst. Alles ist ok. Ich kenne meine Rechte und ich werde einen Anwalt haben. Ich habe bereits verlangt, mit Anwalt Abt, ich glaube das ist sein Name, in Kontakt zu treten. Mach dir über nichts Sorgen."
Oswald zu seiner Frau: „Oh nein, sie haben mich nicht geschlagen. Sie haben mich gut behandelt ... Mach dir keine Sorgen darüber. Hast du June und Rachel (die Kinder) mitgebracht? ... Natürlich können wir über absolut alles sprechen. Es ist ein Irrtum. Ich bin nicht schuldig. Da sind Leute, die mir helfen werden. Da gibt's einen Anwalt in New York, auf den ich zähle, dass er mir hilft. ... Weine nicht. Es gibt keinen Grund zu Weinen. Versuche, nicht daran zu denken. ... Alles wird gut ausgehen. Falls sie dich etwas fragen; du

50

hast das Recht, nicht zu antworten. Du hast das Recht, dich zu weigern. Verstehst du? ... Mach dir keine Sorgen. Du hast Freunde. Sie werden dir helfen. Falls es nötig ist, kannst du das Rote Kreuz um Hilfe bitten. Mach dir keine Sorgen um mich. Küsse June und Rachel für mich. Ich liebe dich ... und denk dran, Schuhe für June zu kaufen."

14:15 Uhr
Line up (Aufreihung zur Auswahlkonfrontation) für die Zeugen William W. Scoggings und William Whaley. Er beklagt sich bei der Gegenüberstellung, bei der er mit anderen mutmaßlichen Verdächtigen in einer Reihe aufgestellt wurde, zur Identifizierung.
Oswald: *„Ich weigere mich, Fragen zu beantworten. Ich habe mein T-Shirt an, die anderen sind anders gekleidet. Jeder hat ein Hemd und alles, und ich habe das T-Shirt an ... Das ist unfair."*

15:30 - 15:40 Uhr
Robert Oswald, der Bruder bei einem 10-minütigen Besuch.
Oswald: *„Ich kann nicht noch würde ich etwas sagen, weil die Sache offensichtlich auf Band aufgezeichnet wird* (sie sprachen über Telefon miteinander durch eine Scheibe). *Ich bekam diese Schrammen im Theater. Sie haben mich seither nicht misshandelt. Sie behandeln mich recht ... Was denkst du über das Baby? Nun, es ist ein Mädchen und ich wollte einen Jungen, aber du weißt, wie das geht. ... Ich weiß nicht, was da abläuft. ... Ich weiß einfach nicht, worüber sie reden ... Glaube nicht den sogenannten Beweisen."*
Als Robert Oswald Lee in die Augen schaute, sagte Lee zu ihm:
„Bruder, da wirst du nichts finden ... Meine Freunde werden sich um Marina und die zwei Kinder kümmern."
Als Robert Oswald sagte, er glaube nicht, dass die Paines Lee's Freunde sind, antwortete er:
„Doch sie sind ... June braucht ein neues Paar Schuhe."

15:40 Uhr
Lee Harvey Oswald ruft Ruth Paine an.
Oswald: *„Hier ist Lee. Würdest du bitte John Abt in New York für mich anrufen nach 18.00 Uhr. Die Nummer von seinem Büro ist ... und seine Adresse ist ... Danke für deine Bemühungen."*

17:30 - 17:35 Uhr
Oswald: *„Nun, ich weiß wirklich nicht, was das alles bedeutet, dass ich einge-kerkert werde und ohne Kontaktmöglichkeit (incommunicado) gehalten wer-de ... Kennen Sie einen Anwalt in New York namens John Abt? Ich hätte ihn gerne als Rechtsvertreter. Das ist der Mann, den ich gerne hätte. Kennen Sie einen Anwalt von der ACLU – ich bin Mitglied – der mich vertreten könnte?"*
Mr. Nichols bot an, einen Anwalt zu finden, aber Oswald sagte:
„Nein nicht jetzt. Sie können gerne nächste Woche wiederkommen, und falls ich keinen von diesen anderen Leuten kriege, würde ich Sie gerne fragen, mir sonst einen Vertreter zu besorgen."

18:00 - 18:30 Uhr
Befragung im Büro von Hauptmann Fritz.
Oswald: *„Mit der Zeit werde ich in der Lage sein, Ihnen zu zeigen, dass dies nicht mein Bild (von mir) ist, aber ich will keine Fragen mehr beantworten ... Ich werde über diese Fotografie* (S. Cover des Life Magazine 21.2.1964, hier im Buch Abb. 190) *– ohne Rat eines Anwalts nicht diskutieren. ... Da gab es ein anderes Gewehr im Gebäude. Ich habe es gesehen.*
Warren Caster (?) hatte zwei Gewehre, ein 30.06 Mauser (das der Polizist Roger Craig und Polizist Weitzman fanden, das dann auf wundersame Weise zu einem Mannlicher-Carcano-Gewehr wurde) *und ein .22 für seinen Sohn ... Das ist nicht mein Bild; aber das Gesicht ist von mir. Das Bild wur-de gemacht, indem mein Gesicht darübergelegt wurde. Der andere Teil des Bildes zeigt mich überhaupt nicht, und ich habe dieses Bild vorher nie gesehen. Ich verstehe ziemlich viel von Fotografie, und mit der Zeit werde ich aufzeigen können, dass dies nicht mein Bild ist, sondern von jemand anderem ..."*

Es war durchaus möglich, dass die Polizei den Teil (Gesicht) des Fotos über den Körper eines anderen gelegt hat.

„Die Polizisten von Dallas waren die Schuldigen ... Das kleine Bild wurde reduziert vom größeren, von mir unbekannten Personen ... Seit ich fotogra-fiert wurde in der City Hall, als ich vom Büro zum Gefängnistor gebracht wurde, konnte jemand mein Gesicht fotografieren, und damit haben sie dieses Bild gemacht ... Ich hatte nie ein Gewehr in Mrs. Paine's Garage in Irving, Texas ... Wir hatten keine Besucher in unserer Wohnung in North Beckley ... Ich habe keine Quittungen vom Kauf eines Gewehrs, und ich habe nie ein

Gewehr (im Versand) bestellt. Ich besitze kein Gewehr, habe nie ein Gewehr besessen ... Ich werde nicht sagen, wer den Namen A. J. Hidell auf meine Selective Service Card (?) schrieb."

Später wurde bestätigt, dass es von Marina Oswald stammte.[32]

Oswalds Aussage im Verhör

16:45 - 18:30 Uhr
Zweite Befragung von Oswald im Büro von Capt. Will Fritz.
Oswald: *„Als ich das Texas Schulbuchlager verließ, ging ich zu meinem Zimmer, wo ich die Hose wechselte, eine Pistole nahm und ins Kino ging ... Sie wissen: so wie es Jungen halt tun, die eine Pistole haben; sie haben sie bei sich. ... Ja, ich hatte der russischen Botschaft geschrieben.* (Am 3. Nov. 1963 schrieb Oswald der russischen Botschaft, dass FBI-Agent James Hosty eine Art Deal mit Marina machte, und er misstraute dem berüchtigten FBI. Hosty war anscheinend anwesend.)
Oswald: *„Mr. Hosty, Sie haben meine Frau angesprochen. Sie waren nicht korrekt zu ihr, zwei Mal, wenn Sie mit ihr gesprochen haben ... Ich kenne Sie. Ja, Sie haben sie bedroht. Er sagte ihr praktisch, dass sie nach Russland zurück muss. Wie Sie wissen, kann ich kein Telefon benutzen. Ich will diesen Anwalt in New York, Mr. Abt. Ich kenne ihn zwar nicht persönlich, aber ich weiß von einem Fall, den er vor ein paar Jahren behandelte, bei dem er Leute vertrat, welche angeblich den Smith Act verletzt haben ... Ich kenne ihn nicht persönlich, aber er ist der Anwalt, den ich will. Wenn ich ihn nicht haben kann, dann kann mir die American Civil Liberties Union einen Anwalt schicken. Ich ging in New York zur Schule und in Fort Worth, Texas ... Nach dem Eintritt zu den Marines beendete ich meine High School Ausbildung. ... Ich unterstütze die Castro Revolution. ... Meine Zimmerwirtin verstand meinen Namen nicht richtig und es war ihre Idee, mich O. H. Lee zu nennen. ... Ich will mit Mr. Abt sprechen, einen New Yorker Anwalt ... Das einzige Paket, das ich mitbrachte, war mein Lunch. Ich hatte nie eine Karte der Kommunistischen Partei ... Ich bin ein Marxist, aber nicht ein Leninist-Marxist ... Ich kaufte eine Pistole in Fort Worth vor einigen Monaten ... Ich lehne es ab zu sagen, wo ich die Pistole kaufte ... Ich bestellte nie irgendein Gewehr ... Ich bin nicht unzufrieden. Mich störte nichts am Präsidenten."*

Als Capt. Will Fritz ihn fragte: *„Glauben Sie an ein göttliches Wesen?"*
Oswald: *„Es interessiert mich nicht, darüber zu diskutieren (I don't care to discuss that) ... Wie kann ich mir ein Gewehr leisten mit dem Lohn von 1,25 Dollar die Stunde im Buchlager? ... John Kennedy hatte eine nette Familie."*
Der anwesende Polizist Roger Craig sagte aus, dass er Oswald in einen weißen Kombiwagen einsteigen sah – 15 Minuten nach dem Mord, was Oswald bestätigte.
Oswald: *„Dieser Kombiwagen gehört Mrs. Ruth Paine* (bei welcher Marina Oswald und die Kinder wohnten). *Versuchen Sie nicht, sie in diese Sache hineinzuziehen. Sie hat nichts damit zu tun. ich sage euch, Leute, ich machte ... Jedermann wird jetzt wissen, wer ich bin.*
Kann ich einen Anwalt haben? ... Ich bekam nicht die Möglichkeit, einen Rechtsbeistand zu haben ... Wie ich sagte, das Komitee ‚Fair Play für Kuba' wurde gründlich ermittelt, das ist absolut wahr ... Das Resultat dieser Untersuchung war null. Das Fair-Play-Komitee ist jetzt nicht auf der Subversivenliste des Generalstaatsanwalts."

08:30 Uhr
Wahlkonfrontation (Line-up) Aufstellung für Zeugen Cecil J. Mc Watters, Sam Guinard und Ted Callaway:
„Ich habe niemanden erschossen!", schrie Oswald in der Halle zu den Reportern. *„Ich will einen Anwalt kontaktieren, Mr. Abt in New York. Ich habe nie jemanden getötet ..."*

19:10 Uhr
Anklageeröffnung:
State of Texas vs. Lee Harvey Oswald wegen Mordes aus Heimtücke an Polizist J.D. Tippit von der Dallas-Polizei:
Oswald: *„Ich bestehe auf meine verfassungsmäßigen Rechte ... Die Art und Weise, wie Sie mich behandeln, es könnte geradeso in Russland sein ... Obwohl ich es verlangte, gab man mir keine Jacke, wie die anderen eine anhatten bei früheren Identifikations-Line-ups."*

19:50 Uhr
Line-up-Auswahlgegenüberstellung für Zeuge J. D. Davis.
Oswald: *„Ich war anders gekleidet als die anderen drei ... Kennen Sie nicht den Unterschied? Ich habe immer noch die gleichen Kleider an, die ich bei der Verhaftung trug. Die andern zwei waren Gefangene, schon im Gefängnis."*
Seth Kantor, Reporter hörte Oswald rufen:
„Ich bin nur ein Sündenbock!" (*„I am only a patsy!"*)

19:55 Uhr
Dritte Befragung im Büro von Capt. Fritz.
Oswald: *„Ich denke, ich habe lange genug gesprochen. Ich habe nichts mehr zu sagen ... Was als kurze Befragung begann, stellte sich als ziemlich lange heraus. ... Ich mag nicht mehr sprechen ... Ich warte auf jemanden, der mir Rechtsbeistand gibt. Es war eigentlich nicht wahr, wie ich nach Hause (Zimmer) kam. Ich nahm einen Bus, wegen eines Verkehrsstaus. Ich verließ den Bus und nahm ein Taxi, mit dem ich zu meinem Wohnort gelangte."*

20:55 Uhr
Fingerabdrücke, Identifizierung, Paraffin Test – alles in Capt. Fritz' Büro.
Oswald: *„Ich werde die Fingerabdruckkarte nicht unterschreiben, bis ich meinen Anwalt gesprochen habe. Was wollen Sie beweisen mit diesem Paraffin Test ... Dass ich geschossen habe? Sie verschwenden Ihre Zeit. Ich weiß nichts von dem, weshalb Sie mich anklagen."*

23:00 - 23:20 Uhr
Angesprochen durch Polizist John Adamcik und FBI Agent M. Clements.
Oswald: *„Ich war zwei Jahre in Russland, wo es mir gefiel ... Ich bin 5 ft. und 9 in., Gewicht 140 lb., habe braune Haare, blau-graue Augen, und habe keine Tätowierung oder Narben."*

23:20 - 23:25 Uhr
Lineup für Presse Konferenz; Jack Ruby ist anwesend. Darüber gibt es auch einen Youtube-Film: *www.youtube.com/watch?v=oqNWsR87WCY*

Als Journalisten ihn über sein blaues Auge befragten, antwortete Oswald:
„Ein Polizist schlug mich."

Gefragt über die vorherige Anklageverlesung antwortete Oswald: „*Well, ich wurde von Richter Jonston befragt. Ich protestierte jedoch bei dem angenehmen Verhör. Ich weiß wirklich nicht, worum es geht. Niemand hat mir etwas gesagt, außer dass ich angeklagt bin, einen Polizisten ermordet zu haben. Ich weiß nicht mehr als das und ich verlange, dass jemand kommt und mir Rechtsbeistand gibt.*"

Als er gefragt wurde: „*Haben Sie den Präsidenten getötet?*", antwortete Oswald: „*Nein, ich wurde nicht wegen dem angeklagt. Tatsächlich hat mir das niemand gesagt bis jetzt. Das erste Mal, dass ich davon hörte, war, als mich ein Journalist in der Halle diese Frage stellte. Ich tat es nicht; ich tat es nicht ... Ich habe niemanden erschossen.*"[33]

Autor Gerhard Prause führt ein gutes Beispiel zu der fragwürdigen Beweisführung, der im 4. Kapitel des Warren Reports aufgeführten Indizienkette zu Oswalds Hemd an, von dem einige Fasern auf der Tatwaffe gefunden worden sein sollen. Allerdings konnte hier nur spekuliert werden. Die Schlussfolgerungen stützten sich auf die Aussagen von Zeugen, die Oswald nicht aus der Nähe gesehen hatten. Oswald selbst behauptete, sich daheim umgezogen zu haben. Es ist äußerst interessant, wenn man zur Kenntnis nimmt, dass die einzigen zwei Zeugen, die nicht befragt wurden, Klarheit in die Hemdfrage hätten bringen können. Diese beiden waren nach den Schüssen auf Kennedy im Schulbuchlager ihrem Bericht zufolge nach oben gerannt und hatten Oswald getroffen, der eben in die Kantine gehen wollte, um sich in aller Ruhe eine Cola zu holen. Die Polizei interessierte sich erst einmal nicht für ihn, nachdem sie erfahren hatte, dass er dort arbeitete.

Im Warren-Report ist vermerkt, man habe Lee Harvey Oswald die Geschichte mit dem anderen Hemd nicht geglaubt. Unter Umständen war es tatsächlich eine Ausrede, weil er durch das manipulierte Bild auf dem Cover des *Life-Magazins* und anderen Details, die er in dem Verhör angab, wusste, dass irgendjemand im Hintergrund ihn mit fingierten „Beweisen" als Sündenbock aufbauen will. Für Prause jedenfalls ist die Abhandlung der Hemdenfrage ein deutliches Beispiel dafür, wie im Warren Report Indizien zu Beweisen mutiert sind. Wobei er offen lässt, ob die Vermutung der Warren-Kommission in diesem Punkt Recht hat oder nicht.

Die Person vor dem Schulbuchlager, die aussieht wie Lee Harvey Oswald (siehe Abb. 12), soll den offiziellen Angaben zufolge ein gewisser Nolan Lovelady sein.

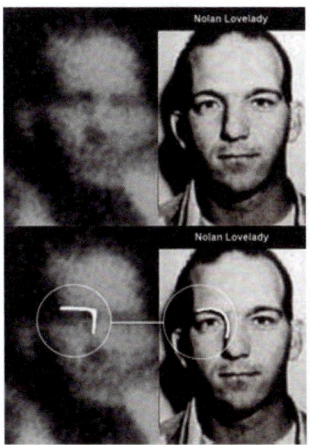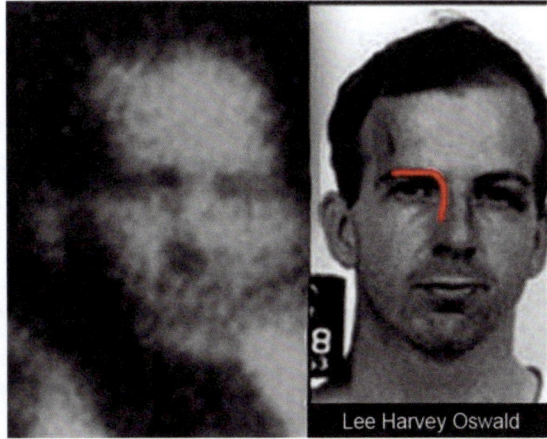

Abb. 15 oben links bis **Abb. 18** links / Bild unten rechts: Offiziell wird behauptet, bei der Person am Eingang des Schulbuchlagers handelt es sich nicht um Oswald, sondern um Nolan Lovelady. Jedoch zeigt schon ein kurzer Blick auf die Augenpartie und die Augenbrauen, dass Nolan offensichtlich nicht der Mann ist, der hier an der Hauswand steht, auch wenn die Haarpartie ähnlich aussieht. **Abb. 19** rechts / linkes Bild und **Abb. 20** rechts: Bei der Gegenüberstellung der Augenpartien mit Oswald wird deutlich, dass sie übereinstimmen. Dies könnte auf Oswald hindeuten. Oder aber auch auf eine Person, die ihm sehr ähnlich sieht. Nicht aber auf Lovelady. Siehe auch perspektifischer Nasenvergleich Abb. 21 und Abb. 22.

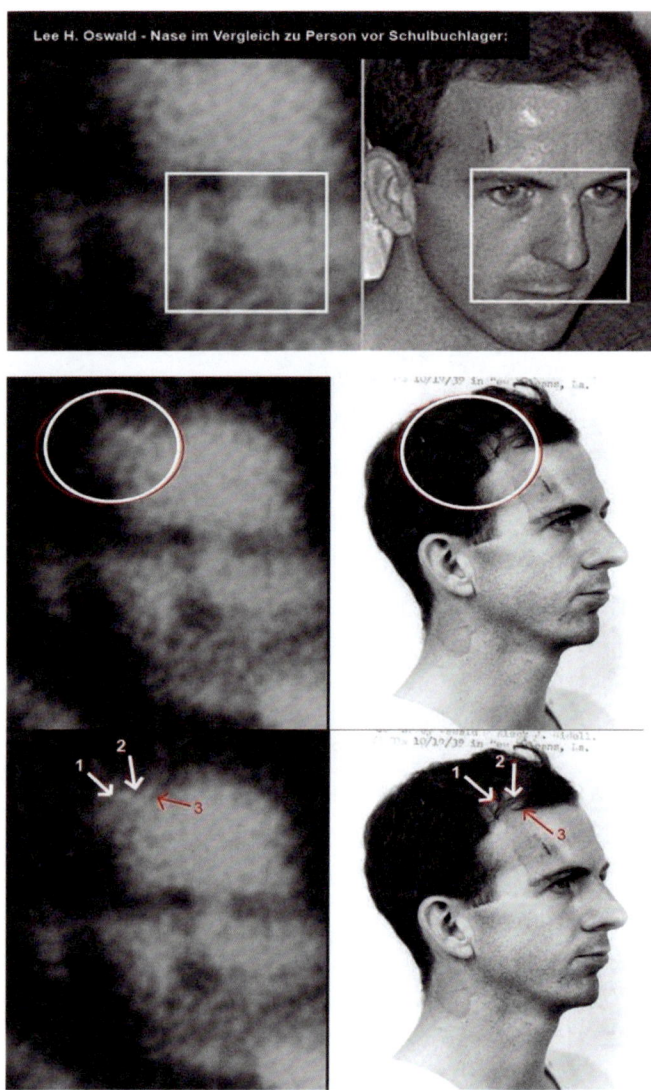

Abb. 21 oben links und Abb. 22 oben rechts: Bei der Gegenüberstellung der Augenpartien und der Augenbrauen mit Oswald wird deutlich, dass sie übereinstimmen. Siehe auch perspektifischer Nasenvergleich. Abb. 23 Mitte links bis Abb. 26 unten rechts: Gegenüberstellung Lee Harvey Oswald und der Mann vor dem Schulbuchlager.

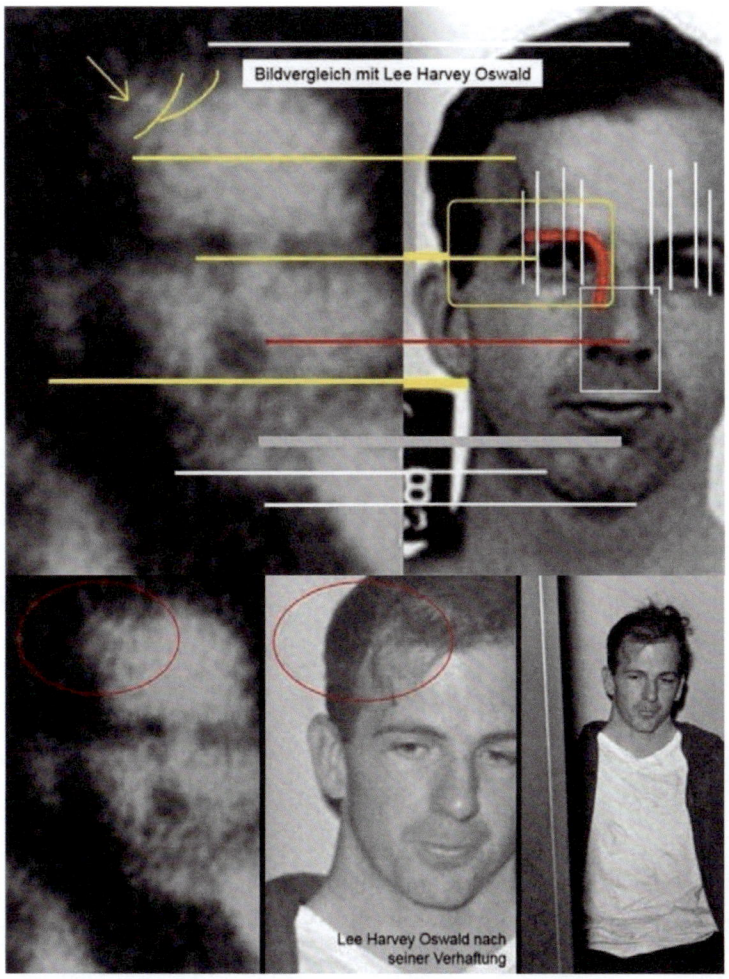

Abb. 27 oben links bis Abb. 31 unten rechts: Gegenüberstellung Lee Harvey Oswald und der Mann vor dem Schulbuchlager.

Die Augenbrauenpartie von Nolan Lovelady stimmt nicht mit der von jener Person überein, die vor dem Schulbuchlager steht. Allerdings stimmt die von Oswald mit ihr überein.

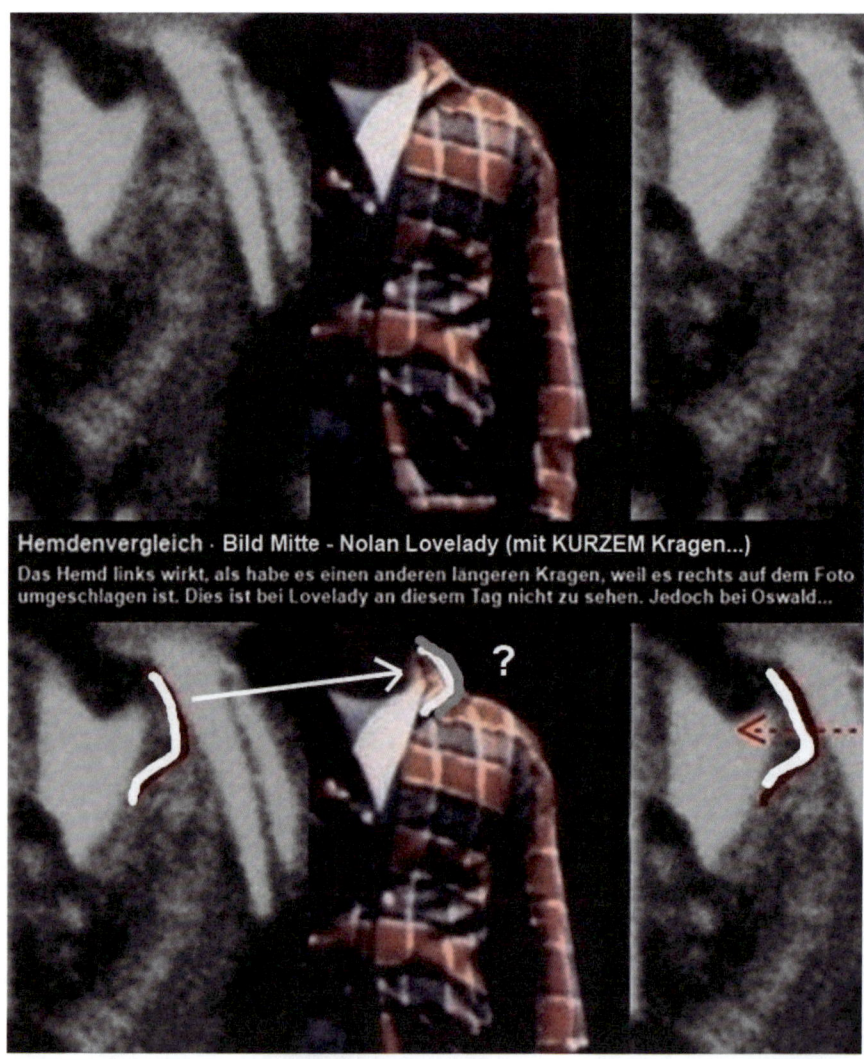

Hemdenvergleich · Bild Mitte - Nolan Lovelady (mit KURZEM Kragen...)

Das Hemd links wirkt, als habe es einen anderen längeren Kragen, weil es rechts auf dem Foto umgeschlagen ist. Dies ist bei Lovelady an diesem Tag nicht zu sehen. Jedoch bei Oswald...

Abb. 32 oben: Hemdenvergleich der Person vor dem Schulbuchlager, die auf dem Bild aussieht wie Lee Harvey Oswald, und in der Bildmitte das Hemd und T-Shirt, welches Lovelady am Tag des Attentats getragen hat. Und zwar hier **am Körper von Nolan Lovelady** gezeigt, in einer späteren gemachten Anprobe zur Identifizierung. Offiziell ist es Nolan Loveladey, der hier vor dem Schulbuchlager stand. Der Kragen des Hemdes, das Lovelady damals trug, ist ganz anders als bei jenem, das Oswald trug und auch wie bei der Person, die vor dem Schulbuchlager stand.

Abb. 33: Vergleichsbild T-Shirt und Kragen.

Wenn die Person unten vor dem Schulbuchlager, als Kennedy vorbeifuhr, nicht Nolan Lovelady war, sondern Lee Harvey Oswald, wie u. a. auch die Mutter von Oswald behauptete, dann kann Oswald nicht zeitgleich oben im Schulbuchlager am Fenster gestanden und auf den Präsidenten geschossen haben. Wie bekannt, wurde Oswald auch von der Polizei verhört, nachdem er verhaftet wurde – ohne ordentliches Protokoll bzw. Tonbandaufnahme. Und er bekam keinen Rechtsanwalt. Es gibt eine Art Rekonstruktion sämtlicher Aussagen von Oswald, gesammelt von Mae Brussell, einer sehr frühen JFK-Mord-Forscherin, welche sämtliche Bücher (26 Stück) des Warren-Report für 79 Dollar kaufte, was damals sehr viel Geld war.

22.11.1963, 13:45 Uhr im „Texas" Kino, wo Oswald verhaftet wurde. Hier sagte er einer Behauptung zufolge: *„Das war's!"* oder *„Alles ist nun vorbei!"* – aber nur Polizeimann M. N. McDonald hat das angeblich gehört, andere Polizisten sagten aus, sie haben das nicht gehört. Oswald hätte das nicht gesagt.
Oswald: *„Ich weiß nicht, wieso Sie mich so behandeln … Das Einzige, was ich getan habe ist, dass ich eine Pistole* (er sagte „pistol" (=Pistole) – nicht Revolver) *ins Kino mitgenommen habe … Ich sehe nicht ein, wieso Sie mir Handschellen anlegen … Warum sollte ich mein Gesicht verstecken? … Ich muss mich wegen nichts schämen!"*

Wollte das Riesenpolizeiaufgebot ihn vor den Blicken Neugieriger schützen und abdecken? Oswald wurde offiziell nicht als Präsidentenmörder gesucht, sondern als Polizistenmörder. Er hatte sich verdächtig gemacht, weil er angeblich ohne Eintrittskarte ins Kino ging.
Oswald: *„Ich will einen Anwalt … Ich widersetze mich der Verhaftung nicht … Ich habe niemanden umgebracht … Ich habe niemanden erschossen … Ich protestiere gegen diese Polizeibrutalität … Ich habe mich da gewehrt, aber ich weiß, dass man nicht dachte, dass ich eine Waffe trug … Wozu überhaupt das Ganze?"*

13:00 - 14:15 Uhr
Fahrt zum Polizeiwache:
Oswald: *„Wozu das alles? … Ich kenne meine Rechte … Ein Polizist wurde getötet? Ich höre, Sie sind scharf auf Mord-Anklage … Ok, Sie sagen, es*

braucht nur eine Sekunde, um zu sterben ... Alles was ich tat, war, dass ich eine Waffe dabei hatte ... Nein, Hidell ist nicht mein richtiger Name ... Ich war im Marine Corps, habe eine unehrenhafte Entlassung aus dem Militär und ging nach Russland ... Ich hatte Probleme mit der Polizei in New Orleans, weil ich Pro-Castro-Literatur verteilte ... Warum behandeln Sie mich so? Ich werde nicht korrekt behandelt ... Ich verlange meine Rechte" (als Angeschuldigter).

14:15 Uhr
Im Polizeidepartement.

14:15 - 14:20 Uhr. Angesprochen durch die Polizisten Guy F. Rose und Richard S. Stovall (ohne Notizen).
Oswald: *„Mein Name ist Lee Harvey Oswald ... Ich arbeite im Texas Schulbuchlager (TSBD) Gebäude ... Ich lebte in Minsk und in Moskau ... Ich arbeitete in einer Fabrik ... Ich mochte alles da drüben, außer das Wetter ... Ich habe eine Frau und ein paar Kinder ... Meine Anschrift ist ..."*

Oswald erkannte FBI Agent James Hosty und sagte zu ihm:
„Sie waren zwei oder dreimal bei mir zu Hause und sprachen mit meiner Frau. Ich mag es nicht, wenn Sie da draußen (Vorort von Dallas) vorbei kommen, wenn ich nicht da bin ... Ich war nie in Mexico City. Ich war in Tijuana ... Bitte nehmen Sie mir die Handschellen hinter meinem Rücken weg ... Ich sah ein Gewehr im TSBD, wo ich arbeite am 20.11.1963 ... Mr. Roy Truly, der Aufseher, zeigte das Gewehr einigen Leuten in seinem Büro im ersten Stock (Anm. d. Verf.: In Deutschland = Erdgeschoss / der 1. Stock in den USA ist bei uns der 2. Stock, weil dort das Erdgeschoss als 1. Stock gilt) *... Ich selber besaß nie ein Gewehr ... Ich lebte drei Jahre in der Sowjetunion, wo ich viele Freunde habe und die Verwandten meiner Frau ... Ich war vor einigen Monaten Sekretär des Kommitees Fairplay für Kuba in New Orleans ... In der Marine, als Mitglied des Marine Corps, erhielt ich eine Auszeichnung für Schießkunst* („Marksmanship" – Oswald galt aber angeblich als schlechter Schütze bei seinem Militärkameraden – Als schlechter Schütze wurde er beim angeblichen Attentat auf JFK nicht bekannt...).

Als ich (ein Zimmer) in der Beckley Street nahm, benutzte ich den Namen O. H. Lee ... Ich war im TSBD anwesend ... Ich bin da seit dem 15. Oktober (1963) angestellt ... Als Arbeiter habe ich Zugang zum ganzen Gebäude ... Mein normaler Arbeitsplatz ist auf dem 1. Stock (Erdgeschoss). Ich bin jedoch oft im 4., 5., 6. und 7. Stock, um Bücher zu holen. Ich war auf allen Stockwerken heute Morgen ... Wegen dem ganzen Durcheinander (nach der Erschiessung von JFK und als die Polizei ins TSBD stürmte) dachte ich, es wird nicht mehr gearbeitet heute Nachmittag und ich beschloss, nach Hause zu gehen ... Ich wechselte meine Kleider und ging ins Kino ... Ich nahm eine Pistole mit ins Kino, weil ich Lust dazu hatte, aus keinem anderen Grund ... Ich wehrte mich im Kino gegen die Verhaftung durch die Polizei und erlitt einen Schnitt und eine Beule ... Ich habe Präsident John F. Kennedy oder Polizist J. D. Tippit nicht erschossen ... Ein Polizist schlug mich, nachdem ich ihn schlug, deshalb habe ich die Schramme auf dem linken Auge ..."

Als er gefragt wurde, wieso er Kugeln in seiner Tasche hatte, antwortete er: *„Ich habe sie einfach da drin gehabt."*

15:45 Uhr
NBC Reporter Bill Ryan berichtete im TV, dass Lee Oswald der Hauptverdächtige an der Ermordung von JFK sei.

16:45 Uhr
Gegenüberstellung, Auswahlkonfrontation mit Helen Markham, Zeugin des Tippit Mordes.

Oswald: *„Es ist nicht korrekt, dass ich in eine Reihe mit diesen Teenagern gestellt werde ... Sie wissen, was Sie tun, Sie wollen mich auf unfaire Weise zu etwas zwingen (to railroad me) ... Ich will meinen Anwalt ... Sie tun mir ein Unrecht an, wenn ich mit anderen Kleidern als die andern Männer hier hinstehen muss ... Ich bin der Einzige mit einer Schramme am Kopf ... Ich glaube nicht, dass die Gegenüberstellung fair ist ... und ich verlange eine ähnliche Jacke wie die anderen in der Reihe anzuziehen ... Sie alle haben ein Hemd an und ich habe ein T-shirt an. Ich will ein Hemd oder sonst etwas ... Dieses T-Shirt ist unfair."*

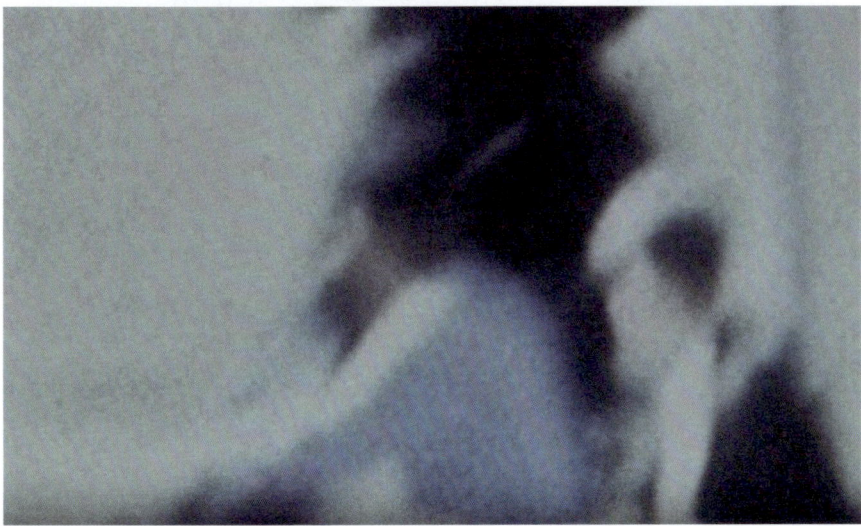

Abb. 34 oben und **Abb. 35** unten: Welche Rolle hatte der „Kubaner" mit Mütze und Brille wirklich, links im Bild, der erst wie ein normaler Zuschauer am Tatort in Dallas am Straßenrand flaniert – und nach den Schüssen auf den Präsidenten in ein Funkgerät spricht? Neben ihm sitzt der Mann mit dem Schirm (siehe Abb. 37/38). Bild unten: Screenshot aus der Dokumentation „CROSSFIRE: The Plot That Killed Kennedy".

Abb. 36: Ebenfalls verdächtig: Nach den Schüssen an der Straße, wo Kennedy kurz zuvor ange-schossen wurde, blieben die beiden in aller Ruhe als Einzige sitzen. Während andere flüchteten und in Panik verfielen, standen diese als letzte auf. Der Mann mit dem Funkgerät (der „Kubaner") steckt dieses hinten in seine Hose und beide laufen in unterschiedliche Richtungen seelenruhig davon.

Der „Umbrella Man"

Beim Attentat auf JFK in Dallas sieht man am Straßenrand einen Mann mit schwarzer Jacke und schwarzem Regenschirm an diesem sonnigen Tag mit blauem Himmel.

Abb. 37 oben bis **Abb. 39** unten rechts: Der „Umbrella Man" ist der Bekannte des „Kubaners" mit der Mütze und der Brille, der nach der Ermordung von JFK offensichtlich in ein Funkgerät sprach.

Der „Kubaner" und der „Umbrella Man" verhielten sich äußerst verdächtig. Auf den Bildern, die unmittelbar vor dem Erscheinen der Wagenkolonne gemacht wurden, ist der Schirm des „Umbrella Man" noch geschlossen. Kurz vor den Schüssen öffnet der Mann seinen Schirm…

Nachdem ein Aufruf gestartet wurde, wer diesen Mann kennt, rief ein Unbekannter an, dass es sich bei dem „Umbrella Man" um Louise Steven Witt handle, einen Versicherungsvertreter aus Dallas.

Abb. 40 oben links und Abb. 41 oben rechts: Der „Umbrella Man" ist der Bekannte des „Kubaners" mit der Mütze und der Brille, der nach der Ermordung von JFK offensichtlich in ein Funkgerät sprach. Abb. 42 unten links: Nachdem auf Kennedy geschossen wurde, setzen sich der „Black Umbrella Man" und der „Cuban", in aller Seelenruhe an den Straßenrand und betrachten das aufgeregte Treiben um sich. Der Umbrella Man ist Louie Steven Witt, der Jahre später angab, er habe den schwarzen Regenschirm aus Protest getragen. Von Protest ist bei seinem Freund, dem „Cuban" (Kubaner), aber nichts zu sehen, als die Limousine von Kennedy vorbeifährt, denn er winkt dieser zu. Tragen diese beiden, entgegen den offiziellen Verlautbarungen, ein Geheimnis in sich, welches mit der Ermordung um Präsident Kennedy zusammenhängt – als Teil einer Verschwörung? Abb. 43 unten rechts: Der „Kubaner" trägt vermutlich eine Waffe in oder unter seiner weißen Jacke, wie man an der Ausbeulung erkennen kann.

Kapitel 2: Weitere Zeugen entlarven die Oswald-Lüge

Im Juni 1999 bekam „Amerika" Hilfe von unerwarteter Seite, was den Mord an John F. Kennedy betrifft. Der russische Präsident Boris Jelzin übergab seinem Amtskollegen Bill Clinton Dokumente des russischen Geheimdienstes KGB mit Informationen über den angeblichen Einzeltäter Lee Harvey Oswald. Denn Oswald hatte ja in den Jahren vor dem Attentat in der Sowjetunion gelebt und damals seinen amerikanischen Pass abgegeben. Clintons Sicherheitsberater Sandy Berger sagte damals gegenüber der Süddeutschen Zeitung, *es habe sich dabei um ein sehr interessantes Geschenk gehandelt...* " Das waren dann aber auch schon die einzigen Informationen, die man infolge hierzu vernehmen konnte.

Wenn auch von amerikanischer Seite nicht mehr Informationen kamen, so fiel den russischen Behörden immerhin auf, dass, wenn Oswald zur Jagd ging, er meist mit leeren Händen zurückkam. Ein interessanter Umstand für jemanden, der sich später beim Kennedy-Attentat als Präzisionsschütze „offenbarte". Die Russen verweigerten damals erst Lee Harvey Oswald die Staatsbürgerschaft. Sie schickten ihn nach Minsk, wo er in einer Radiofabrik arbeitete. Er heiratete Marina Nikolajewna Prussakova und ging mit ihr und der gemeinsamen Tochter 1962 zurück in die USA.

In einem Interview mit *Fox-News* erklärte vor einigen Jahren der über 80-jährige pensionierte Agent Don Adams, dass er anhand Tausender Dokumente beweisen könne, dass es sich bei Lee Harvey Oswald nicht um den Mörder John F. Kennedys gehandelt habe. Der Armeeveteran Don Adams gehörte dem FBI an. Er wurde mit Ermittlungen gegen einen gewissen Joseph Adams Milteer beauftragt, der auch als der „gewalttätigste Mann im Land" benannt wurde. Einem FBI-Informanten zufolge, der mit Milteer „befreundet" war, hätte dieser einen Anschlag auf Kennedy mit vorbereitet. Etwa eine Woche, nachdem die Ermittlungen gegen Milteer abgeschlossen waren, wurden die tödlichen Schüsse auf Kennedy abgefeuert. Ein Vorgesetzter warnte Adams: *„Don, sei vorsichtig, was Du sagst und wie Du es sagst. Denn es gibt die Warren-Kommission und die haben bereits bestimmt, dass Oswald der Schütze war und es gab keine Schüsse, die von vorne kamen."*

Abb. 44: Im Jahr 1992, nach seiner Dienstzeit, entdeckte der ehemalige FBI-Agent Don Adams in einem Buch ein Foto vom 22.11.1963 in Dallas, kurz vor dem Attentat auf den Präsidenten. Im Hintergrund, vor dem Auto stehend, identifizierte er Joseph Adams Milteer, der sich aber offiziell zu diesem Zeitpunkt in Georgia aufgehalten hatte und nicht in Dallas.

Abb. 45: Joseph Adams Milteer, links, in der Gegenüberstellung mit dem Bildausschnitt am Tage des Attentats auf JFK in Dallas am 22.11.1963, rechts.

Erst jetzt begann Adams mit seinen Recherchen und musste feststellen, dass viele der ursprünglichen Dokumente aus unerfindlichen Gründen verschwunden waren, inklusive einige seiner eigenen Berichte.

Einem Polizeiinformanten hatte Milteer am 9. November, also etwa zwei Wochen vor dem Attentat, erklärt, dass, um Kennedy bei seinem Dallas-Besuch zu erschießen, der beste Standort ein Bürohaus sei, von dem aus man ihn durch einen Scharfschützen, der an einem Fenster positioniert würde, tötet. Dem Tondokument entsprechend fragte der Informant daraufhin, ob ein Anschlag wirklich geplant sei. Die Antwort von Milteer: *„Oh ja, er ist in Arbeit!"*

Auf einem weiteren Tonband, das nach der Tat aufgezeichnet wurde, bemerkte Milteer zu dem gleichen Informanten: *„Du hast geglaubt, ich mache einen Scherz, als ich Dir gesagt habe, dass man ihn von einem Fenster aus mit einem Scharfschützen-Gewehr töten wird!"*

Interessant ist, dass Milteer somit die Version von JFKs Ermordung vorab ankündigte, die später als offizielle Version in der ganzen Welt verbreitet wurde – mit Lee Harvey Oswald als Sündenbock. Wenn Milteer dies wusste, er aber an anderer Stelle an der Straße stand und selbst somit nicht direkt geschossen haben konnte, ist dies ein starkes Indiz für eine reale Verschwörung, da es offenlegt, dass mehrere Personen an der Tat beteiligt sein mussten – und sogar schon vorab bis ins Detail geplant wurde, was später offiziell in den Medien behauptet werden würde.

Der ehemalige FBI-Agent Don Adams zeigte sich in dem Interview mit *Fox News* zudem davon überzeugt, dass insgesamt mindestens elf Schüsse abgefeuert wurden. Inzwischen gibt es sogar Hinweise, dass mindestens dreizehn Schüsse abgefeuert wurden. Offiziell ist die Rede von drei Schüssen. Außerdem muss laut Adams mindestens ein Schuss von vorne gekommen sein. Damit geht er indirekt auf die These ein, dass mehr als ein Täter an der Ermordung Kennedys in Dallas beteiligt gewesen sein musste.

Im Hochsicherheitsgefängnis in Illonis befindet sich ein Mann mit dem Namen James Files, der dort eine Freiheitsstrafe von 50 Jahren wegen versuchten Mordes an zwei Polizisten während einer Schießerei im Jahre 1991 verbüßt. Dieser behauptet beispielsweise, an der Ermordung von John F. Kennedy beteiligt gewesen zu sein. Der ehemalige Auftragskiller der Mafia behauptete, dass Oswald keinen einzigen Schuss abgegeben habe. Files behauptete weiter, ein anderer Schütze wäre Charles „Chuckie" Nicoletti gewesen, der von der Position im Buchlager schoss, an der man Oswald vermutete. Laut bereits vor Jahren an die Öffentlichkeit gekommenen Recherchen hat die Mafia – der einstige „Familienbetrieb", wie bereits erwähnt –, aber schon längst den Besitzer gewechselt und deren Mitglieder sind inzwischen – oftmals unwissend – Handlanger einer unsichtbaren neuen Führungsebene, die sich aus Kreisen des Logentums und der internationalen Hochfinanz zusammensetzt.[34] Siehe hierzu auch die ausgezeichnete ältere Dokumentarreihe „MAFIA", die Sie derzeit entweder antiquarisch als VHS oder über das *COVER UP! Newsmagazine* einsehen können. Files selbst habe vom Grashügel aus geschossen.

Jean Hill, Augenzeugin, berichtete:

"Alles was ich weiß ist, dass ich mehr als drei Schüsse gehört habe. Und zuletzt kam einer davon... oben vom Hügel..."

Jean Hill

Abb. 46: Die Augenzeugin Jean Hill ist eine der Personen, die nach dem Attentat immer wieder in Interviews betonten, dass mehr als drei Schüsse gefallen sind – und mindestens einer davon oben vom Hügel kam. Das würde die Geschichte von James Files bestätigen, der von dort auf Kennedy geschossen haben will. Hill will bis zu sechs Schüsse gehört haben – wobei einige Schüsse gleichzeitig von verschiedenen Positionen abgefeuert worden sein können, was akustisch zulässt, weniger Schüsse wahrgenommen zu haben, wie tatsächlich abgefeuert wurden. Inzwischen gehen einige Forscher von bis zu 13 Schüssen aus.

Files schoss den Angaben zufolge vom Grashügel aus auf den Präsidenten und hinterließ angeblich am 22.11.1963 ein Andenken am Tatort. Und zwar eine Patronenhülse, auf die er gebissen hatte. Tatsächliche wurde Jahre später dort von einem Vater mit seinem Sohn eine Patronenhülse ausgegraben, die nach einer Überprüfung des FBI mit jener identisch ist, die James Files beschrieben hatte. Der FBI-Agent Zack Shelton hält die Aussage von Files deshalb für glaubwürdig. *„Ich habe versucht, Files' Geschichte zu bestätigen, und vieles davon konnte ich auch bestätigen.“*, so Shelton. Wäre dies noch nicht genug, so gestand der ehemalige CIA-Mitarbeiter E. Howard Hunt, der im Januar 2007 verstarb, völlig ignoriert von den Massenmedien auf seinem Totenbett, an dem Mordkomplott im Auftrag der CIA beteiligt gewesen zu sein. Bis zu diesem Zeitpunkt stritt er es rigoros ab, überhaupt am Tatort gewesen zu sein... Damit gestand er ein, dass er bei seinen bisherigen Fernsehinterviews gelogen hatte.

Howard Hunt war 21 Jahre bei der CIA und an vielen Geheimoperationen der CIA in Südamerika beteiligt gewesen, unter anderem an der Ermordung von Che Guevara Allende, dem Putsch in Chile, in Guatemala, der Pay of Pigs Invasion auf Kuba und bei diversen Versuchen, Fidel Castro zu ermorden. Bekannt wurde er hauptsächlich als Leiter des Teams für geheime Operationen, wo beispielsweise der verpatzte Einbruch ins Büro der Demokratischen Partei im Watergate-Gebäude („Watergate-Skandal" / Nixon-Affäre) zu seiner Verhaftung und Verurteilung führte, sowie zur Amtsenthebung und zum Rücktritt von Präsident Richard Nixon. Er wurde auch als einer der drei „Vagabunden" identifiziert, welche am Tatort in Dallas nach dem Kennedy-Attentat verhaftet und fotografiert, dann aber ohne Anklage freigelassen wurden.

Wenn eine solche Person mit einer solchen Vorgeschichte die Beteiligung an einem Mordkomplott an den amerikanischen Präsidenten gesteht, sollte man eigentlich meinen, die Medien würden daraus eine große Story machen. Doch es wurde komplett unter den Tisch gekehrt und anstelle dessen verbreitete man weiterhin neue völlig haltlose Dokumentationen, die Oswald als Einzeltäter brandmarken sollen. Auf die Frage, ob Oswald den Präsidenten getötet habe, folgte auch die klare Antwort von dem ehemaligen FBI-Agenten Don Adams: *„Nein, er hatte nichts damit zu tun!"*

Saint John Hunt, der älteste Sohn von Hunt, hatte die Audio-Kassetten mit der Aussage seines Vaters mit der Auflage, diese erst nach seinem Tod zu veröffentlichen, freigegeben. E. Howard Hunt benennt darauf zahlreiche Personen, die an der Ermordung Kennedys beteiligt waren. Hunt behauptet auf dem Band auch, dass der damalige Vizepräsident Lyndon B. Johnson an der Planung der Ermordung und an der anschließenden Vertuschung beteiligt war.

Hobo Hunt   Watergate Burglar Hunt   Watergate Burglar Sturgis   Hobo Sturgis

Abb. 47 oben: CIA-Mitarbeiter E. Howard Hunt wurde als einer der drei „Vagabunden" identifiziert, welche am Tatort in Dallas nach dem Kennedy-Attentat hinter dem Bretterzaun verhaftet und fotografiert, aber dann ohne Anklage freigelassen wurden. **Abb. 48** unten links und **Abb. 49** Mitte links: Howard Hunt beim Attentat auf JFK am Tatort in Dallas als einer der Vagabunden sowie rechts daneben im Zusammenhang mit der Watergate-Affäre. **Abb. 50** unten Mitte rechts und **Abb. 51** unten Mitte rechts und rechts außen: B. Sturgis im Zuge der Watergate-Affäre und ganz rechts am Tatort in Dallas als einer der Vagabunden. Dort traten er und Hunt offensichtlich als zwei der sog. „Tippit-Brüder" unter falschem Namen auf.

Die drei sogenannten „Tippit-Brüder", von denen zwei E. Howard Hunt und B. Sturgis (bekannt aus der Watergate-Affäre) glichen wie einei-ige Zwillinge, wurden am Grashügel am Dealey Plaza kurzzeitig festge-nommen, aber schon nach kurzer Zeit wieder freigelassen. Einer von ihnen trug ein Gerät im Ohr, wie es auch die Polizei zum Empfang von Funkfre-quenzen verwendet. Nach ihrer Freilassung sind die Protokolle ihrer Ver-haftung einschließlich ihrer Personalien und Fingerabdrücke spurlos ver-schwunden. Auch Robert Kennedy hatte offensichtlich etwas in der Hand (im wahrsten Sinne des Wortes), als er den Freimaurer und US-Präsident Lyndon B. Johnson traf, das ihn dazu veranlasste, Johnson als Mittäter ei-nes Komplotts bei der Ermordung an seinem Bruder zu vermuten. Ver-schiedenen Angaben zufolge ging es hierbei auch um die Ermordung von Marilyn Monroe. Diese kaum bekannten Tatsachen sind deshalb besonders interessant, weil der Hochgradfreimaurer und damalige FBI-Chef J. Edgar Hoover auf zweifelhafte Weise versuchte, Robert Kennedy mit dem Mord an Marilyn Monroe in Verbindung zu bringen.

Senator Robert F. Kennedy fragte in einem Telefonat mit Freimaurer und US-Präsident Lyndon B. Johnson: *„Why did you kill? You have my brother killed?"*

Es existiert auch ein Video mit dem Telefonmitschnitt von Senator Ro-bert F. Kennedy mit Freimaurer und US-Präsident Lyndon B. Johnson, auf dem das Gespräch der beiden zu hören ist.[35]

Als im Jahr 1964 der von Präsident Johnson initiierte Abschlussbericht des Warren-Reports über die offizielle Untersuchung des Kennedy-Mordes erschien, kam heraus, dass dieser sogar eine weitere faustdicke Lüge ent-hielt. Auf den Seiten 51 und 52 des Berichts wird der Secret-Service-Agent Rufus Youngblood zitiert, der auf dem Beifahrersitz der Limousine von Lyndon B. Johnson und Yarborough saß: *„Plötzlich hörte ich den Lärm ei-ner Explosion … Ich drehte mich um, fasste dem Vizepräsident an die Schulter und erklärte ihm, er solle sich ducken … Dann stieg ich auf den Rücksitz und legte mich auf ihn."* Präsident Johnson bestätigte dieses heldenhafte Verhal-ten des Beamten: *„Im selben Augenblick, in dem er mich herunterdrückte, kletterte er auf den Rücksitz und setzte sich auf mich. Ich wurde durch das Gewicht von Agent Youngbloods Körper zu Mrs. Johnson und Senator Yarbo-*

rough gedrückt." Der Agent erhielt sogar eine Auszeichnung für diese tapfere Tat. Doch diese Geschichte, die erklären sollte, warum niemand auf Johnson geschossen habe, war ein Märchen, wie sich später herausstellte. *„Das ist nie passiert!"*, zitierte Michael Minor Präsident Johnson, nachdem dieser ihm dies sogar persönlich anvertraut hatte. Yarborough musste es schließlich wissen, denn er saß direkt neben Johnson. Autor Michael Hesemann schrieb in seinem Buch „Geheimakte John F. Kennedy" zu diesem Vorfall: *„Warum diese Farce? Weshalb hatte es Kennedys Vize und Nachfolger nötig, eine solche Räuberpistole zu erfinden, warum log er und sein Bodyguard vor dem offiziellen Untersuchungsausschuss?"*[(24)]

Robert Kennedy ist nicht der Einzige, welcher den Freimaurer Lyndon B. Johnson, der nach Kennedys Ermordung sein Nachfolger als Präsident der Vereinigten Staaten von Amerika wurde, als Mitglied einer Verschwörergruppe sah, die JFK ermordeten. Auch Jacky Kennedy, die Frau des ermordeten John. F. Kennedy, glaubte daran, dass Lyndon B. Johnson mit an der Ermordung beteiligt gewesen war, was inzwischen aufgetauchte Aufnahmen von Jacky Kennedy belegen. Die Bänder wurden von Jacky Kennedy mit dem bekannten Historiker Arthur Schlesinger jr. innerhalb weniger Monate nach dem Attentat am 22. November 1963 aufgenommen.

Abb. 52: Freimaurerischer Gedenkbrief zu Ehren des Hochgradfreimaurers und US-Präsidenten Lyndon B. Johnson.

In einem aus dem Gefängnis geschmuggelten Brief verteidigte Jack Ruby Lee Harvey Oswald und beschuldigte Hochgradfreimaurer und US-Präsident Johnson: *„Johnson ist ein Nazi der schlimmsten Art … Ist es nicht seltsam, dass Oswald, der die meiste Zeit seines Lebens nie richtig gearbeitet hat, so viel Glück hatte, plötzlich einen Job in dem Buchlager zu bekommen, zwei Wochen bevor nicht einmal der Präsident wusste, dass er nach Dallas kommen würde? Woher sollte ein kleiner Niemand wie Oswald bereits wissen, dass der Präsident nach Dallas kommt? Nur einer wusste es zu diesem Zeitpunkt. Und das war Johnson, der schon Wochen vorher wusste, was geschehen würde, weil er die Reise vorbereitete, lange bevor dem Präsidenten die Pläne vorgelegt wurden. Nun denken Sie mal darüber nach…"* [56]

Vize-Justizminister und Hochgradfreimaurer Nicholas D. Katzenbach stellte in einem inzwischen freigegebenen Memorandum die Forderung: *„Die Öffentlichkeit muss damit zufriedengestellt werden, dass Oswald der Attentäter war, dass er keine Mittäter hatte, die noch zugange sind, und dass die Beweislage so ist, dass er auch vor Gericht verurteilt worden wäre … Wir brauchen etwas, um öffentliche Spekulationen oder eine Untersuchung durch den Kongress zu vermeiden."* [57]

Um dies zu erreichen, galt es, alle unabhängigen Ermittlungen zu beenden. Schon am 23. November 1963 läutete bei Hauptmann Will Fritz von der Mordkommission Dallas, welcher gerade Oswald verhört hatte, das Telefon. Am Apparat war laut Fritz der neue Präsident der Vereinigten Staaten von Amerika, Lyndon B. Johnson. Dieser machte ihm unmissverständlich klar, er solle den Fall JFK abschließen. Johnson: *„Sie haben Ihren Mann!"*
Am selben Tag rief Hochgradfreimaurer Johnsons Mitarbeiter Cliff Carter dreimal den Bezirksstaatsanwalt Henry Wade an. Dieser hatte, wie die *Dallas Morning News* vom 23. November 1963 berichtete, öffentlich erklärt, dass *„erste Berichte darauf hindeuten, dass 'mehr als eine Person' auf den Präsidenten und Gouverneur Connally geschossen haben."* Wade: *„Die gehören alle auf den elektrischen Stuhl!"* [58]

Doch Cliff Carter erklärte ihm, laut Wade, dass: *„Präsident Johnson glaubt, dass Berichte von einer Verschwörung – eines Komplotts … – um Kennedy zu töten, unser Land in den Grundfesten erschüttern würde. Präsident Johnson ist besorgt … Das könnte außenpolitische Konsequenzen haben. So sollte ich Oswald nur des Mordes anklagen und auf die Todesstrafe plädieren.*"[58]

Am 29. November 1963 drohte Johnson suggestiv Senator Richard Russel mit der Nachricht, dass er ihn gerade in die Warren-Kommission berufen habe, er keinen Widerspruch dulde, nachdem Russel zuerst abgelehnt hatte. Lyndon B. Johnson gegenüber Russel: *„Es ist schon bekanntgegeben … Sie werden das hier machen, es geht um Ihr Land … Und Sie werden das machen und sagen Sie mir nicht, dass Sie es nicht können, denn ich kann Sie nicht festnehmen lassen und ich werde Ihnen nicht das FBI auf den Hals schicken, aber Sie können gottverdammt sicher sein, dass Sie diesen Job machen, das sag ich Ihnen … und A. W. Moursund* (ebenfalls Freimaurer) *ist hier und er will Ihnen sagen, wie sehr wir Sie alle lieben…*"[21]

Dieser unglaubliche Wortlaut des Telefonats, eine Abschrift des Gesprächsprotokolls vom 29.11.1963, 20:55 Uhr, befindet sich heute in der LBJ Library, dem Archiv der Präsidentschaft Johnsons, zusammen mit einem Telefonmitschnitt.

Neben Hochgradfreimaurer Warren, Russel und dem Abgeordneten Hale Boggs gehörte der Warren-Kommission auch der Hochgradfreimaurer und ehemalige CIA-Direktor Allen W. Dulles an, der zwei Jahre zuvor als Verantwortlicher für die Schweinebuchtaffäre von Präsident Kennedy entlassen wurde. Inzwischen ist bekannt, dass Dulles der Kommission gezielt CIA-Informationen vorenthielt. Ihm zur Seite stand Hochgradfreimaurer Gerald R. Ford, der als CIA-Freund im Kongress bekannt war. Zudem gesellte sich zu dieser illustren Gesellschaft zur „Aufklärung" des Kennedy-Mordes in der Warren-Kommission noch Hochgradfreimaurer John McCoy, der von 1947 bis 1949 Präsident der *Weltbank* war.

Lyndon B. Johnson erklärte seiner Freundin Clare Boothe Luce, wie sie später berichtete: *„Ich bin ein Spieler, und das war meine einzige Chance!"*

Glauben wir seiner Geliebten Madeleine Brown, so wusste Lyndon B. Johnson schon vor dem 22. November 1963, dass John F. Kennedy ermordet und dass dies in Dallas geschehen würde. Bereits im April 1963 machte Lyndon B. Johnson folgende öffentliche denkwürdige Aussage, die bis heute kaum Beachtung fand: *„Der Präsident der Vereinigten Staaten ist wie ein Pilot und die Wahl so, als würde die Nation sich ein Flugzeug und einen Piloten für die nächsten vier Jahre aussuchen. Wenn man ihn einmal genommen hat und bei schlechtem Wetter über das Meer fliegt, wird man auch nicht aufstehen und die Tür öffnen, um ihm auf den Kopf zu schlagen. Er ist der einzige Pilot an Bord, und wenn das Flugzeug abstürzt, stürzt man mit ihm ab. **Zumindest sollte man bis zum nächsten November warten, bevor man ihn abschießt.**"*[21]

In Dallas bestand er am 22. November 1963 darauf, in den übernächsten Wagen hinter Kennedy zu sitzen. Später log er bei der „heldenhaften" Tat seines Bodyguards. Und als er sich noch an Board der Air Force One vereidigen ließ, belog er Jackie Kennedy. Er behauptete, dass die sofortige Vereidigung auf den ausdrücklichen Wunsch des Justizministers Robert F. Kennedy hin erfolgen solle. Robert Kennedy, Jackies Schwager, bestritt dies später.

Johnson gab zudem nach dem Attentat den ausdrücklichen Befehl, wichtige Spuren zu beseitigen. Und er „überzeugte" die Warren-Kommission, sich auf einen Einzeltäter festzulegen, weil, so Lyndon B. Johnson wörtlich:

„…sonst der Dritte Weltkrieg droht…"

Kapitel 3: Der Mord an Marilyn Monroe und UFOs

Am 27. April 1961 hielt der ehemalige US-Präsident John F. Kennedy eine Rede, in der er sich gegen die Unterwanderung durch Geheimgesellschaften wandte, die ihm wohl 1963 mit den Tod brachte. Hier ein Auszug: *„Ladies und Gentlemen, bereits das Wort ‚Geheimhaltung' ist in einer freien und offenen Gesellschaft geradezu abstoßend. Und aus historischer Sicht ist uns die Ablehnung gegenüber Geheimgesellschaften, geheimen Schwüren und geheimen Handlungen bereits angeboren. Denn wir sehen uns weltweit einer gigantischen und rücksichtslosen Verschwörung gegenüber, die zu verdeckten Operationen greift, um ihren Einfluss zu erweitern.*
Zu Infiltration statt Invasion, zu Umstürzen statt Wahlen, zu Einschüchterung statt freier Wahl. Es ist ein System, was riesige menschliche und materielle Ressourcen verwendet hat, um damit eine zusammenhängende hocheffiziente Maschinerie aufzubauen, welche militärische, diplomatische, geheimdienstliche, ökonomische, wissenschaftliche und politische Operationen verbindet.
Die Vorbereitungen dazu werden verheimlicht, nicht veröffentlicht, die Fehler verschwiegen, anstatt groß darüber zu berichten. Dissidenten werden zum Schweigen gebracht, anstatt sie zu rühmen. Dazu verwendete Ausgaben werden nicht hinterfragt. Kein Geheimnis wird gelüftet. Deshalb hatte der griechische Gesetzgeber Solon verordnet, dass es ein Verbrechen ist, wenn Bürger vor harten Diskussionen zurückschrecken. Ich bitte Sie um Hilfe für die gewaltige Aufgabe, die amerikanische Bevölkerung zu informieren und zu alarmieren. Aber ich bin davon überzeugt, dass mit Ihrer Hilfe der Mensch endlich das wird, wozu er geboren ist: frei und unabhängig."[(36)]

Diese Rede können Sie über das Online-Magazin *COVER UP!* aufrufen oder in der Verschwörungs-Dokumentation „Zeitgeist" hören, die unter anderem von Sänger Robbie Williams beworben wurde. Diese Rede und die Tatsache, dass Kennedy kurz vor seinem Tod den Plan gefasst hatte, ein Gesetz zu erlassen, dass der FED (Federal Reserve Bank, der Zentralbank Amerikas, die von Privatbanken gehalten wird und das gedruckte Geld an die US-Regierung verleiht), die Möglichkeit genommen hätte, Geld zu drucken und der USA somit einen eigenen richtigen Dollar beschert hätte, werden von vielen als die Hauptauslöser gesehen, warum JFK kurz darauf ermordet wurde. Glaubt man verschiedenen Quellen, teilweise aus höchsten Sicherheitskreisen und dem Militär, dann wusste Kennedy zudem von der Existenz von Außerirdischen und plante, in naher Zukunft, die Menschheit darüber zu informieren. Auch über den wahren Hintergrund zum Roswell-Absturz im Jahr 1947. Oberst Philip Corso, Ex-Leiter des *Büros für fremde Technologien der Forschungs- und Entwicklungsabteilung* der US-Army, Mitglied des Nationalen Sicherheitsrates unter Präsident Eisenhower, vor laufender Kamera im Jahre 1998 – kurz vor seinem Tod: *„Ich hatte die Beweise, dass ein Absturz stattgefunden hat ... Ich frage Sie: Waren Sie dort mit mir? Haben Sie die Zugangsbefugnis gehabt? Sie können diese Fragen nicht beantworten. Sie können nur kritisieren, ohne jeden Gegenbeweis."*

Corso weiter: *„Im Kern geht es darum, wie wir 1947 Trümmerteile und Hinterlassenschaften von der Absturzstelle in der Wüste bei Roswell bargen. Wir machten uns die überlegene Technologie zunutze und stellten sie der Industrie zur Verfügung."*

US-Colonel Philip Corso hatte zu seinen Dienstzeiten einen Schreibtisch im Weißen Haus. In seiner 21-jährigen Militärkarriere war er unter anderem Dienstoffizier in Korea und als Nationaler Sicherheitsberater des US-Präsidenten und Freimaurers Dwight D. Eisenhower tätig. Nur wenige Tage, nachdem Corso seine Aussagen, welche er in dem Buch *„The Day after Roswell"* („Der Tag nach Roswell") veröffentlichte, beeidet hatte, verstarb er. Corso: *„Die Technologien wurden Laboratorien privatwirtschaftlicher Unternehmen zur Verfügung gestellt, die bereits an ähnlichen Projekten arbeiteten. Die einzige Bedingung war: Unsere Akten durften keine Angaben darüber enthalten, woher die Technologien stammten ... Die Unternehmen erhielten ihre Forschungsgelder und die außerirdischen Artefakte, erfuhren aber nicht, woher sie stammten..."* [37]

Die geplanten Veröffentlichungen von John F. Kennedy gingen auf Erkenntnisse zurück, die seinerzeit hohe Militärs noch zu Aussagen bewogen, die heute kaum noch denkbar wären, da sie u.a. gegen die Spionagegesetze verstoßen. Allgemein hin gilt, dass UFOs in den USA unter die *„Merint"*-Gesetzgebung fällt.

Begründung:

Ein unbekanntes Flugobjekt, das in den Luftraum eines Landes eindringt, wird als mögliche Gefährdung der Nationalen Sicherheit des Landes (in diesem Fall der USA) und ihrer Streitkräfte angesehen.

Die Informationspolitik des „Erziehungsprogramms" wird in den USA unter § 9 der „Merint"-Gesetzgebung aufgeführt.

§ 9:

Hier wird per Gesetz Folgendes geregelt:

„…VERTRETER DER NACHRICHTENMEDIEN ÜBER UFOS ZU INFORMIEREN, WENN DAS OBJEKT POSITIV ALS EIN BEKANNTES OBJEKT IDENTIFIZIERT WERDEN KONNTE… AUFGRUND DER VIELEN UNBEKANNTEN FÄLLE SOLL BEI JENEN OBJEKTEN, DIE NICHT ERKLÄRT WERDEN KÖNNEN, NUR DER UMSTAND, DASS ‚ATIC' (Air Technical Intelligence Center) DIE DATEN ANALYSIERT, BEKANNTGEGEBEN WERDEN."

Wer als Person mit entsprechenden Befugnissen und Zugang zu Geheimnissen der Regierung gegen diese Geheimhaltung verstößt und mit diesen Realitäten an die Öffentlichkeit geht, hat laut den Spionagegesetzen mit folgenden Konsequenzen zu rechnen:

MIT EINER DRASTISCHEN GELDSTRAFE ODER BIS ZU **10** *JAHRE GEFÄNGNIS OHNE GERICHTSVERHANDLUNG.*[38]

Nicht zuletzt dies ist der Grund, warum wir vermutlich noch lange auf den Tag warten können, bis das Thema UFOs im Zusammenhang mit Außerirdischen aus der Ecke der Lächerlichmachung verschwinden wird.

„Aufgrund der Entwicklungen der Wissenschaft sollten sich alle Länder der Erde vereinen, um zu überleben und eine gemeinsame Front gegen Angriffe von Bewohnern anderer Planeten zu bilden. Die Politik der Zukunft wird kosmisch oder interplanetarisch sein." (General Douglas McArthur, Freimaurer, 8. Oktober 1955, *New York Times*)

„Unbekannte Objekte stehen unter intelligenter Kontrolle ... Es ist zwingend, dass wir erfahren, woher UFOs kommen und was ihre Absichten sind ... Hinter den Kulissen sind hochrangige Offiziere ernsthaft über die UFOs besorgt." (Admiral Roscoe Hillenkoetter, erster CIA-Direktor 1947-1950, in einem Schreiben an die UFO-Gruppe NICAP und in der New York Times, 28. Februar 1960)

Wie dem auch sei, bereits in den 1960er-Jahren planten Teile der US-Regierung in der *Operation Northwood* gezielt Anschläge anderer Ländern in die Schuhe zu schieben und Flugzeuge als Waffen zu benutzen. Damals wurde dieser Plan von Präsident John F. Kennedy gekippt. Man plante auf diese Weise, Kuba zum Sündenbock zu machen. Einer der Pläne war es, ein Flugzeug in der Luft zu sprengen, welches kurz zuvor einen Notruf absetzen sollte. Die Ermittlungen sollten später ergeben, dass hinter dem Attentat kubanische Terroristen stecken würden. Die Dokumente über die *Operation Northwood* sind inzwischen veröffentlicht worden. Die Vorgeschichte zum 11. September 2001?

Die Geliebte der Kennedy-Brüder, die bekannte Schauspielerin Marilyn Monroe, kündigte kurz vor ihrem Tod eine Pressekonferenz an, in der sie eine Wahrheit belegen würde, die die Regierung stürzen könnte. Auf dieser wollte sie Dinge berichten, die sie bisher zum Teil nur ihrem Tagebuch anvertraut hätte. Unter anderem wisse sie von Plänen, Fidel Castro zu töten und *„von Dingen aus dem Weltraum"*, was auch immer Monroe mit dieser Andeutung im Vorfeld meinte. Diese könnten die geplante Mondlandung kompromittieren, wie sie in der Ankündigung für ihre Pressekonferenz sagte. Aber sie deutete auch an, andere Dinge offenzulegen, die im Nachhinein betrachtet auf eine Verschwörung hindeuten. Die Telefonate von Marilyn Monroe wurden abgehört, wie ein CIA-Memorandum vom 3. August 1962 beweist, unterzeichnet vom Chef der CIA-Abteilung für Gegenspionage, James J. Angleton. Erste Ankündigungen zu ihrer Pressekonferenz machte Monroe bereits am 3. August 1962. Und sie sprach davon am 4. August 1962.

Einen Tag vor der medienwirksam angekündigten Pressekonferenz für den 6. August 1962 verstarb sie. Offiziell durch Selbstmord an einer Überdosis Barbituraten...

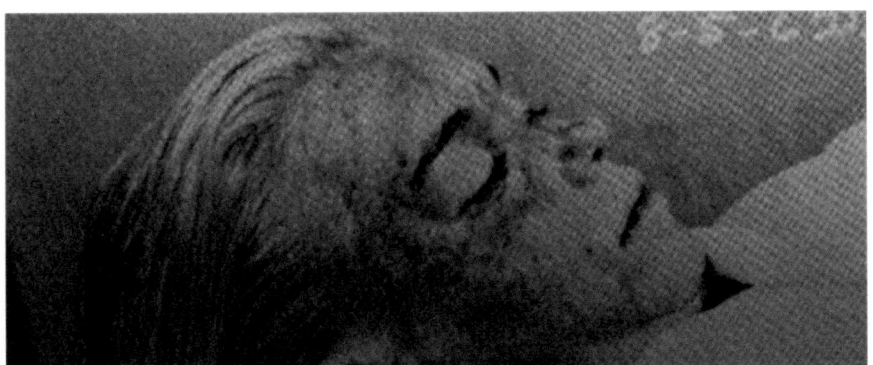

Abb. 53: Die Leiche von Marilyn Monroe

Die amerikanische Schauspielerin Marilyn Monroe, am 1. Juni 1926 unter dem Namen Norma Jeane Mortenson geboren (Taufname Norma Jeane Baker), verstarb offiziellen Angaben zufolge am 5. August 1962 in ihrer Wohnung in Brentwood, Los Angeles. Nach einer kleinen Rolle in dem Film „Love Happy" der Marx Brothers, in dem sie nur einen Satz zu sprechen hatte, ging es für die Schauspielerin stetig bergauf. Hollywoods Filmbosse erfanden ein neues Sexsymbol. Zu den bekanntesten Filmen von Monroe gehören „Blondinen bevorzugt" (1953), „Wie angelt man sich einen Millionär" (1953), „Fluss ohne Wiederkehr (1954), „Das verflixte 7. Jahr" (1955) oder auch „Some like it Hot" („Manche mögen's heiß", 1958). Der erste Polizist am Tatort, Sergeant Jack Clemmons, meinte danach: *„Meiner Meinung nach ist Marilyn Monroe ermordet worden ... Es war sogar der offensichtlichste Mordfall, mit dem ich es je zu tun hatte."*

Die von ihr kurz vor ihrem Tod angekündigte Pressekonferenz für den folgenden Tag sollte am Montag, den 6. August um 11:00 Uhr vormittags stattfinden. Neben den bereits erwähnten Punkten wollte sie darin der Welt auch die geheimen Pläne der CIA und der Mafia enthüllen, die eine Ermordung Fidel Castros, des kommunistischen Führers von Kuba, geplant hatten – sowie weitere Fakten, die sie erfahren hatte, die ihrer Meinung nach die Regierung stürzen würde und für einige Personen im Hintergrund das politische Ende bedeutet hätten. Es wird spekuliert, dass sie diese Informationen über die Kennedys erfahren hatte. Vielleicht sah sie in

John F. Kennedys eingangs aufgeführter Rede vom 27. April 1961 eine Art Notwendigkeit, die an sie herangetragenen Informationen weiterzugeben. Und es könnte aufgrund ihrer Absichten auch zu Spannungen mit den Kennedy-Brüdern gekommen sein, die durch eine Veröffentlichung unabsehbare Folgen für alle Beteiligten sahen. Wie und ob ihr Ende mit den zuvor genannten Details verflochten sein konnte, bleibt derzeit aber noch spekulativ. Denn nach ihrem Tod war ihr Tagebuch dem Gerichtsmediziner anvertraut worden – und ist seitdem verschwunden...

Sergeant Jack Clemmons: *„Sie lag ausgestreckt mit dem Gesicht nach unten da ... Sie war ganz offensichtlich in diese Position gebracht worden. Ihr Arzt zeigt mir acht oder zehn leere Tablettenröhrchen, in denen sich Schlafmittel befunden hatten, und meinte, die müsse sie geschluckt haben.“*

Dr. Keith Simpson, Experte der Gerichtsmedizin bei der britischen Regierung: *„Der Barbituratgehalt in Blut und Leber (von Marilyn) war meiner Erfahrung nach so hoch, dass auch im Magen Rückstände der Kapseln zu finden gewesen sein müssen.“*

Aus dem Autopsiebericht ging jedoch hervor, dass in Marilyns Monroes Magen keinerlei Spuren von Barbituraten gefunden wurden. Man fand auch keinen Anhaltspunkt für die Theorie, dass die Droge injiziert worden wäre. Also vermutete man, die Drogen mussten durch ein Klistier verabreicht worden sein. In diese Kerbe schlug auch John Miner, der damals Vize-Bezirks Staatsanwalt von Los Angeles war. Er meldete sich im Juni 1996 zu Wort und erklärte, er wäre seinerzeit an einer Obduktion an Marilyn Monroe beteiligt gewesen. Er behauptete, sie wäre ermordet worden. Und zwar mit einem Gift-Klistier.

Den Selbstmord widerlegen angeblich auch Tonbänder, die Marilyn kurz vor ihrem Tod für ihren Psychiater besprochen hat. Miner will die Bänder gehört haben und berichtet, dass sie darauf über ihre Liebhaber, die Kennedy-Brüder, spricht, über Zukunftspläne und ihren geplanten Umzug nach New York.

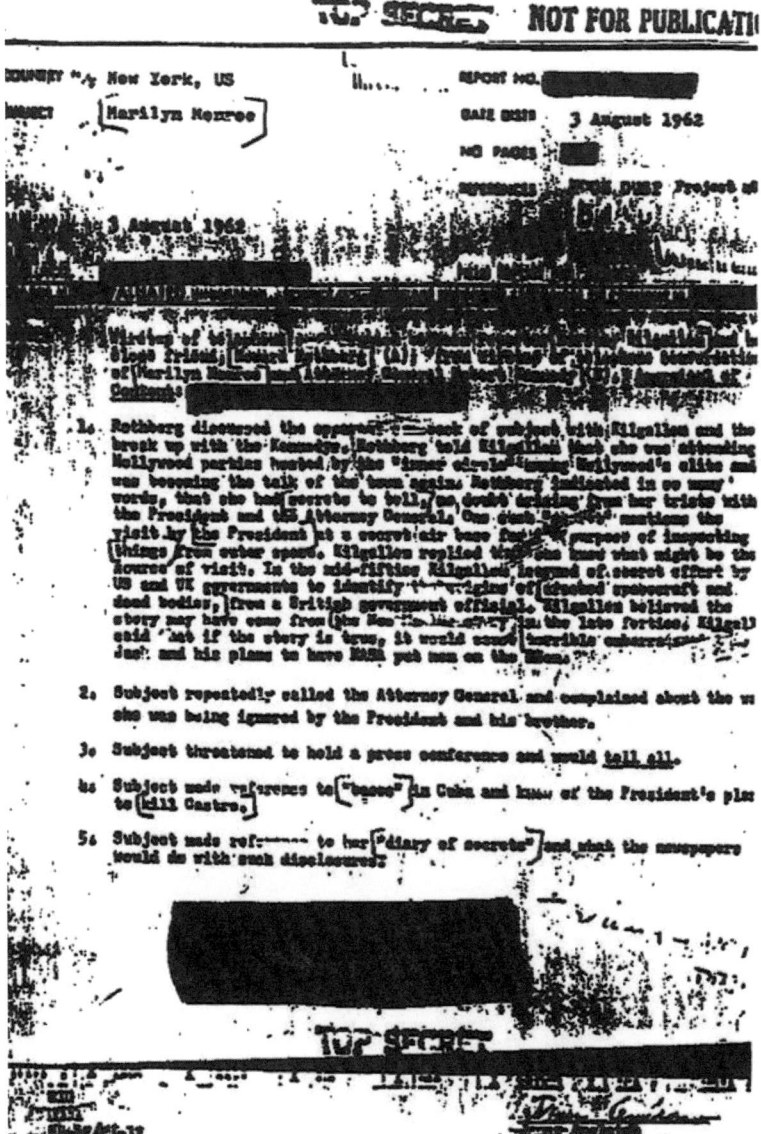

Abb. 54 oben: CIA-Memorandum vom 3. August 1962 über die Pläne von Marilyn Monroe, ihr geheimes Tagebuch zu öffnen. Zwei Tage später wurde die Schauspielerin tot aufgefunden.

Wenige Monate vor Marilyns Tod, im Sommer 1962, kam heraus, dass ihr Haus von Jimmy Hoffa, dem Boss einer von der Mafia kontrollierten Gewerkschaft, abgehört wurde. Die Wanzen von Hoffa waren jedoch nicht die einzigen im Haus von Marilyn Monroe. Die CIA und das FBI ließen die Wohnung ebenfalls überwachen. Auch Fred Otash soll bestätigt haben, dass das FBI und die CIA das Haus abhörten. Daher war bekannt, dass Robert Kennedy seit längerem versuchte, den Hochgradfreimaurer und Leiter des FBI, J. Edgar Hoover, loszuwerden. Hoover überwachte aber auch die Kennedys, wie später öffentlich wurde. John F. Kennedy und Robert Kennedy fielen bekanntlich in Folge ebenfalls Mordanschlägen zum Opfer. Hoover führte nach deren Tod auch die Ermittlungen über die Morde an den Kennedy-Brüdern.

Mafiaboss Sam Giancana sagte später über Marilyn Monroe, ihr Tod habe für die Entfernung einer „gefährlichen Dame" gesorgt. Und er bestätigte, mit ihrer für den Montagmorgen angekündigten Pressekonferenz hätte sie den Sturz des US-Präsidenten, des Justizministers, aber auch der ganzen Regierung auslösen können.

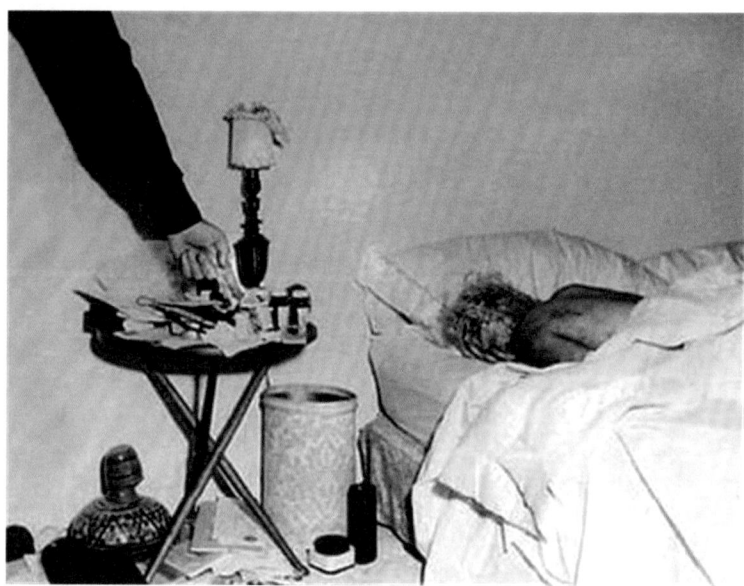

Abb. 55: Die Leiche von Marilyn Monroe nach ihrem Auffinden in Brentwood, Los Angeles.

Auffallend ist, dass man als Alternative zu einem Selbstmord später die Theorie ins Leben rief, Marilyn Monroe wurde im Auftrag der später ebenfalls ermordeten Brüder Robert und John. F. Kennedy ermordet, weil Monroe einen Erpressungsversuch gestartet habe. Als „Beweise" fand man angeblich Dokumente, deren Echtheit hinterfragt wurde. Die Fäden der Ermittlungen liefen auch im Fall Monroe bei Freimaurer J. Edgar Hoover zusammen, der wie erwähnt kein gutes Verhältnis zu den Kennedy-Brüdern hatte.

Die Autoren Milo Speriglio (ein Privatdetektiv, der u.a. für Elizabeth Taylor und Marlon Brando gearbeitet haben soll) und Adela Gregory behaupten in ihrem Buch „Der Fall Marilyn Monroe", dass kurz nachdem Robert Kennedy, als letzter Liebhaber Marilyns, ihr Haus verlassen hatte, ein gewisser Johnny Rosseli an der Türe von Monroe klingelte – ein in den Filmstudios bekannter Mann und der Stadthalter des in Chicago residierenden Mafia-Chefs Sam Giancana. Hinter ihm sollen mindestens zwei Killer, „Anthony" („Die Ameise") Spilotro und „Frank" („The German") Schweihs, in die Wohnung eingedrungen sein.

Die beiden können hierzu sogar einen Kronzeugen präsentieren. Sie bekamen während der Recherchen zu ihrem Buch Besuch von einem Familienangehörigen der 1962 erschossenen und in den Chicago River geworfenen Eugenia Pappas. Diese wiederum war eine Freundin von Frank Schweihs. Schweihs – so der Zeuge – habe ihr in einer schwachen Stunde gestanden, dass er der beste Problembeseitiger der Branche sei, weshalb man ihm auch die Sache mit „der Monroe" überlassen habe. Eugene reagierte entsetzt, erzählte das Gehörte ihrer Familie und machte Schluss mit Schweihs. Daraufhin brachte er sie um. Als die Familie bei der Vermisstenanzeige erwähnte, dass ihr Ex-Freund ein Mafia-Killer wäre, ging die Polizei angeblich diesen Hinweisen nie nach. Ihre Hinterbliebenen hatten Angst vor der Mafia und schwiegen über 20 Jahre lang. Die beiden Autoren gingen dem Hinweis nach und entdeckten, dass die Namen Spilotro und Schweihs im Umfeld von rund 300 Morden auftauchten. Schweihs wurde 1991, im Alter von 61 Jahren, an Nierenkrebs leidend, in die Obhut des FBI übergeben. Man hörte nie wieder von ihm…

Aus der Reihenfolge der behaupteten Ereignisse schließen eine Reihe von „Verschwörungstheoretikern" darauf, Robert Kennedy habe den Auftrag hierzu gegeben. Das klingt aber nicht für jeden als glaubhaft. Die Berichte, dass Robert Kennedy kurz zuvor das Haus verlassen hatte – falls dies den Tatsachen entspricht – klingt eher danach, als haben die Täter gewartet, bis er weg ist. Der in gewissen Kreisen genannte Streit zwischen Monroe und ihm hätte die für den nächsten Tag angekündigte Pressekonferenz gewesen sein können. Vielleicht wollte er sie von ihrem Vorhaben abbringen, weil er wusste, wie gefährlich dies für sie werden würde. Aber letztlich natürlich auch für die Kennedy-Brüder.

Robert Kennedy, der schon im Jahr 1956 gegen derartige Strukturen in seiner Zeit als Anwalt anging, und den die Mafia zusammen mit seinem Bruder John F. Kennedy für die Zerschlagung ihrer Organisation verantwortlich machten – kaum vorzustellen, dass ausgerechnet er auf solche Kreise zurückgegriffen haben soll, um sich einer Geliebten zu entledigen. Das klingt eher nach gezielter Propaganda, die Verwirrung stiften und die von den tatsächlichen Ereignissen und Hintergründen ablenken sollte.

Die geplante und von Monroe vorher angekündigte Pressekonferenz sollte man bei dem letzten Treffen zwischen Robert Kennedy und ihr nicht als Beweggrund für dieses Treffen unterschätzen. Da sie, wie bereits von der Mafia und gewissen Kreisen abgehört wurde, liegt der Verdacht nahe, dass diese abwarten wollten, ob Robert Kennedy Marilyn bei dem Treffen noch „zur Vernunft" bringen würde, damit sie die Pressekonferenz in letzter Minute absagt. Doch ein angeblich lautstarker Streit im Haus, der überliefert wird, deutet eher darauf hin, dass er Marilyn nicht von ihrem Vorhaben abbringen konnte. Deshalb kam es womöglich infolge zu den bereits geschilderten Abläufen.

Mathew Smith, der Autor von „The Men who murdered Marilyn" berichtet: *„Nach Marilyns Tod erlebten wir die größte Verschleierung der Geschichte; Als sich der Nebel aber zu lüften begann, zeigten sich Hinweise auf ein schockierendes Verbrechen. Man kann unmöglich weitere Pillen schlucken, nachdem man bereits eine tödliche Dosis eingenommen hat. Und genau das, so behaupten die Ärzte, soll Marilyn getan haben. Bei der Autopsie kam heraus, dass die in ihrem Blut nachgewiesene Drogenmenge ausgereicht hätte, um mehrere Menschen zu töten. Seltsam ist jedoch, dass in ihrem Magen keinerlei*

Hinweise auf Tabletten oder Kapseln zu finden gewesen waren. Zunächst er-
schien es offensichtlich, dass ihr die Drogen durch eine Injektion verabreicht
worden waren. Aber während der Autopsie konnte keine Einstichstelle gefun-
den werden, selbst nicht mit dem Vergrößerungsglas. Ein Rätsel im Rätsel.
Und dies sind nur einige der Probleme, mit denen ich bei meiner neuen Un-
tersuchung über den Tod von 1962 konfrontiert wurde. Es handelt sich um
eine systematische, peinlich genaue Durchleuchtung aller bekannten Fakten,
die den Rahmen für eine Lösung des Geheimnisses lieferten."[59]

Ihre schlechten Leberwerte verrieten jedoch einen hohen Anteil an Barbituraten. Wie sollte man sich dieses Mysterium also erklären? Es ist somit
nicht ganz auszuschließen, dass der Mageninhalt – was technisch problemlos möglich ist – nach ihrem Ableben ausgetauscht wurde. Ob hier noch als
Hilfsmittel zusätzlich Abführmittel mit eine Rolle spielten (der Darm ent-
leert sich auch nach dem eingetretenen Tod noch) oder eine Technik an-
gewendet wurde, bei der auf andere Weise der Inhalt ausgetauscht wurde,
wird vermutlich Spekulation bleiben. Aber die laufende Waschmaschine
und der starke Einsatz von Reinigungsmitteln am Tatort könnte als Indiz
gewertet werden, dass auf diese Weise der Darminhalt ausgetauscht und
danach die Spuren des Vorgangs im WC und in der Waschmaschine entsorgt worden sind.

Ebenfalls anwesend bei der Autopsie war John Miner, der juristisch-
medizinische Berater des Leichenschauhauses. Er wurde später durch das
Aufdecken des Betruges in ökologischen Praxen in Los Angeles bekannt.
Er äußerte sich folgendermaßen: *„In Noguchis Autopsieprotokoll gibt es ei-*
nen Punkt, der mir bis jetzt keine Ruhe gelassen hat – der Hinweis auf die ar-
terielle Blutüberfüllung und die Purpurverfärbung des Darms. Ich muss
zugeben, dass ich darüber zunächst nichts zu Thomas Noguchi gesagt habe,
aber ich habe einen anderen führenden Pathologen dazu befragt, der mir er-
klärte, dass dies nur mit einem kurz zuvor erfolgten Einlauf in Einklang stün-
de. Ich stellte Dr. Noguchi wegen dieser beiden Befunde zur Rede, und er sag-
te: ‚Ich weiß es nicht. Ich habe so etwas selten bei einer Autopsie gesehen. Ich
habe keine Erklärung dafür.‘ (Damals hatte Noguchi erst fünf Jahre Berufser-
fahrung.) Bressler führte weiter aus, ‚dass die anale Zufuhr mit der Gabe einer
hohen Dosis vergleichbar sei, die rasch vom Körper resorbiert wird‘."[59]

Sergeant Jack Clemmons traf bereits 10 Minuten nach der ersten Meldung über Marilyn Monroes Tod, die um 4:25 Uhr morgens beim Police Department von Los Angeles einging, in ihrem Haus ein – und schöpfte unverzüglich Verdacht. Die Waschmaschine in Monroes Wohnung lief auf vollen Touren und die Nachbarin war eilig damit beschäftigt, Kartons mit Gegenständen aus dem Haus in ihr Auto zu verfrachten. Außerdem war man gerade dabei, ein Fenster in Marilyns Schlafzimmer zu reparieren. Gegen 4:35 Uhr am Morgen...

Als Clemmons die Anwesenden zu den Vorgängen befragte, bekam er nur ausweichende Antworten, die auf ihn einstudiert wirkten. Die Sache wurde noch dubioser, als der Sergeant später bei der Aufarbeitung der Fakten feststellte, dass die Haushälterin und zwei anwesende Ärzte etwa vier Stunden warteten, bevor sie die Polizei riefen. Bereits beim ersten Betreten der Wohnung und des Schlafzimmers war sich Simmons absolut sicher, dass hier ein Verbrechen geschehen war. Jack Clemmons: *„Sowie ich dieses Schlafzimmer betrat, wusste ich, dass hier ein Mord geschehen war."* Das Drehbuch zu ihrer Ermordung lieferte Marilyn Monroe selbst. In ihrer bis zum Jahr 1954 reichenden Autobiografie, die sie dem Journalisten Ben Hecht diktierte, schrieb sie: *„Ja, es war etwas Besonderes an mir, und ich wusste auch, was. Ich gehörte zu jener Art Mädchen, die man tot in einem Schlafzimmer findet, mit einer leeren Schachtel Schlaftabletten in der Hand."*

Am Ende gewann die Selbstmordthese oberhand. Nicht zuletzt, da der Freimaurer und ehemalige Polizei-Chef von Los Angeles, William Parker, sich weigerte, ein Team zur Aufklärung des Monroe-Falls abzukommandieren. Hochgradfreimaurer J. Edgar Hoover versuchte indes indirekt, den Mord Robert Kennedy anzuhängen. So soll der Nachbar Hoovers, Anthony Calomaris, Jahre später behauptet haben, dass Hoover ihm gesagt habe, die Monroe sei tatsächlich ermordet worden, aber er könne Bobby nicht verhaften. Die Kenntnis um den Mord soll er genutzt haben, um den Generalstaatsanwalt zu erpressen und seine eigene Position als Chef des FBI zu sichern.

In seinem Bestseller „Chief", der 1992 erschien, schreibt Gates: *„...1971 wurden die Polizeiakten vernichtet."* Nach dem Tod von Polizeichef William Parker im Jahr 1966 ordnete der Bürgermeister Sam Yorry an, ihm die Akte über Monroes Tod zu übergeben.

Abb. 56: Marilyn Monroe und John F. Kennedy

Man sagte ihm, dass diese nicht mehr existieren würden. Später wurden einige relevante Fotografien und Dokumente zu Monroes Tod in der privaten Garage eines Cops mit dem Namen Thad Brown gefunden. Brown war alles andere als überzeugt davon, dass Marilyn Monroe Selbstmord begangen hat oder versehentlich gestorben sei. Er investierte Hunderte von Stunden in seiner Freizeit, um Licht hinter die Ereignisse zu bringen.

Zwanzig Jahre nach dem Tod von Marilyn, als neue Beweise an den Tag gekommen waren, musste abermals eine Grand Jury zur Untersuchung zusammentreten. John van der Kamp erklärte: *„Wir erhielten von einem Informanten Tonbandaufzeichnungen – aufgenommen in der Nacht ihres Todes mit einer Wanze, die Hoffa in Marilyns Haus hatte installieren lassen. Das Band mit einer Abschrift wurde dem Bezirksstaatsanwalt durch die Nick Harris Detektei übergeben. Der Informant sagte, dass auf dem Band eine unbekannte Stimme fragt: ‚Was machen wir jetzt mit der Leiche?‘"*

Tonbandaufnahmen sollen belegen, dass Robert Kennedy am Tag des Todes von Monroe zweimal bei ihr gewesen soll, was auch diverse Augenzeugen aussagten. Robert Kennedy selbst bestritt dies stets. Einige der Wanzen im Haus waren von Bernie Spindel angebracht worden, der 1966 in die *New York Times* kam, weil er in einem Gerichtsverfahren versuchte „seine" Tonbänder, die Stück für Stück beschlagnahmt worden waren, zurückzuklagen. Tatsächlich wird aber Robert Kennedy auf den Abhörauf-zeichnungen nie namentlich genannt. Ob es sich hierbei tatsächlich, wie behauptet, teilweise um ihn gehandelt hat, ist bis heute nicht eindeutig be-legbar – zumal einige der angeblichen Augenzeugen, wie die Haushälterin Eunice Murray, eine zweifelhafte Rolle bei der Geschichte spielen. Man hätte hier problemlos auch eine falsche Fährte legen können, da man even-tuell bereits plante, Robert Kennedy ebenfalls eines Tages zu eliminieren.

Der Notfallsanitäter James C. Hall sagte jedenfalls bis zu seinem Tod aus, dass er nach seinem Eintreffen einen Beatmungsschlauch in Marilyns Kehle gesteckt hatte, worauf ihr Herz wieder anfing zu schlagen. Doch der anwesende Psychiater Dr. Ralph Greenson, ebenfalls Hochgradfreimaurer, habe daraufhin die Behandlung übernommen. Dieser griff laut Hall in seine Tasche und holte eine große Spritze hervor, steckte diese Monroe in die Brust. Er sagte aus, Monroes Psychiater, Dr. Greenson, habe ihr in ihrem Haus direkt eine Spritze mit durchsichtiger Flüssigkeit ins Herz injiziert, die er in einer Flasche mit sich führte, *„so brutal, dass bei der Schauspielerin dabei eine Rippe gebrochen"* sein soll. Ihn wunderte im Nachhinein, warum ein Psychiater eine so große Spritze und eine Flasche mit unverdünntem Pentobarbital mit sich führte, wie er damals vermutete. Wenige Minuten später war sie tot. James Halls Aussage wurde vierzehn Mal von einem Lü-gendetektor überprüft. Er sagte die Wahrheit.

Hall realisierte erst später, dass er wahrscheinlich in diesem Moment den Mord an Monroe miterlebt habe. Ihr Psychiater, Dr. Ralph Greenson, habe diese möglicherweise gezielt getötet. So gibt es für die verschiedens-ten Verschwörungstheorien angebliche Augen- und Zeitzeugen. Überein-stimmend sind jedoch jeweils die Behauptungen und Angaben, die deutlich machen, dass bei Marilyn Monroe keine Überdosis an Barbituraten im Ma-geninhalt gefunden wurde, womit deutlich wird, dass die Vielzahl an leeren Tablettengläsern auf dem Nachttisch am Bett drapiert waren, um einen Su-izid vorzutäuschen.

Auffallend ist auch das merkwürdige Verhalten einiger Polizisten, die mit der „Aufklärung" des Mordes in Zusammenhang standen und die Ro-bert Kennedy in eine zwielichtige Rolle bringen (sollen?). Der Freimaurer Lynn Frankling, ein Verkehrspolizist, hielt in dieser Nacht ein Auto an, das mit 70 durch eine 30er-Zone raste. Er behauptete, Robert Kennedy auf der Rückbank des Wagens gesehen zu haben. Nachdem er Fotos gesehen hatte, bestätige er auch, dass sich Dr. Greenson und Peter Lawford im Auto befanden. Die beiden gaben an, Mr. Kennedy nur so schnell wie möglich in seine Suite im Beverly Hills Hotel zu bringen. Franklin ließ sie fahren, wunderte sich aber, als er merkte, dass sie in die entgegengesetzte Richtung fuhren. Lynn Franklins Behauptungen wurden jedoch von keinem Lügendetektor überprüft...

Eine tragende Rolle bei der angeblichen Vertuschung spiele nach Ansicht der beiden investigativen Journalisten Jay Margolis und Richard Buskin in ihrem gemeinsamen Buch „Der Mörder von Marilyn Monroe" auch der damalige Polizei-Chef von LA, William Parker, Hochgradfreimaurer, der sich, warum auch immer, wohl weigerte, ein Team zur Aufklärung des Monroe-Falls abzukommandieren.

Da Robert Kennedy einige Jahre später selbst Opfer eines Mordanschlags wurde, bei dem die Polizei teilweise eine zwielichtige Rolle bezüglich der „Aufklärung" spielte, wie wir noch erfahren werden, und bei dem Fakten verdreht oder unter den Tisch gekehrt wurden sowie Beweise verschwanden, könnte man hier mutmaßen, dass die Kennedy-Fährte beim Tod von Marilyn Monroe ebenfalls eine bewusst aufgebaute, geplante und falsch gelegte Fährte war. Der einzige glaubwürdige Polizist am Tatort, Sergeant Jack Clemmons, der davon überzeugt war, Monroe habe sich nicht umgebracht, sondern wurde ermordet, wurde eine Stunde nach seinem Eintreffen am Tatort von einem anderen Polizisten abgelöst, der die Selbstmordthese übernahm. Dabei handelte es sich um jenen Polizisten, der sich weigerte, ein Team zur Aufklärung des Monroe-Falls abzukommandieren. Und auch er war, wie erwähnt, Freimaurer...

Autor David Cano: *„Jeder weiß, dass die Freimaurer die Welt beherrschen ... Sie haben die neue Weltordnung geschaffen ... und sie haben Marilyn Monroe getötet."*

In einem persönlichen Austausch berichtete mir das Mindcontrol-Opfer Cathy O'Brien dazu: *„Deren Aussagen mir gegenüber, sie hätten Marilyn Monroe umgebracht, machten mich gefügiger ... Meine Brüder und Schwestern sind immer noch in geheime Regierungsprogramme involviert."*[39]

Wer Cathy O'Brien ist, werden wir gleich in Kapitel 5 erfahren...

Kapitel 4: Die Robert-Kennedy-Verschwörung

Es bleibt nicht außen vor, dass an dieser Stelle auch die Ermordung von Robert Francis Kennedy eine intensivere Erwähnung finden sollte – wenige Jahre nach dem Tod seines Bruders. Robert Kennedy wurde am 5. Juni 1968 nach offiziellen Angaben von Sirhan Bishara Sirhan angeschossen und lebensgefährlich verletzt. Er verstarb am 6. Juni 1968 an den Folgen des Attentats. In besagter Juninacht feierten er und seine Wahlhelfer im Ambassador-Hotel in Los Angeles. Als Robert Kennedy in den frühen Morgenstunden umringt von seinen Leibwächtern nach einer Pressekonferenz durch die Küche des Hotels geschleust wurde, trat der orientalisch aussehende Sirhan aus der Menge heraus auf den Senator zu und eröffnete das Feuer aus etwa einem Meter Entfernung. RFK stürzte getroffen mit Blut am Kopf und Oberkörper zu Boden. Er verstarb 25 Stunden später im Krankenhaus, ohne das Bewusstsein nach den Schüssen wiedererlangt zu haben – so der offizielle Bericht.

Auch die Mordnacht im Hotel an RFK wurde exemplarisch für die Nachwelt auf Film festgehalten. Wenn auch nicht aus nächster Nähe und auf eine Art und Weise, bei der man der offiziellen Version nun glauben kann – oder eben auch nicht. Denn Robert F. Kennedy wurde aus einer Entfernung von nur wenigen Zentimetern erschossen. Gerichtsmediziner Dr. Thomas Noguchi fand Schmauchspuren rund um die Einschüsse am Körper von RFK. Dazu hätte Sirhan Sirhan ihm die Waffe praktisch auf den Körper ansetzen müssen. Er kam aber nicht näher als maximal, wenn überhaupt, 60 Zentimeter an den US-Senator heran. Zudem stand Sirhan *vor* RFK. Robert Kennedy wurde aber nachweislich auch in den Rücken geschossen...

Der Journalist John Kimche, der Sirhan Sirhans Geheimdienstkontakte aufdeckte, fand auch heraus, dass das FBI darüber Bescheid wusste und deshalb gegen ihn ermittelte. Aber bei seiner Verhandlung kamen diese Geheimdienstkontakte nicht zur Sprache. Von der Presse wurden sie ebenfalls ignoriert. Lediglich der Londoner *Evening Standard* veröffentlichte in den Wochen nach dem Attentat drei Artikel darüber. Hätte Sirhan für arabische Terroristen gearbeitet, dann hätte der UN-Sicherheitsdienst aber auch arabische Quellen darüber berichtet. Es liegt somit die Frage nahe, ob er für den CIA tätig war.[40]

Einige Autoren haben den Versuch unternommen zu beweisen, dass Sirhan zum Zeitpunkt des Attentats unter Drogen stand. In diesem Zusammenhang fällt manchem das Projekt *MK Ultra* der CIA ein, in dem es unter anderem auch darum ging, Attentäter zu programmieren. Bereits seit vor dem Zweiten Weltkrieg sollen geheime CIA-Projekte zur Bewusstseinskontrolle im Gange gewesen sein. Manche befürchten sogar, sie sind es bis heute im Geheimen. Bei diesen Programmen kamen unter anderem Drogen, das Einpflanzen von Gehirnimplantaten aber auch telepathische Fernsteuerung zum Einsatz. Als Durchführungsorgan wird später maßgeblich die CIA unter Hochgradfreimaurer Allan Dulles, Bruder des Außenministers John Foster Dulles, Freimaurer, genannt. Allen Dulles wiederum soll zu all den Dingen von Freimaurer Richard Helms animiert worden sein, der wiederum nachfolgend CIA-Direktor wurde.

Diese Programme zur Bewusstseinsveränderung trugen Namen wie *Artichoke*, *MK Ultra* (eine Ableitung vom alliierten Sabotageprogramm *Ultra* im Zweiten Weltkrieg), *MK Delta*, *Bluebird*, *Chatter* usw. Diese sollen unter der Mitwirkung, des *National Institute for Mental Health (NIMH)*, der *Harvard Universität* in Cambridge, Massachusetts und der *Haight-Ashbury-Klinik* in San Francisco, Kalifornien, durchgeführt und mit in die Wege geleitet worden sein. In der *Haight-Ashbury-Klinik*, die sowohl von staatlichen Stellen als auch von Musikern mitfinanziert worden war, wurden angeblich auch Charles Manson und seine Mädchen konditioniert, damit sie nach ihrer Entlassung zeigen konnten, wie sie funktionierten.

Das *Projekt Artichoke* wurde in einer zensierten Aktennotiz von 1954 wie folgt beschrieben: *„Kann ein Individuum ... dazu gebracht werden, unfreiwillig unter dem Einfluss von ARTICHOKE einen Attentatsversuch zu unternehmen? Als Auslösemechanismus für ein größeres Projekt war vorgeschlagen worden, dass ein Individuum von (Text zensiert) Abstammung verführt werden kann, unfreiwillig die Straftat des versuchten Mordes gegen einen Prominenten (Text zensiert) zu begehen ... Nach diesem Akt des versuchten Mordes, so wird angenommen, wird das SUBJEKT in Gewahrsam genommen ... und auf diese Art ‚beseitigt'.“*[16]

Geschichtliche Vorbilder waren wohl auch die persisch-syrischen Assassinen (*Hashishim*), welche im 11. und 13. Jahrhundert zwischen Teheran und dem Kaspischen Meer für den jeweiligen in der Festung Alamut residierenden „Alten vom Berge" im Elbrusgebirge Morde und andere Aufträge ausführten. In dem im Jahr 1976 erschienenen Buch „The Control of Candy Jones" beschreibt der Autor Donald Bain, wie ein Pin-Up-Girl durch solche Methoden für die CIA programmiert wurde. Manche vermuten, dass ihr Kontroller ein Psychiater namens William Joseph Jennings Bryan war. Unter anderem glaubt dies auch der Journalist Walter Bowart. Interessant ist hierbei, dass dies derselbe Bryan ist, der bei dem Film „Botschafter der Angst" („The Manchurian Candidate") von John Frankenheimer Fachberater war. In diesem Spielfilm, der auf dem Buch von Richard Condon aus dem Jahr 1959 basiert, gelangt ein GI (einfacher Soldat) im Koreakrieg in die Hände des Gegners. In der Zeit seiner Gefangenschaft wird er durch Gehirnwäsche zum willenlosen Attentäter programmiert.

Die verborgene unterschwellige Programmierung wird im Film durch einen Schlüsselreiz in Form einer Spielkarte aktiviert. In Folge tötet der GI einige Menschen, darunter auch seinen eigenen Vater, seine Braut und deren Vater. Nur eine erfundene Story? Dem einen oder anderen gab es jedenfalls zu denken, als der Berater Dr. Bryan im Alter von 50 Jahren völlig überraschend an einem Herzanfall verstarb.

Und diese Geschichte wird noch ein bisschen abstruser: Seinen letzten Tag begann Robert Kennedy am Strand von Malibu. Es war der letzte Tag einer anstrengenden Wahlkampagne in Kalifornien. Er hatte mit Ethel und sechs ihrer zehn Kinder am Meer des Filmregisseurs John Frankenheimer übernachtet – ausgerechnet dem Regisseur, der später den benannten Film der „Manchurian Candidate" herausbringen würde. Schicksal? Zufall? Oder doch etwas mehr als all das? Offiziell lief das *MK-Ultra*-Programm nur von 1953 bis 1964. Jedoch bis zum Jahr 1973 weiterführend unter dem Decknamen *MK Search*. Die Behörden wurden, nachdem die Fakten ans Licht kamen und immer mehr Opfer aussagten, gezwungen, Unterlagen über die ihnen vorgeworfenen Bewusstseinsveränderungsprogramme offenzulegen. Jedoch wurden nicht wenige Dokumente aus Gründen der „Nationalen Sicherheit" durch Textschwärzungen unkenntlich gemacht. Zudem brannte ganz zufällig das eine oder andere Archiv aus.[41]

Und der damalige CIA-Direktor und Freimaurer Richard Helms ordnete zudem die Vernichtung eines Großteils der Dokumente an, damit sie nicht an die Öffentlichkeit gelangen konntcn. Als die dann noch wenigen übrig gebliebenen bekannten Vergehen zu heftigen Reaktionen in der Bevölkerung führten, verbot der Kongress im Jahr 1977 jede weitere Forschung und sämtliche Experimente im Bereich der Bewusstseinsveränderung. Später enthüllte jedoch der ehemalige CIA-Agent und zeitweise Stellvertreter von CIA-Chef Helms, Victor Marchetti, die Programme seien seit dem Verbot lediglich besser geheim gehalten worden.

Kurz bevor der CIA-Veteran Miles Copeland verstarb, vertraute er in einem Interview mit dem Autor John Marks („The Search fort the Manchurian Candidate") einem Journalisten an, dass die „Kongress-Subkomitees, die mit dieser Angelegenheit befasst waren, *nur den Hauch eines Schimmers erspäht hätten".*

Der normale Durchschnittsbürger auf der Straße will sich aber ganz sicher nicht mit der Frage quälen, ob solche Horrorszenarien tatsächlich offiziell geplant und durchgeführt wurden. Ein in Washington veröffentlichter Regierungsreport nennt in Zusammenhang mit Menschenversuchen durch Teile der US-Regierung und der Geheimdienste erschreckende Zahlen, die in die Zehntausende gehen sollen. Laut Medienberichten hatte der Abgeordnete Edward Markey in einem Untersuchungsausschuss, in dem auch Experimente mit radioaktiven und krank machenden Präparaten zur Sprache kamen, berichtet: *„Ich habe diese Tatsachen erstmals 1986 veröffentlicht. Damals stieß ich auf taube Ohren."*

Wenn man bedenkt, dass die USA während des Kalten Krieges 204 Atomversuche geheim gehalten und durchgeführt hat, wie später zugegeben wurde, dann klingt auch dies noch harmlos im Gegensatz zu den grauenvollen Folterberichten, mit denen man an der Bevölkerung experimentierte. Eine Vielzahl von Personen, die sich eingehend mit dem Robert-Kennedy-Mord befasst haben, sind der Meinung, dass dieser von hinten von Eugene Cesar, einem angeblichen CIA-Mitarbeiter, erschossen wurde. Cesar hatte behauptet, er hätte seine Waffe vor dem Attentat verkauft, aber man fand später eine Quittung, die bewies, dass dies erst nach dem Mord an RFK geschah. Und eine hypnotisierte Person, die von vorne schießt, könnte von dem wahren Täter hinter dem Opfer ablenken.

Noch weitaus seltsamer erscheint die Tatsache, dass beim Mord an Robert Kennedy der Beweislage nach im Ambassador-Hotel in Los Angeles mindestens 12 Kugeln abgefeuert worden waren, obwohl die Trommel in Sirhans Revolver vom Kaliber 22 (in Fachkreisen auch „Saturday-Night-Special"-Pistole genannt) nur acht Patronen fassen konnte.

Für seinen Revolver besorgte sich der damals 24 Jahre alte Sirhan Munition in einem Waffengeschäft außerhalb von Los Angeles. Zehn Jahre zuvor war der junge Jordanier mit seiner Familie nach dem israelisch-arabischen Krieg aus Ost-Jerusalem nach Kalifornien immigriert. Die Sirhans waren koptische Christen. Er besuchte das College, studierte Deutsch und Russisch, brach jedoch ab, als seine Schwester im Sterben lag, um die Familie zu ernähren. Nach der Wahlveranstaltung sagte er: *„Ich fand keinen Job, der arabisch-israelische Krieg war zu Ende, die Unterdrückung im Nahen Osten ging weiter. Ich hatte keine Identität, keine Hoffnung, kein Ziel... Ich war kein Amerikaner, ich war Araber! Und das war mein Problem..."*[13]

Robert Kennedy hielt an seinem Schicksalstag im Hotel Ambassador eine Rede, in der er unter anderem sagte: *„Wir können es schaffen, die Kluft, die durch die Vereinigten Staaten geht, zu schließen ... Die Kluft zwischen Schwarz und Weiß, zwischen Arm und Reich, zwischen den Generationen, und über den Krieg in Vietnam ... Wir sind ein großartiges Land, ein mitfühlendes Land..."*[13]

Es war bereits im März 1968, als er in Delano eine Rede vor Farmarbeitern und Cesar Chavez hielt, als er auf dem Rückflug den Entschluss fasste, für das Amt des US-Präsidenten zu kandidieren. Damals beschloss er, der 37. Präsident der Vereinigten Staaten von Amerika zu werden. Jesus Perez, eine Küchenhilfe, die im Ambassador am Tage des Attentats arbeitete, sagte später aus, Sirhan im Küchengang gesehen zu haben. Sirhan habe ihn nach der Kennedy-Route gefragt. Perez konnte ihm keine Auskunft geben. Kurze Zeit später betraten Kennedy und seine Berater den Küchengang.

Sirhan Sirhan rief: *„Kennedy, Du verdammter Hurensohn!"*

Dann schoss er sein Magazin mit 8 Schüssen leer.

Zwei Sanitäter waren den offiziellen Angaben zufolge 13 Minuten später am Tatort. Kennedy wurde zuerst ins *Central Receiving Hospital* gebracht. Dort versuchte man seinen Kreislauf zu stabilisieren, und ein katholischer Priester gab ihm die letzte Ölung. Erst danach brachte man ihn in das spezialisierte *Good Samaritan Hospital*, unmittelbar nebenan. Er wurde vier Stunden operiert. Erst später wird die Frage gestellt, weshalb der Umweg über zwei Kliniken genommen wurde.

Robert Kennedy starb nach Auskunft der Ärzte um 1:44 Uhr am 6. Juni 1968. Die tödliche Kugel war hinter seinem rechten Ohr in den Schädel gedrungen, in drei Fragmente zersplittert und stecken geblieben. Der Schuss kam von hinten, gefeuert von unten nach oben. Aus einem Revolver, fast aufgesetzt an seinem Kopf. FBI-Agent William Bailley, der den Tatort mit inspizierte, registrierte zwei weitere Einschusslöcher im Holz der Haupttüre. Ein weiterer Einschuss soll darüber hinaus von den beiden Polizisten Rozzi und Wright entdeckt worden sein. Insgesamt sollen nach Zeugenaussagen also 12 Kugeln geborgen worden sein. Zu hören sind aber auf dem Film weitaus weniger Schüsse. Dies scheint somit eine traurige Übereinstimmung mit dem Mord an seinem Bruder John F. Kennedy in Dallas darzustellen, wobei die Erklärung auch beim Mord an Robert Kennedy einige Jahre später wohl darin zu liegen scheint, dass mehrere Schüsse fast gleichzeitig abgefeuert wurden und somit nicht als einzeln hörbare Schüsse für die Beteiligten zu vernehmen waren.

Scott Enyart, ein Fotograf vor Ort, bestätigte ebenfalls, dass Sirhan gar nicht den tödlichen Schuss auf RFK abfeuern konnte, denn er stand etwa einen Meter vor Kennedy, als er schoss. Er hatte Dutzende Fotos gemacht, die die Polizei sofort beschlagnahmte – angebliches Beweismaterial für den Prozess. Vor Gericht wurden sie der Jury aber nie vorgelegt. Vor dem Gericht wurde zudem auch kein unabhängiger Balistikexperte hinzugezogen. Dewayne Wolver, der Balistikexperte der Polizei, besaß nur ein Diplom in Zoologie. Er gab an, Testschüsse mit Sirhans Waffe gemacht zu haben. Leider steckte er die abgefeuerten Vergleichspatronen aber in einen falschen Umschlag. Damit wurden sie einem anderen Revolver aus dem Polizeiarsenal zugeordnet.

Anwalt Larry Teeter wartete nun darauf, dass Wolver einen Nachweis erbrachte, dass er tatsächlich mit Sirhans Revolver geschossen hatte und danach die Testkugeln versehentlich einer anderen Waffe zugeordnet habe – oder ob er Sirhans Waffe gar nicht erst getestet hat. Doch leider wurde zwischenzeitlich angeblich der Revolver „routinemäßig" entsorgt, wie man mitteilte. Verschwunden waren plötzlich auch der linke Jackenärmel von Robert Kennedy und die Deckenplatten aus der Küchenanrichte mit den Einschusslöchern, die Aufschluss über die genaue Anzahl und den Einschusswinkel der Geschosse hätten geben können.

Der amtliche Leichenbeschauer Dr. Thomas Noguchi legte später Beweise vor, dass Robert Kennedy in Wirklichkeit aus einer unmittelbaren Distanz von maximal 2,5 Zentimetern erschossen wurde, wobei eine der Kugeln ihn in den Hinterkopf getroffen hatte. Das LAPD verlangte daraufhin, er solle seine Beweise so verändern, dass eine Schussentfernung von etwa einem Meter möglich wurde, was er ablehnte. Als Antwort wurde jetzt massiver Druck auf Dr. Noguchi ausgeübt, nicht über seine Entdeckungen zu sprechen, was er aber ebenfalls ablehnte. Als weitere Antwort wurde ihm der Fall wegen „Unfähigkeit" entzogen. Dr. Thomas Noguchi fochte diese Entscheidung gerichtlich an. Und gewann.

Paul Schrade, der ebenfalls von einer Kugel getroffen wurde, glaubt die offizielle Variante der Geschichte nicht. Er zog sich aus dem öffentlichen Leben auf seine Farm zurück. 1975 machte ihn der Kongressabgeordnete Allard Lowenstein ausfindig: *„Es gibt immer mehr Vermutungen, dass damals aus nicht nur einer Waffe gefeuert wurde. Wir sammelten Beweise…"*
Schrade hatte immer gewusst, dass Robert Kennedy mächtige Feinde hatte. Darunter neben der Mafia auch den Hochgradfreimaurer und FBI-Chef J. Edgar Hoover sowie den Ku-Klux-Klan. Und es stellt sich die Frage, warum Fotos vom Tatort vernichtet wurden, ja sogar ein ganzer Türrahmen mit Einschusslöchern. Paul Schrade: *„Sie haben nicht mal die Waffen beschlagnahmt – und in diesem Raum hatte nicht nur Sirhan einen Revolver!"*

Die Polizei habe sich damals größte Mühe gegeben, die Schussbahnen der Ein-, Durch- und Ausschlaglöcher so zu rekonstruieren, dass sie unbedingt mit nur acht Kugeln übereinstimmen. So beschrieb der Polizeibericht zum Beispiel den abenteuerlichen Flug von Geschoss Nummer Acht: Abgefeuert von Sirhan, dessen Arm bereits auf dem Tisch niedergedrückt lag, habe sie zwei Zwischenwände durchschlagen, wäre in der Decke abgeprallt und hätte schließlich die Zeugin Elisabeth Evans an der Stirn getroffen. Frau Evans hatte sich in diesem Moment gebückt, um ihren Schuh, der im Durcheinander vom Fuß geschlüpft war, wiederzufinden. Ihre Verletzung aber war die Wunde einer Kugel, die von unten kommend nach oben gefeuert worden war. Also nicht von einer Decke herabkommen konnte.

Die Hauptzeugen in der Küchenanrichte sollen später den Tathergang rekonstruieren. Regie führte die Polizei. Zeugen, die die vorgegebene Version der Polizei nicht nachspielten, den Sachverhalt anders wiedergaben, nämlich so, wie sie ihn erlebt hatten, wurden auf ihren „Irrtum" aufmerksam gemacht. Und auch im Umfeld des RFK-Attentats gab es eine Vielzahl von mysteriösen Todesfällen unter jenen, die die offizielle Version anzweifelten, anders wiedergaben und ablehnten. Darunter Schrades Freund, der Abgeordnete Allard Lowenstein. Er stand auf der „innenpolitischen Feindesliste" von Hochgradfreimaurer Richard Nixon auf Platz 7, wie verkündet wurde. 1985 wurde er von einem „verrückten" ehemaligen Kollegen erschossen. Sein Assistent, Greg Stone, half danach weiter, nach Spuren des Attentates auf Robert Kennedy zu suchen. Am 29. Januar 1991 beging er angeblich Selbstmord.

Der Reporter Ted Charach stand in der Mordnacht vor der Küche im Hotel Ambassador. Er hat damals weiter recherchiert und sich vor allem für den bewaffneten Sicherheitsmann Eugene Cesar interessiert, den das Hotel in letzter Minute engagiert hatte. Dieser war politisch weit rechts einzuordnen, seine Gesinnung betreffend, wie Charach recherchieren konnte. Eugene Cesar stand um 0:14 Uhr rechts hinter Robert Kennedy. Die tödliche Kugel, abgefeuert hinter RFK von unten nach oben, konnte also nur aus seiner Richtung kommen, vermutet Charach. Ted Charach forschte nach Cesars Waffe und fand einen Mann in Arkansas, dem Cesar drei Monate nach Kennedys Ermordung seine Waffe mit dem 22 Millimeter-Kaliber verkauft hatte. Eugene Cesar, damals 26 Jahre alt und vom Beruf Schlosser bei *Lockheed Aircraft*, habe ihm erzählt, er hätte die Waffe im Juni gebrauchen müssen und befürchte nun Komplikationen. Kurze Zeit später wurde diesem Mann der Revolver gestohlen...

Auf Interview-Anfragen reagierte Cesar, der mit seiner Frau und zwei Kindern im Süden Kaliforniens lebte, auf seine eigene Art und Weise: *„Kein Problem! 50.000 Dollar!"* Dem FBI hatte er damals bereitwillig mitgeteilt, dass er unmittelbar hinter dem Senator gestanden habe: *„Als ich Sirhan schießen sah, zog ich meine Waffe..."* Vor Gericht wurde Cesar nicht vernommen.

Larry Teeter: *„Der Sicherheitsmann verlässt die Küche mit der Waffe in der Hand. Scott Enyart, der Fotograf, wird festgehalten, seine Fotos beschlagnahmt. Cesar lässt man mit der Waffe in der Hand ziehen..."*

Fotograf Enyart hat seine Bilder nie gesehen. Nachdem der Prozess beendet war, in dem sie nicht als Beweismittel verwendet wurden, teilte ihm die Polizei mit, diese würden erst nach 20 Jahren freigegeben werden. 20 Jahre später erinnerte sich Scott Enyart an seine Fotos. Er bekam die Antwort, diese würden im Staatsarchiv lagern. Er wandte sich daraufhin an das Staatsarchiv und bekam die Antwort: *„Die Polizei hat die Fotos verbrannt."* Es stellte sich heraus, dass die Polizei insgesamt 2.410 Fotos vom Tatort von Los Angeles in einem Hospital eingeäschert hatte. Drei Monate nach dem Attentat und acht Monate *vor* dem Ende des Verfahrens.

Scott Enyart versuchte auf dem Gerichtsweg zu klären, was mit seinen Fotos geschah. Die Bilder von der Rede, vom Ballsaal und vom Eintreffen der Kandidaten hatte er alle von der Polizei zurückbekommen. Verschwunden blieben sämtliche Bilder aus der Küchenanrichte! Wahrscheinlich waren sie die einzigen Fotos vom Tathergang. Im Verlauf eines Schadensersatzverfahrens tauchten dann doch noch einige der verschwundenen Bilder wieder im Staatsarchiv in Sacramento auf. Ein Gerichtsbote sollte sie Enyart zustellen. **Doch der Bote wurde dummerweise überfallen und die Fotos gestohlen...**

Scott Enyart erhielt von der Polizei von Los Angeles eine halbe Million Dollar Schadenersatz.[13]

Es ist kein großes Geheimnis, dass Robert Kennedy der CIA sehr kritisch und misstrauisch gegenüberstand. Dies könnte, neben seinem Unglauben über die offizielle Version des Mordes an seinem Bruder, mit als Mordmotiv in Frage kommen. Im März des Jahres 1967 deckte er auf, dass zahlreiche von Prominenten ins Leben gerufene Stiftungen zum Durchschleusen für geheime CIA-Gelder dienten. Zeugen berichten nach dem Mord an RFK von einem jungen Mädchen in einem gepunkteten Kleid, welches vom Tatort weggerannt sein soll und dabei rief: *„Wir haben Senator Kennedy umgebracht!"*

Später stellte die Polizei die Zeugin einer gewissen Kathy Fulmer gegenüber, die das besagte Mädchen gewesen sein soll. Doch es kam zu keiner Identifikation. Skeptiker bemerkten später, dass ihr Tupfenkleid eine andere Farbe hatte, als das in der Tatnacht beschriebene. Zudem hatte Kathy Fulmer zu jener Zeit ein eingegipstes Bein, was es ihr eigentlich schwer machen sollte, ohne den Gipsverband vom Tatort wegzurennen. Wie dem auch sei – das Mädchen im Tupfenkleid im Ambassador-Hotel hätte vielleicht dazu beitragen können, eine Verschwörung aufzudecken. Doch sie wurde nie gefunden. Ihre Aussage am Tatort, für die sie Berühmtheit erlangte, lässt den Schluss zu, dass sie Teil der Operation war.[42]

Gleich mehrere Zeugen berichteten von Sirhans krankem Lächeln und seinem glasigen Blick. Bei seinem Verhör stammelte er unzusammenhängende Sätze und machte einen Gesamteindruck, der einige Fachleute zu der Aussage brachte, dass Sirhan unter Hypnose stand. Der US-Autor Ken Thomas jedenfalls fand es bemerkenswert, dass der Psychiater Dr. Bernard Diamond, der eine Beeinflussung Sirhans durch Hypnose festgestellt hatte, Jahre später Mark David Chapman, den Mörder von John Lennon besuchte, der wiederum angab, er habe eine Stimme in seinem Kopf gehört, die ihm sagte, er solle John Lennon töten. Nicht nur das: Mark David Chapman plädierte später auf „unschuldig", weil er unter Hypnose gestanden habe...

Bereits im Jahr 1956, als Robert Kennedy beratender Anwalt im Subkomitee des demokratischen Senators McClellan wurde, musste er Korruptionsfällen in der US-Armee nachgehen, wobei sich seine Untersuchungen gegen den Mafiosi James R. Hoffa ausdehnten. Das Ausmaß der Korruption hatte ihn schockiert: *„Hoffa glaubt doch, jeder Mann hat seinen Preis! Und wir erleben, dass er schon die wichtigsten Bürger in den amerikanischen Städten erreicht hat: die Banker, Unternehmer, Richter, Kongressabgeordneten. Wenn es ihm gelingt ... sie zu kaufen, dann ist klar, was das für unser Land bedeutet. Entweder setzen wir uns durch – oder die kriegen das Land!"*

Der CIA, dem FBI und dem Pentagon war der junge Senator Robert Kennedy suspekt. Hochrangige Militärs beschimpften ihn als „Pazifisten". Mafia und korrupte Gewerkschafter machten ihn für die Zerschlagung ihrer Organisation verantwortlich. Robert Kennedy veröffentlichte das Buch „The Enemy Within" („Der Innere Feind") – ein Werk über Mafia und Korruption. Seinen Erzfeind James („Jimmy") Hoffa konnte er aber erst 1964, nach dem Mord an seinem Bruder John F. Kennedy, überführen. Hoffa bekam 13 Jahre Haft. Robert Kennedy schrieb in seinem Buch, dass er davon überzeugt ist, dass Hoffa und seine Mafiosi mit am Attentat gegen seinen Bruder beteiligt waren. Im Jahr 1967 soll Hoffa im Gefängnis gesagt haben: *„Derzeit ist Kennedy nicht in Gefahr. Aber wenn er in die Vorwahlen geht oder wenn er gewählt wird – ich sage nicht, wie oder wann – aber dann wird er alle gemacht!"*

Drei Tage brauchte die Jury zur Beratung. Am 17. April 1969 wurde Sirhan Bishara Sirhan von sieben Männern und fünf Frauen des vorsätzlichen Mordes schuldig gesprochen und am 23. April zum Tod in der Gaskammer von San Quentin verurteilt. Seiner Mutter rief Sirhan nach der Urteilsverkündung zu: *„Tut mir leid, Mama, ich kann mich an nichts erinnern…"*
Nach diesem Urteil schickte Senator Edward Kennedy einen Brief an den Staatsanwalt, mit der Bitte, die Todesstrafe nicht zu verhängen: *„Mein Bruder war ein Mensch mit der Fähigkeit zu Liebe und Mitgefühl. Er würde nicht wollen, dass für seinen Tod noch ein Leben genommen wird."*
1972 wurde die Todesstrafe wegen Verfassungswidrigkeiten aufgehoben und in „lebenslänglich" umgewandelt. Ab dem Jahr 1975 bekam er das Recht auf Entlassung unter Bewährung. Er erbat mehrmals seine Freilassung. Er wünschte, die Tat wäre nie geschehen, um Robert Kennedys Willen und um seiner selbst willen. Aber an die entscheidenden Augenblicke am 5. Juni 1968 könne er sich nicht erinnern…[43]
Sein Bruder Adel Sirhan strengte ein neues Verfahren an, Sirhans Unschuld zu beweisen. Dem Richter des Wiederaufnahmeverfahrens sagte sein neuer Anwalt, Larry Teeter, im Namen seines Mandanten, er sei hypnotisiert worden, auf Kennedy zu schießen, ohne ihn zu treffen, während ein anderer das Attentat beging. Das Geständnis nach seiner Verhaftung habe Sirhan nur gegeben, um der Todesstrafe zu entgehen.

Larry Teeter, der Sirhan Sirhan seit Mitte der Neunziger Jahre vertrat, erhielt infolge mehrere Morddrohungen. Sirhan Sirhan wurde der am längsten einsitzende Gefangene in Kalifornien in der *Corcoran Vollzugsanstalt*, in der neben ihm auch Charles Manson seine Freiheitsstrafe verbüßte. Seit November 2009 ist Sirhan im *Pleasant Valley State Prison* in Coalinga (Kalifornien) inhaftiert.

Einigen Forschern fiel infolge auf, dass Lee Harvey Oswald, der ebenfalls nach dem Mord an JFK als Einzeltäter in die Geschichte einging, im Luftwaffenstützpunkt Atsugi in Japan Soldat einer Luftabwehreinheit gewesen war. Dies ist deshalb interessant, weil im Zusammenhang mit dem *MK-Ultra-Projekt*, wie sich später herausstellte, diese bereits erwähnten Bewusstseinsveränderungsprogramme an den Soldaten dort ebenfalls vorgenommen wurden. Im Falle von Robert Kennedy waren, wie später bekannt wurde, 50.000 Seiten Polizeiakten und etwa 2.400 Aufnahmen vom Tatort und den Schusswunden nur etwa zweieinhalb Monate nach seinem Tod „auf Befehl von oben" vernichtet worden. So wurde Hochgradfreimaurer Richard Nixon infolge zum US-Präsidenten gewählt, und *kein* neuer Kennedy, der *keiner* Freimaurerloge angehörte…

Die Beamten des LAPD, die die Ermittlungen im Mordfall Robert Kennedy leiteten, waren der Hochgradfreimaurer Lieutenant Manuel Opena und Sergeant Enrique Hernandez, ebenfalls Freimaurer.

Kapitel 5: Cathy O'Brien und Projekt MK Ultra

Am 3. August 1977 eröffnete der 95. US-Kongress die Anhörungen über dokumentierte Missbrauchs-Fälle im Rahmen eines als *Top Secret* klassifizierten Untersuchungsprogramms der CIA, namens *MK Ultra*, auf das wir, um Hintergrundstrukturen zu dem Mordkomplott gegen Kennedy besser zu verstehen, nochmals anhand einer Zeugin näher eingehen.

Am 8. Februar 1988 wurde eines der Opfer, Cathy O'Brien, durch den Geheimdienst-Insider Mark Phillips aus ihrer Versklavung durch das Mind-Control-Programm der Regierung befreit. Sieben Jahre lang versuchten die beiden, ihren Fall vor Gericht zu bringen. Doch sie wurden gestoppt aus Gründen der Nationalen Sicherheit. Dass Cathy O'Brien und Mark Phillips die offizielle Story zum Tod von John F. Kennedy als eine große Lüge ansehen, muss ich sicher nicht betonen. Der Todestag von John F. Kennedy wurde sogar von ihren Programmierern im *MK-Ultra-Projekt* gezielt benutzt, um sie zu „triggern".

„1981, am Jahrestag von John F. Kennedys Ermordung, wurde ich gezwungen, Alex Houston (Freimaurer, Anm. d. Verf.) zum Schein zu ‚heiraten' ... Die meisten Amerikaner, die alt genug dazu sind, können sich genau erinnern, wo sie waren und was sie gerade taten, als Präsident John F. Kennedy erschossen wurde. Seine Ermordung traumatisierte die ganze Nation. Und bietet ein Beispiel dafür, wie der menschliche Geist traumatisierte Ereignisse fotografisch genau aufzeichnet. Die Traumatisierung, die ich während meines Daseins als Mindcontrol-Opfer routinemäßig erleiden musste, gaben mir die Fähigkeit, mein Gedächtnis genauso fotografisch detailliert abzurufen, wie es damals aufgezeichnet wurde...“

Cathy, mit der ich mich 2005 u. a. auch über Marilyn Monroe ausgetauscht habe, berichtet über ihre Vergangenheit und das Netzwerk:

„Mark und ich begannen 1991, unsere verfassungsmäßigen Rechte wahrzunehmen, indem wir öffentlich vor den Gefahren von Mind-Control warnten. Dieser Weg zwang uns zwischenzeitlich, zusammen mit Marks Mutter in einer winzigen Zwei-Zimmer-Wohnung zu leben und unsere Lebensbedürfnisse allein mit Spenden und Wohlfahrtsgutscheinen zu finanzieren. Nachdem wir unsere Informationen landesweit an jeden prominenten Po-

litiker und an jede politische Organisation in Washington verschickt und als Antwort darauf nur Formschreiben erhalten hatten, gelang uns 1992 schließlich der Durchbruch. Zu diesem Zeitpunkt erhielt ich die Möglichkeit, den gesetzgebenden Ausschuss des Staates Tennessee darauf aufmerksam zu machen, dass Kellys (die Tochter von Cathy) Bürger- und Menschenrechte missachtet worden waren, indem man sie unter Aufsicht des Staates Tennessee stellte. Andrew Shookhoff, der Richter, der den Vorsitz über ihren sogenannten ,rechtlichen' Fall hatte, sagte im Gerichtssaal unverhohlen: ,Gesetze finden in diesem Fall aus Gründen der Nationalen Sicherheit keine Anwendung.' Diese Aussage war die erste Stufe einer öffentlichen Anerkennung unserer Vorwürfe von behördlicher Seite. Und genau diese Aussage rettete uns möglicherweise das Leben.

Abb. 57: Cathy in Cozumel, Mexiko, bevor sie laut ihren Angaben mit Präsident de la Madrid (Freimaurer) prostituiert wurde.

Was Mark und mich dazu motiviert, diese grauenhafte Realität ans Licht der Öffentlichkeit zu bringen, ist die Liebe zu Kelly, unsere Liebe für die Menschheit, sowie unsere Entschlossenheit, qualifizierte, technologische Hilfe für Kelly und die weltweit zahllosen anderen Opfer zu finden, die nicht für sich selbst sprechen können.

Wir sind nicht allein in dieser Anstrengung, denn es gibt verschiedene Mitarbeiter der globalen Geheimdienste und aus Regierungskreisen, die aktiv ihren Job, ihren Pensionsanspruch und sogar ihr Leben riskierten, nur um sicherzustellen, dass diese Fakten die Öffentlichkeit und eine Änderung der Verhältnisse erreichen. Mind-Control stellt heute die größte Bedrohung der Menschheit dar, denn alle anderen Themen, Entscheidungen und Auseinandersetzungen setzen einen freien Willen voraus. Wir alle gründen unsere Gedanken, Meinungen und Handlungen auf das, was wir wissen, und Sie müssen wissen, dass unsere Wissensbasis derzeit absichtlich ausgehöhlt wird, indem man uns wichtige Informationen vorenthält.
Mind-Control ist das fehlende Steinchen in einem Puzzle, das die globale politische Lage darstellt und viele der Missstände erklärt, die wir heute in unserer Gesellschaft mit ansehen müssen. In einer Welt, in der so viele Menschen an ihrer Liebe zum Leben zweifeln, ist es von allergrößter Bedeutung, die menschlichen Werte, die uns allen am Herzen liegen, JETZT wieder neu zum Leben zu erwecken, solange wir überhaupt noch daran denken können, dies zu tun. Nachdem wir für eine Untersuchung der detaillierten Tatsachen gesorgt haben, die in TRANCE (gemeint ist Cathys Buch „Tranceformation of America", Anm. d. Verf.) dargelegt wurden, und somit auf diese nicht länger verborgenen Probleme reagiert haben, werden wir den psychologischen Krieg gewinnen, der uns von einigen Wenigen erklärt worden ist. Die namentlich identifizierten Täter, die sich an Kelly und mir vergriffen, rechtfertigen ihre Anwendung von Gedanken-Kontrolle der Massen, indem sie ein ganzes Spektrum von ‚Tugenden' für sich in Anspruch nehmen, angefangen von ihrer Sorge um die Bevölkerungsexplosion bis zur Verwirklichung des Weltfriedens. Ich weiß aus Erfahrung, dass es unter Mind-Control keinen Frieden geben kann, denn ohne freie Gedanken gibt es keinen freien Willen und ohne freien Willen kann es keine wahrhafte Ausdrucksmöglichkeit für die Seele geben. Unsere Zukunft als Nation steht auf dem Spiel. Es ist an der Zeit, sich der ständig

wachsenden Zahl der Menschen anzuschließen, die einen Beitrag zur öffentlichen Bewusstheit leisten, indem sie über diese Technologie zur psychologischen Kontrolle des gesamten Planeten berichten. Es ist nämlich tatsächlich die Wahrheit, die uns frei machen wird.

Mein Wissen über diese TOP-SECRET-Methode der psychologischen Kriegsführung stammt aus meinen eigenen persönlichen Erfahrungen als Präsidenten-Modell und Mind-Control-Sklavin des Weißen Hauses.

Viele der von mir dargebotenen Informationen wurden überprüft und erhärtet durch tapfere und aufrechte Mitarbeiter der Polizeibehörden, von Wissenschaftlern und Angehörigen der Geheimdienste, die sich mit diesem Fall auseinandersetzten. Die Anstrengungen dieser Personen halfen mir dabei, zu verstehen und zu verarbeiten, was mir in meinem Leben voller systematischer körperlicher und psychologischer Folter angetan wurde, in dem Versuch, mein Verhalten zu modifizieren, indem man meinen Verstand total kontrollierte.

Manche dieser mutigen Menschen sind Angestellte genau desselben Systems, das mich kontrollierte, und sie leben in ständiger Furcht, deswegen ihren Job zu verlieren, ihre Familien oder gar ihr Leben. Sie sind so weit gegangen, wie sie es nur wagen konnten, indem sie öffentlich dieses Werkzeug der Architekten der Neuen Weltordnung anprangerten – und es hat nichts genutzt ... Wir appellieren an die Advokaten der Menschenrechte, an die anerkannten, respektierten, öffentlichen Meinungsmacher. Wir appellieren an sie, diese unsichtbare persönliche und soziale Bedrohung bekannt zu machen. Es ist mein Respekt für die Prinzipien der Wahrheit, der Gerechtigkeit und letztlich der Freiheit, auf denen Amerika aufgebaut wurde, der mich jetzt dazu bringt, die Motive derjenigen bloßzustellen, die mittlerweile die Kontrolle über unsere Regierung haben und die gemeinhin als ‚Schattenregierung' bezeichnet werden.

Wir müssen Amerika JETZT zurückgewinnen und die Integrität der Geschichte unseres Landes und seiner Zukunft wahren, indem wir es von seinem Kurs abbringen, auf dem es weltweit für die Grausamkeiten geächtet wird, die buchstäblich da anfangen, wo Adolf Hitler aufhörte. Hitlers Version der Weltherrschaft, die er 1939 die ‚Neue Weltordnung' nannte, wird gegenwärtig mittels hochentwickelter Technologien von denen implementiert, die sich der Kontrolle Amerikas bemächtigt haben. Der Expertise

*meines wichtigsten Anwaltes und begabten De-Programmierers Mark Phi-
lipps ist es zu verdanken, dass mein Verstand wieder zu einer normalen
Funktionsweise zurückkehren konnte.*

*Viele Geheimnisse der US-Regierung und auch der Ruf anderer Regierun-
gen und Personen hingen von dem Glauben ab, dass man mich nicht so
weit deprogrammieren könnte, als dass ich detaillierte Schilderungen der
kriminellen Aktivitäten und Perversionen abgeben könnte, an denen Kelly
und ich gezwungen waren, teilzunehmen, insbesondere in der Zeit der Reagan / Bush-Administration. Jetzt, da ich wieder die volle Kontrolle über
meinen eigenen Verstand zurückerlangt habe, sehe ich es als meine Pflicht
an, die Grausamkeiten zu enthüllen, denen meine Tochter und ich in der
Hand derjenigen unterworfen waren, welche die Kontrolle über unsere Regierung haben. Dieser persönliche Blick in das Innere der Büchse der Pan-
dora beinhaltet nicht nur ein Verständnis über die Machenschaften, die die
Neue Weltordnung mittels Mind-Control zu implementieren, sondern
auch ein ganz persönliches Wissen darüber, WER einige der Drahtzieher
hinter diesem Versuch sind, diese Welt und ihren Verstand zu kontrollieren.*

*Mein pädophiler Vater, Earl O'Brien, prahlt damit, dass er bereits kurz
nach meiner Geburt damit begann, die Brustwarze meiner Mutter durch
seinen Penis zu ersetzen. Meine Mutter, Carol Tanis, die aus einer Familie
mit generationenlangem Inzest und Missbrauch stammt, protestierte nicht
gegen seine perversen Handlungen, da sie als Kind (wie sie berichtet) ähnlichen Missbrauch erlitt, durch den sie das Syndrom einer multiplen Persönlichkeit entwickelte.*

*Meine früheste, wieder gewonnene Erinnerung bestand darin, dass ich
nicht atmen konnte, weil der Penis meines Vaters meine kleine Kehle ver-
stopfte. Ich akzeptierte seinen erstickenden sexuellen Missbrauch als einen
normalen, natürlichen Teil meines Lebens zu Hause, und spaltete eine Persönlichkeit ab, um mit dem Schmerz und der Erstickung umzugehen, und
um seine Perversionen zu befriedigen.*

*Die Brüder und Schwestern meines Vaters wurden alle sexuell und (ok-
kult) rituell missbraucht, genau wie er. Sie wuchsen auf als Drogensüchtige,
Prostituierte, Herumtreiber und Pädophile, die auch mich und meine Brüder und Schwestern sexuell missbrauchten.*

Abb. 58 links: Cathys Vater Earl O'Brien. **Abb. 59** rechts: Der Bauchredner Alex Houston (Freimaurer) mit seiner Puppe „Elmer", der laut Cathy als ihr „Halter / Besitzer" im Zuge des CIA-Programms eingesetzt wurde.

Ich entwickelte weitere Persönlichkeitsspaltungen, um mit den Traumatisierungen dieser peinigenden Beziehungen fertig zu werden.

Die Familie meiner Mutter scheint ebenfalls generationenlang dysfunktional gewesen zu sein, jedoch in einer etwas höheren sozioökonomischen Schicht. Ihr Vater besaß das Gebäude, das von einer blauen Freimaurerloge (Johannisloge) benutzt wurde, die er führte, und er leitete zusammen mit seiner Schwiegermutter einen örtlichen Bierhandel, nachdem er seine Militärkarriere beendet hatte.
Zusammen missbrauchten sie sexuell meine Mutter und ihre drei Brüder, die wiederum mich sexuell missbrauchten. Meine Familie ging oft zum Camping in der unermesslichen Wildnis, die das Haus der Freimaurerloge meines Großvaters in Newaygo, Michigan, umgab. Große Steilufer, die ‚High Banks' genannt, überragten den White River, der durch seinen Landbesitz floss, wo wir unsere Zelte aufschlugen. Die Brüder meiner Mutter, Onkel Ted und Onkel Arthur ‚Bomber' Tanis, begleiteten uns oft und missbrauchten meinen Bruder und mich sexuell. Es war in der Jagdsaison im oder um den November 1961, und mein Vater nutzte das Familien-Camping auf den ‚High Banks', um mit meinen Onkeln jagen zu gehen. In

jener Nacht, als mein Bruder und ich sexuell am Lagerfeuer herumgereicht wurden, um pädophile Perversionen zu befriedigen, stolperte ein verirrter Jäger in unser Lager. Mein Vater erschoss ihn, als er davonzulaufen versuchte. Der Knall der Gewehrschüsse durchbohrte mein Gehirn und zerstückelte meinen Geist noch weiter. Ich saß betäubt in einer dissoziativen Trance, während meine Mutter methodisch den Zeltplatz aufräumte, und mein Vater und meine Onkel sich der Leiche entledigten."[44]

Cathys Vater Earl O'Brien gehörte einem Kinderpornoring an, der über das Internet verschiedene Aktivitäten betrieb. Eines Tages bekam die Familie O'Brien Besuch vom FBI. Earl O'Brien hätte für Jahre hinter Gitter gehen sollen, doch dann kam alles ganz anders... Man bot ihm an, seine Kinder in ein geheimes Regierungsprogramm abzugeben. Als Gegenleistung würde er straffrei davonkommen und ein wohlhabender Mann werden. Earl O'Brien ging auf diesen Deal ein und verkaufte all seine Kinder an das *Projekt Monarch*.

Cathy O'Brien berichtet weiter:
„Dick Cheney (Hochgradfreimaurer, Anm. d. Verf.), damals Chief of Staff des Weißen Hauses unter Präsident Ford (Hochgradfreimaurer, Anm. d. Verf.), Verteidigungsminister unter Präsident George Bush (ebenfalls Hochgradfreimaurer, Anm. d. Verf.), dokumentiertes Mitglied des Council on Foreign Relations (CFR) und Präsidentschaftskandidat des Jahres 1996, war ursprünglich Wyomings einziger Kongressabgeordneter. Dick Cheney war der Grund dafür, weshalb meine Familie nach Wyoming gereist war, wo ich eine nochmals neue Form der Brutalität erfuhr – seine Version eines äußerst gefährlichen Spiels, oder der Menschenjagd."
(Dick Cheney schoss im Jahre 2006, viele Jahre nach den Aussagen von Cathy O'Brien, den Rechtsanwalt Harry Whittington an. Offiziell ein Jagdunfall.)

Cathy und den Geschwistern wurde bereits von klein auf die sogenannte „Oz-Geheimsprache" beigebracht. Übersetzt bedeutet dies, in einem Satz einen anderen Inhalt zu sehen als der Normalbürger. Dies war Teil des Verstandeskontrollprogramms. Als Kinder mussten sie sich speziell ausgesuchte Märchen ansehen wie „Alice im Wunderland" und „Der Zauberer von Oz", um ihnen die Programmierung zu erleichtern. Dabei wurde ihnen das Programm spielerisch beigebracht. Durch schlimmste herbeigeführte Erlebnisse – bis hin zu dem Miterleben von rituellen Morden – wurden sie getriggert, dass es kein Entkommen aus dem Programm geben würde.

Cathy berichtet weiter:
„Ich hatte Folterkammern zur Konditionierung von Spionen schon zuvor sowohl in den USA als auch in Mexiko gesehen und erlebt, und Leahys ‚Folter-Labor' sah dagegen eher wie ein NASA-Laboratorium aus. Sein Zugang zu den allerneuesten Entwicklungen in der elektronischen / Drogeninduzierten Mind-Control entsprach seiner Fähigkeit, diese auch zu benutzen. Ich wurde sofort von zwei Wachen an einen kalten Tisch aus Chrom und poliertem Stahl gefesselt. Leahy begann damit, die folgenden Worte zu rezitieren:
‚Bekreuzige Dich und hoffe darauf, zu sterben. Steck Dir eine Nadel in dein Auge.' Eine drahtige ‚Nadel' wurde langsam in mein rechtes Auge gestochen, während Kelly gezwungen wurde, zuzusehen. Das ganze Martyrium wurde extra für die Traumatisierung Kellys abgehalten, denn Leahy rechnete sich aus, dass ich sowieso bald tot sein würde. ‚Wenn Du schreist oder weinst, wird Kelly die erste sein, die stirbt. Bete zu Gott und Bush wird es hören, denn sein Auge hat jetzt auch noch ein Ohr.'
…Er sagte mir, dass mein Körper ein Kanal sei, um ihn mit dem Auge im Himmel zu verbinden, wohin er die Information zur Speicherung übertrage, bis Byrd sie wieder abrief. ‚Nur der allerkleinste Schwanz kann die computeririsierte Speicherbank abrufen', sagte Leahy, indem er sich mit der ihm eigenen Art der Doppelbedeutungen über Byrds (Hochgradfreimaurer, Anm. d. Verf.) *Penisgröße lustig machte.*
Dies war nicht das erste Mal, dass Leahy (Freimaurer, Anm. d. Verf.) *offensichtlich sensible Geheimdienstinformationen an Byrd durch mich übermittelte. Ich hatte photografisch aufgezeichnete Zahlenkombinationen in den ‚Speicherbänken' meines Verstandes, seit ich von Leahy einige Monate zuvor auf der White Sands Raketenbasis in New Mexiko dafür vorbereitet worden war. Dort, im TOP SECRET Mind-Control-Bereich der Basis, war es auch, wo Leahy mich extremen Folterungen und Hi-Tech-Programmierungen unterworfen hatte. Indem er wie immer verschiedene Zwecke miteinander kombinierte, sagte Leahy: ‚Die finanzielle Förderung*

bleibt gesichert, solange Projekte wie dieses hier Deine volle Aufmerksamkeit erhalten.' Ich wurde wie ein Versuchstier behandelt, offensichtlich ohne jede Rücksicht darauf, ob ich dabei überlebte oder starb. Ich wurde in eine elektrifizierte Zelle mit metallenen Wänden und Bodenplatten gesperrt, die manche als das ,Specht-Netz' (Woodpecker-Grid) bezeichneten, und die Möglichkeiten zur körperlichen Folter bot, denen man nicht entkommen konnte.

Trotz all seiner Torturen, seiner Intelligenz, Hi-Tech-Methodiken und raffinierter Verstandes-Manipulationen verfehlte Senator Leahy dennoch das Ziel, seine ,Geheimnisse' zu verbergen – inklusive seines sexuellen Missbrauchs an Kelly. Er war jedoch erfolgreich darin, Kelly und mich in einen krankenhausreifen Zustand zu versetzen; nach unserer Rückkehr nach Tennessee mussten wir wegen seiner missbräuchlichen Folterungen das Krankenhaus aufsuchen. Ich hatte unglaubliche Schmerzen und einen irreparablen Schaden an meinem rechten Auge erlitten, und Kelly erlitt durch seine extrem Traumatisierungen psychosomatische Atemlähmungen.
Die körperlichen Folgen und die psychische Verwüstung, die uns Senator Leahy zugefügt hatte, wurden von Außenstehenden nicht hinterfragt ... George Bush war in beiden Erholungsgebieten, Lampe, Missouri und Shasta, Kalifornien, sehr aktiv.

So, wie auch in Lampe, war Shastas Deckmantel die Country-Music. Jeder, den ich kannte, sagte mir, dass Merle Haggard die Show am Lake Shasta leitete, um dadurch jegliche Aufmerksamkeit von dem angeblich nahegelegenen Camp abzulenken. Shasta war das größte verdeckte Mind-Control Sklaven-Camp, von dem ich weiß. Das Camp lag verborgen in den bewaldeten Hügeln, umgrenzt von Militärzaun, und war mit einer enormen Flotte von unbeschrifteten schwarzen Hubschraubern ausgestattet. Es gab dort mehr mind-kontrollierte militärische Roboter als ich in ganz Haiti je gesehen hatte. Diese verdeckte militärische Basis funktionierte nach ihren eigenen Regeln, nicht nach denen Amerikas. Mir wurde gesagt, und ich wurde auch Zeugin gleich lautender Gespräche, dass es eine Basis für eine künftige Polizei-Einheit sei, die über den Gesetzen stehe, und die den Zweck habe, für Law-and-Order in der Neuen Weltordnung zu sorgen. Im Zentrum dieses Hochsicherheits-Camps gab es einen weiteren, stark bewachten und mit militärischem Stacheldraht gesicherten Bereich, der als eine Art ,Camp David' für diejenigen diente, die das Land regierten.

George Bush und Dick Cheney teilten sich hier ein Büro und betrachteten die umgebenden Waldflächen als ihre persönlichen Jagdgründe, wo sie ein äußerst gefährliches Spiel spielten. Konversationen zwischen den beiden, die ich mithörte, legten nahe, dass es diese Militär-Polizei im Hintergrund war, mit der sich Dick Cheney seinen Kabinetts-Posten als Verteidigungsminister bei der Bush-Administration verdiente. Houston blieb im Haggard's, einem Feriendomizil in Lake Shasta, während Kelly und ich per Hubschrauber für unser angesetztes Treffen mit Bush und Cheney nach Mount Shasta gebracht wurden. Der Hubschrauberpilot lenkte unsere Aufmerksamkeit auf die militärischen Absperrungen, die die äußere Grenze des Lagers umgaben. Es kam selten vor, dass Piloten mit uns sprachen, aber dieser hier lächelte bösartig, als er uns sagte, wir sollten uns die äußeren Grenzen des Gebiets einprägen, denn das würden wir dann beim äußerst gefährlichen Spiel noch brauchen..."

In der Bestsellerserie „Die Tribute von Panem" wurde ein ähnliches Jagd-Szenario Jahre nach den Veröffentlichungen von Cathy O'Brien in Form einer SF-Buchreihe umgesetzt. In ihrem Buch „Die Tranceformation Amerikas", das sie zusammen mit Mark Phillips schrieb, schildert sie ausführlich die Jagdspiele, die im oben genannten Gebiet durch Mitglieder der Eliten abgehalten werden sollen.

Cathy O'Brien erinnert sich, wie sie zu Cheney sagte:
„'Ich kann ja nirgendwo hinrennen, weil da der Zaun ist. Und über den komme ich nie. Ich habe ihn gesehen.' Anstatt mich körperlich zu schlagen, wurde Cheney durch meine Empfindung von ,nirgendwohin laufen zu können' zum Lachen gebracht, und er erklärte mir, dass ein Bär irgendwo ein Loch in den Zaun gerissen hätte, und alles, was ich tun müsse, wäre, dieses Loch zu finden. Dann senkte er den Gewehrlauf an meinen Kopf und sagte: ,Lasset die Spiele beginnen. Los!'"

Über Bill Clinton sagt Cathy O'Brien Folgendes:
„Direkt nach dem Ereignis in Swiss Villa stand Houston wie üblich auf dem Programm der Bezirks-Messe in Berryville, Arkansas. Dort hatten Hous-

ton und ich H. B. Gibson, einen langjährigen Freund und Anhänger Clintons, besucht. Wir verließen ihn, um an einem privaten Treffen im Herrenhaus von Clintons bisexuellem Freund und Anhänger Bill Hall (Freimaurer, Anm. d. Verf.) teilzunehmen. Hall hatte sein Glück Berichten zufolge im Geschäft mit vorfabrizierten Holzhäusern gemacht, und die Clintons wohnten in einem Gästehaus nach dem Muster derjenigen in Swiss Villa. Hillary hatte das Baby Chelsea in die Villa mitgenommen, während Clinton und sein Berater/Leibwächter am Treffen teilnahmen. Tommy Overstreet (Freimaurer, Anm. d. Verf.) war ebenfalls dabei, da es direkt mit dem gerade erfolgten Treffen in Lampe zusammenfiel.

Abb. 60: Familie O'Brien – Mittig stehend: Cathy O'Brien, rechts im Bild: Vater Earl O'Brien.

Wir alle saßen in Halls tiefliegendem Wohnzimmer auf zwei Sofas, die einander gegenüberstanden und hatten einen schwarz verspiegelten Couchtisch zwischen uns. Hall hatte auf dem Tisch zahlreiche Kokain-Lines zusammengeschoben und jeder der Anwesenden – einschließlich Bill Clinton – inhalierte es durch zusammengerollte 50-Dollar-Scheine. Die Unterhaltung reichte von der CIA, Drogen und Politik bis zum Swiss-Villa-Am-phitheater und Country-Musik. Zu jener Zeit wurden große Anstrengungen unternommen, die Country-Music-Industrie von Nashville, Tennessee, in die Gegend von Lampe zu verlagern (sie ist seitdem tatsächlich ins nahe gelegene Branson umgezogen), *und damit näher an die CIA-Kokain-Aktionen heran, die mit dieser Industrie verbunden waren.*

Tommy Overstreet versuchte, Hall, dem das Drogen-(Kokain)-Geschäft offenbar nicht fremd war, zu überzeugen, bei der CIA-Kokain-Operation auf höchster Ebene miteinzusteigen, die zur Finanzierung heimlicher Aktivitäten diente. Hall schien nervös und skeptisch zu sein, und Clinton und Overstreet versuchten, eine ,leichte' Atmosphäre zu schaffen, indem sie den Witz machten, dass Hall den Namen seiner Truck-Linie in ,CLINTON-COKE-LINES' ändern könnte.

Abb. 61 links: Cathy O'Briens Tochter Kelly, die laut Cathy ebenfalls in das Regierungsprogramm verkauft wurde. Foto aus dem Jahr 1984. Abb. 62 rechts: Cathys Tochter Kelly mit ihrem biologischen Vater Wayne Cox. Laut Cathy O'Brien ein okkulter Serienmörder.

...Clinton machte eine Handbewegung in meine Richtung und sagte zu Houston: ,Bring sie hier raus.' Houston setzte sich nicht in Bewegung, sondern lachte. ,Sie ist ein Präsidenten-Modell. Sie hat schon größere Geheimnisse als Deine für sich behalten.' Clinton antwortete: ,Das ist mir egal. Bring sie verdammt nochmal raus hier!'

*Halls Frau führte mich weg und schloss mich in ein abgelegenes Schlaf-
zimmer ein. Nach einer unbestimmten Zeit hörte ich, wie sie mit Hillary
in der Gästevilla telefonierte. Dann fuhr sie mich durch die Dunkelheit
den Berg hinauf, um Hillary zu besuchen. Obwohl ich Hillary schon zuvor
kennengelernt hatte, hatten wir uns sehr wenig zu sagen – besonders, da ich
immer noch von den Foltern, die ich im CIA-Nahtod-Trauma-Zentrum
in Lampe durchgemacht hatte, betäubt und in Trance gewesen war. Hillary
wusste, dass ich eine mind-kontrollierte Sklavin war und nahm dies, wie
Bill Clinton, einfach im Vorübergehen als einen ,normalen' Teil des Lebens in der Politik an. Hillary lag, vollständig angezogen, ausgestreckt auf
dem Bett und schlief, als Halls Frau und ich ankamen. ,Hillary, ich habe
Dir etwas mitgebracht, was Dir wirklich Spaß machen wird...'*

*Absolute Mind-Control war das einzige Leben, das wir kannten, bis Mark
Phillips 1988 meine damals achtjährige Tochter Kelly und mich direkt aus
dem MK-Ultra Projekt Monarch der CIA / DIA rettete. ... Ich wurde wütend über ein Leben voller Missbrauch in der Hand der sogenannten ,Füh-
rer' unseres Landes. Ich wurde wütend darüber, dass die amerikanische
Öffentlichkeit keine Vorstellung darüber hat, wer oder was ihr Land re-
giert. Mark half mir, meinen Zorn in eine produktive Richtung zu bün-
deln, indem er mir sagte: ,Die beste Rache besteht in kompletter Gene-
sung.'«*[(45)]

Mark Phillips holte Cathy O'Brien aus dem Programm der US-Regierung heraus, nachdem man beschlossen hatte, sie, wie oftmals üblich bei
Mind-Control-Sklaven des Regierungsprogramms in jenen Bereichen, wie
es Cathy war, in einem Snuff-Film (Mord einer Person vor laufender Kamera, für den es einen Markt in bestimmten Kreisen geben soll) als ausran-
giertes Modell zu verheizen.

Der Ex-CIA Mitarbeiter Mark Phillips selbst sagt zu den Vorgängen:
*„Durch die Veröffentlichung freigegebener Dokumente der amerikanischen
Regierung gibt das Departement of Defense, oder auch ,DoD' (das amerikanische Verteidigungsministerium) zu, dass dieser uralte Mechanismus,
der von Zauberern zur Kontrolle von Menschen eingesetzt wurde, so gefährlich ist, dass der größte Teil der damit zusammenhängenden Informationen weiterhin als TOP SECRET unter Verschluss bleiben muss. Als*

Angestellter eines für das DOD arbeitenden Sub-Unternehmers, der Einblick in Untersuchungen zum Thema Mind-Control hatte, musste ich einen Eid zur Geheimhaltung ablegen. Bis zum heutigen Tag ist es mir gesetzlich verboten, gewisse spezifische Informationen offenzulegen, die direkt mit meiner Anstellung als Sub-Unternehmer des Verteidigungsministeriums der Vereinigten Staaten zu tun haben, anlässlich deren ich unter anderem mit dem Bereich Mind-Control-Forschung und anderen ‚sensiblen' Themenstellungen befasst war.

…Es war mir möglich, die MK-Ultra-Opfer Cathy O'Brien und ihre Tochter aus dem unsichtbaren Griff zu befreien, den diese Geheimwaffe, die von der US-Regierung zur Kontrolle eingesetzt wird, auf sie ausübte… Ich hatte jedoch keinen Erfolg damit, die Kooperation meiner Regierung in Bezug auf Gerechtigkeit in dieser Sache zu erreichen. Es gibt einen Grund für diesen Misserfolg, die Gerechtigkeit zu erreichen, den Sie kennen sollten: Mir wurde wiederholt gesagt, dass Gerechtigkeit hier nicht durchsetzbar sei, und zwar ‚aus Gründen der Nationalen Sicherheit'.

… Es waren vielmehr diese ‚hochverräterischen Führer', die sich freiwillig zum Dienst an ihrem Land meldeten. Sie müssen für ihre Handlungen zur Verantwortung gezogen werden.« [44]

Eine führende Rolle im Komplott hatte laut den Aussagen des Mind-Control-Opfers Cathy O'Brien der ehemalige amerikanische Präsident Ronald Reagan (Hochgradfreimaurer):

„Am nächsten Tag fuhr ich mit Dantè zu einem Anwesen, hoch oben auf einem Hügel in Bel Aire, wo gerade eine Party stattfand. Als ich mich zu denen gesellte, die sich auf dem manikürten Rasen versammelt hatten, erkannte ich viele derselben Mafia-Leute, die auch auf dem Malibu-Anwesen gewesen waren, bekannt als ‚Hotel California' (Metapher auf das bekannte Lied, in dem „Hotel California" dafür steht, dass man jederzeit eintreten kann – aber niemals wieder herauskommt, Anm. d. Verf.) *Dies war eine Willkommensparty für Präsident Ronald Reagan, der gerade angekommen war. Er kam durch den Hof mit seinem Freund Jack Valenti* (Freimaurer, Anm. d. Verf.)*, dem Präsidenten der mächtigen Motion Pictures Association of America, auf mich zu … ‚Also Kätzchen', sagte Reagan zu mir, ‚das ist jetzt Dein Todesurteil. Du wirst in einem Ruhmesblitz verbrennen.'*

Ich war nicht überrascht, eine Bestätigung meines bevorstehenden Todes (in einem Snuff-Video, Anm. d. Verf.) von Reagan zu erhalten ..."

Erfahren Sie die weiteren hintergründige Zusammenhänge um Cathy O'Brien in den Büchern „Die Tranceformation Amerikas" und „Access Denied" („Zutritt verboten").

Eine kleine Sensation veröffentlichte ich im Februar 2017: Ich befragte über die Jahre eine Reihe von Personen aus Politik, Medien und anderen Bereichen zu deren Meinung über Cathy O'Brien und deren Buch „Die Tranceformation Amerikas". Im Zuge dieser Thematik schickte ich auch ein Exemplar von Cathy O'Briens Buch an die SPD-Politikerin Herta Däubler-Gmelin, nachdem diese zuvor mit mir bereits über Email zu anderen Themen kommunizierte und mich zu einem persönlichen Treffen nach Tübingen eingeladen hatte. Dies war zu einer Zeit, als sie noch politisch aktiv war. Sie war von 1998 bis 2002 *Bundesministerin für Justiz* und gehörte von 1972 bis 2009 dem *Deutschen Bundestag* an. Aufgrund des brisanten Inhalts des Buches rechnete ich, der Cathy O'Brien auch persönlich in der Vergangenheit befragte und mit dieser Kontakt hatte, damals eher mit einer Rückmeldung von Herta Däubler-Gmelin, in der diese mir mitteilen würde, dass die brisanten Informationen in dem Buch ihrer Meinung nach nicht relevant oder gar unwahr wären. Nicht zuletzt, weil sie noch politisch aktiv war und sich aus diesem Grund wohl nicht zu weit aus dem Fenster lehnen würde. Doch dies geschah nicht...

In einem Schreiben, welches ich im Februar 2017 erstmals auf meiner Internetseite mit der Information versah, um *welches* brisante Buch es in dem Schreiben ging, teilte sie u.a. mit: *„Ich habe Ihr Buch mit großem Interesse gelesen. Da klingt manches durchaus plausibel. Leider. Nachprüfen kann ich es ebenso gut wie Sie selbst ... Lassen Sie mich doch bitte an Ihren Ergebnissen teilhaben."*

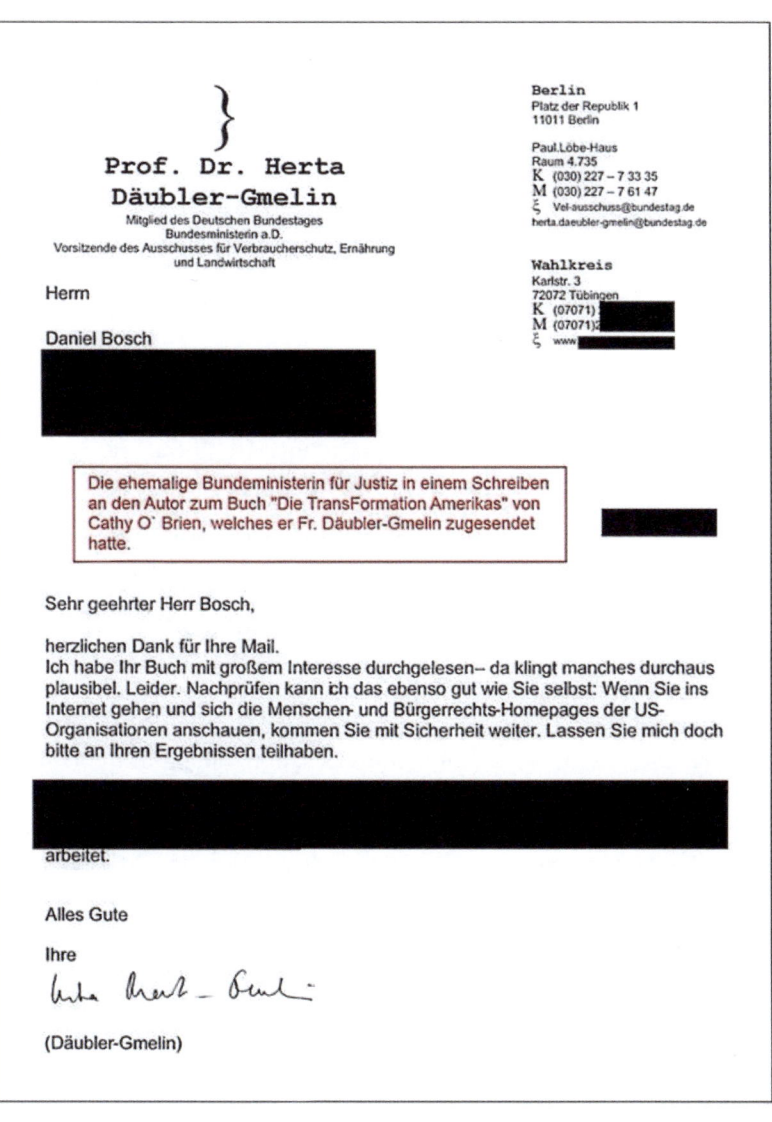

Prof. Dr. Herta Däubler-Gmelin
Mitglied des Deutschen Bundestages
Bundesministerin a.D.
Vorsitzende des Ausschusses für Verbraucherschutz, Ernährung
und Landwirtschaft

Herrn

Daniel Bosch

Berlin
Platz der Republik 1
11011 Berlin

Paul.Löbe-Haus
Raum 4.735
K (030) 227 – 7 33 35
M (030) 227 – 7 61 47
ξ Vel-ausschuss@bundestag.de
herta.daeubler-gmelin@bundestag.de

Wahlkreis
Karlstr. 3
72072 Tübingen
K (07071)
M (07071)
ξ www

Die ehemalige Bundeministerin für Justiz in einem Schreiben an den Autor zum Buch "Die TransFormation Amerikas" von Cathy O` Brien, welches er Fr. Däubler-Gmelin zugesendet hatte.

Sehr geehrter Herr Bosch,

herzlichen Dank für Ihre Mail.
Ich habe Ihr Buch mit großem Interesse durchgelesen– da klingt manches durchaus plausibel. Leider. Nachprüfen kann ich das ebenso gut wie Sie selbst: Wenn Sie ins Internet gehen und sich die Menschen- und Bürgerrechts-Homepages der US-Organisationen anschauen, kommen Sie mit Sicherheit weiter. Lassen Sie mich doch bitte an Ihren Ergebnissen teilhaben.

arbeitet.

Alles Gute

Ihre

(Däubler-Gmelin)

Abb. 63: Die ehemalige Bundesministerin für Justiz Herta Däubler-Gmelin schrieb dem Autor Daniel Bosch („Real Name" von Dan Davis) bereits vor Jahren, zu einer Zeit, als sie noch politisch aktiv war, in einem Schreiben ihre Meinung zu dem Buch „Die Tranceformation Amerikas" des Mindcontrol- /MONARCH-Opfers Cathy O'Brien, wie Davis im Februar 2017 erstmals auf seiner Internetseite veröffentlichte.

Um die Aussage der ehemaligen Politikerin und Bundesministerin für Justiz in ihrer Brisanz ein wenig besser einschätzen zu können, trotz ihrer verständlich vorsichtigen Ausdrucksweise aufgrund ihrer politischen Tätigkeit in der SPD zur Zeit ihrer Einschätzung zum Buch und eines ihr in den Mund gelegten „Bush-Hitler"-Vergleichs einige Jahre zuvor, der weltweit durch die Presse ging, muss man das Buch gelesen oder den im Internet vorzufindenden Filmbeitrag zum Buch gesehen haben. Erst dann wird deutlich, warum die Aussage von Herta Däubler-Gmelin als eine kleine Sensation gewertet werden kann.

Und man kann vermuten, dass ihr Satz *„Lassen Sie mich doch bitte an Ihren Ergebnissen teilhaben"* an mich gerichtet, vermutlich nicht nur darauf abzielte, dass ich mir „die Wikipedia-Seite zu MK Ultra" etc. ansehe und ihr infolge davon berichte, was seit Jahrzehnten über das Programm ohnehin überall bekannt ist...

Ihrem Brief bezüglich des Buches von Cathy O'Brien war zum einen ein Email-Kontakt ab Frühjahr 2005 sowie ein Treffen im Sommer des gleichen Jahres vorangegangen. In einer der Emails vor dem Treffen antwortete Frau Herta Däubler-Gmelin auf eine Anfrage von mir zum angeblichen „Bush-Hitler"-Vergleich von ihr und zur Pressefreiheit. Das Treffen im Sommer 2005 selbst stand zudem im Zusammenhang mit einem Vorfall am Stuttgarter Flughafen einige Jahre zuvor, worüber ein vorausgegangener Email-Kontakt zum Thema der Ausschlag war. Übrigens ein Thema, auf das ich schon in einer Fact/Fiction-Version im Jahr 2003/2004 in meinem Roman „Und die Welt war eine andere" unter dem Pseudonym David Simon erstmals einging.

Herta Däubler-Gmelin (Wahlkreis) <herta.daeubler-████████@wk.bundestag.de>
An ████████.de

Sehr geehrter Herr Bosch,
vielen Dank für Ihr Schreiben.
Sie haben sicherlich auch zur Kenntnis genommen, daß meine Kritik an der
Politik von Präs. Bush heute eigentlich von allen Verantwortlichen geteilt
und z. T. sehr viel schärfer wiederholt wird. Leider sind sie - im Hinblick
auf Folter, das Rechtssystem, das illegale Vorgehen im Irak, die
unverantwortliche Haltung gegen UN und den Internationalen
Strafgerichtshof..... - heute mehr als offensichtlich berechtigt. Auch die
Vorgehensweise gegen die Presse gehört sicherlich in diese Richtung. Im
übrigen können Sie das alles in US-Zeitungen sehr gut nachlesen, teilweise
früher und schärfer als im Spiegel.
Lassen Sie mich nur nochmals darauf hinweisen, daß Gleichstellungen Bush-
Hitler nicht meine Sache sind, da die Nazis historisch singuläres Unrecht
getan haben. Diese Verzerrung war vielmehr Sache des Journalisten, der sonst
nie in seinem Leben in die Tagesschau gekommen wäre - wenige Tage vor der
Bundestagswahl, das wahr wohl für seine Eitelkeit zu verlockend.

Im übrigen finde ich es gut, wenn auch Sie sich mit dem Zustand und der
Entwicklung in unserem Land, in Europa und in der Welt auseinandersetzen.
Mit freundlichem Gruß
Däubler- Gmelin

← Antworten   ⬸ Antwort an alle   → Weiterleiten   ••• Mehr

Abb. 64: Email von Herta Däubler-Gmelin aus dem Jahr 2005 an Daniel Bosch („Real Name" von Dan Davis).

In der Zeit nach der Zusendung des Buches von Cathy O'Brien und dem Schreiben von Frau Däubler-Gmelin hierzu, welches weiter oben auszugsweise als Screenshot zu sehen ist, kam es in Folge zu einer weiteren Email-Anfrage zum Thema Weltpolitik von mir, in dem es u. a. um Geheimgesellschaften und Freimaurer ging:

Anfrage

An Herta Däubler-Gmelin

Sehr geehrte Frau Däubler-Gmelin,

, dass auch der Vietnam-Krieg in den siebziger Jahren auf eine Kriegslüge der USA aufbauend begonnen wurde, siehe hierzu zum Beispiel den Nachrichten-Link

und die NSA die Dokumente vor dem Irak Krieg bewußt zurückgehalten hat, um die Zustimmung für den ebenfalls auf eine Lüge aufbauenden Feldzug gegen Saddam Hussein (den angeblichen Besitz von Massenvernichtungswaffen) nicht zu gefährden.

Dabei stellt sich mir, natürlich ersteinmal völlig unvoreingenommen, die Frage, wie Sie persönlich über die Tatsache denken, dass nachweislich viele hochrangige Politiker
(wenn man zum Beispiel in die offiziellen Mitgliederseiten der Freimaurerlogen geht)
in illustren Geheimgesellschaften eingebunden sind, welche deren Gesetze oftmals über jene der Außenwelt stellen sollen (Siehe hierzu auch das in der Anlage-Datei beigefügte Bild von George Bush Sen Mitte der 40ger Jahre auf einem Familienfoto der den Berichten zufolge rechtsorientierten "Skull & Bones" links neben der Standuhr).

Wie ist ihre persönliche Meinung dazu? Halten Sie die teilweise verschwörerischen Spekulationen für zu weit hergeholt, oder gibt Ihnen dieses Thema zu denken?

Und dann haben ich noch eine Frage in diesem Zusammenhang:
Nach den Aufdeckungen der teilweise hochkriminellen Machenschaften von Freimaurerlogen, wie jene der "P2" vor einigen Jahren, denken Sie dass dies Außnahmesituationen waren und nicht auf die gesamte Struktur belastend zurückzuführen ist - und wenn ja - warum wird zum Beispiel das Antiterrorgesetz nicht auf die Strukturen des Logentum angewand (Überwachung, etc.) aufgrund der in der Vergangenheit aufgetretenen benannten Vorfälle, die Gesetzesgrundlagen wurden ja nun dazu geschaffen, wenn man es entsprechend interpretiert. Wenn doch heute sich bereits jeder Ausländer bestimmter Herkunft und Glaubensrichtung schon mit dem Gedanken abfinden muß, rein vorsorglich, in seiner Moschee entsprechenden im Zuge der Sicherheit überwacht zu werden.

Abb. 65: Schreiben von Daniel Bosch (Real-Name von Dan Davis) an Frau Herta Däubler-Gmelin zum Thema Freimaurer und Geheimgesellschaften.

Abb. 66: Foto, welches dem Schreiben an Frau Herta Däubler-Gmelin vom Autor beigefügt wurde und den ehemaligen US-Präsidenten George W. Bush (Hochgradfreimaurer) links stehend neben der Standuhr auf einem Foto der berüchtigten SKULL & BONES zeigt.

Wenige Tage später kam als Antwort auf das oben teilweise eingefügte Schreiben eine Email, in der eine Beantwortung der Fragen im Rahmen eines weiteren Treffens/persönlichen Gesprächs zum Thema angeboten wurde:

Abb. 67: Antwort auf eine Email vom Autor an Herta Däubler-Gmelin, in der es u.a. um Geheimgesellschaften und die Freimaurer ging, in welcher dem Autor ein zweites Treffen angeboten wurde, um die Fragen zu beantworten.

Mehr Informationen zum Thema erhalten Sie u.a. in meinem Buch „Terrorstaat", in dem ich einige Teilbereiche näher ausführe.

Ich richtete u.a. folgende Frage an das Mind Control-Opfer Cathy O'Brien zum Thema Marilyn Monroe: *„Dein Buch klingt sehr glaubhaft. Doch denkst Du tatsächlich, dass Marilyn Monroe das erste ‚Präsidenten-Model' im selben Regierungsprogramm war, in dem auch Du warst? Oder denkst Du, sie haben dies Dir gegenüber nur behauptet? Monroe war älter als 30 Jahre, als sie starb."* (Anm. d. Autors: Laut Cathy werden die Damen aus diesem Regierungsprogramm im Alter von 30 Jahren aussortiert bzw. gezielt ermordet. Cathy entkam diesem Schicksal nur durch die Befreiungsaktion des ehemaligen CIA-Mitarbeiters Mark Philipps, nachdem ihr damals von dem ehemaligen US-Präsidenten und Hochgradfreimaurer Ronald Reagan bereits die Exekution angekündigt worden war).

Cathy O'Brien: *„Es war zweckmäßig, um gegen mich verwendet zu werden. Das Alter von 30 Jahren wurde als Obergrenze anberaumt, da zu dieser Zeit elektrochemische Veränderungen im Gehirn auftreten können, die dazu führen, dass die Programmierung zusammenbrechen kann. Die Altersbegrenzung ist kein absolutes Gesetz bei der Eliminierung der programmierten Sex-Sklaven. Marilyn Monroe zeigte jedes Anzeichen, dass sie diesen biologischen Wechsel und den Zusammenbruch der Programmierung durchlebte. Deren Aussagen mir gegenüber, sie hätten Marilyn Monroe umgebracht, machten mich gefügiger. "*[45]

Erinnern wir uns in diesem Zusammenhang auch an die von Marilyn Monroe anberaumte Pressekonferenz für Montag, den 6. August um 11:00 Uhr vormittags, in der sie Informationen veröffentlichen wollte, die so unglaublich und weitreichend wären, dass sie den Sturz der Regierung auslösen könnten, wenn die Öffentlichkeit davon erfährt. Und dass diese Pressekonferenz deshalb nicht stattfand, weil sie den offiziellen Angaben zufolge einen Tag zuvor „Selbstmord" beging.

Ich fragte Cathy: *Hast Du derzeit noch Kontakt zu Mitgliedern aus Deiner Familie?"*

Cathy O'Brien: *„Nein, da meine Brüder und Schwestern immer noch in geheime Regierungsprogramme involviert sind."*

Ich fragte Cathy: *„Gibt es etwas Neues zu Deiner Tochter Kelly? Ist sie ebenfalls noch in dem Programm?"*

Cathy O'Brien: „*Das Buch ‚Access denied' enthält viele Informationen über Kelly. Sie ist inzwischen aus dem Programm heraus und braucht Hilfe bei der Rehabilitation aufgrund der Schädigungen durch das ‚Harmonic'-Programm ...*" [46]

Was ist der Erkenntnis aus Cathys Erfahrungen?

Die Geschichte von Cathy O'Brien gibt einen Einblick in die Welt einer elitären Gesellschaft und ihrer Denk- und Handlungsweisen, die für den Normalbürger kaum nachvollziehbar oder verständlich sind. Deshalb habe ich sie hier in Auszügen mit aufgeführt. Sie können mit diesen Leuten in einem Raum sitzen und hören ihnen beim Reden zu, ohne vermutlich wirklich zu verstehen, von was sie sprechen. Offenbar reden wir hier genau von jenen Kreisen, mit denen sich auch John F. und Robert Kennedy angelegt hatten.

Betrachtet man sich die Ereignisse und gezielten Diskreditierungen oder sogar Tötungen derer, die sich ihnen in den Weg stellen, dann wird deutlich, wie ernst die Lage ist – und wofür der Mord an John F. Kennedy ein vielsagendes Beispiel zu sein scheint.

Nach außen und über ihre „Strichermedien", wie die ehemalige Bundesministerin für Justiz es mehrmals vor mir bei einem persönlichen Treffen benannte, verkörpern gewisse Eliten den Anschein, gute Menschen zu sein, die in die Kamera lächeln. Doch offenbar trügt zuweilen der Schein – und das mit System. Die Gefahr, die durch solche Menschen in Führungspositionen verbreitet wird, die gezielt Schlüsselpositionen in unserer Gesellschaft besetzen, um ihre Macht und ihr System zu erhalten, welches anti-christliche Werte zu verkörpern scheint (bei dem offenbar Mord und Folter ein legitimes Mittel ist – ebenso wie der Kontakt zu kriminellen Organisationen wie der Mafia zur Problembeseitigung), ist kaum zu beschreiben. Denn es geht um viel mehr als den Mord an einem US-Präsidenten im Jahr 1963 und den stetigen Versuch, gezielt davon abzulenken, was damals wirklich in Dallas passiert ist. Der Hochgradfreimaurer George W. Bush sagte nach den Terroranschlägen vom 11. September 2001: „*Wer nicht für uns ist, ist gegen uns...*", und dies beschreibt mit einfachen Worten, worum es geht, und das besonders, falls wir hier nicht ganz die Wahrheit erfahren haben sollten, wer wirklich hinter den schrecklichen Terroranschlägen an „9/11" gesteckt hat... Und es sich um einen „Inside Job" gehandelt haben sollte, wofür einiges spricht. Denn wir alle leben in einer Welt, deren Gesetze man bereits geschrieben hatte, bevor wir geboren wurden. Solange man sie befolgt, hat man in der Regel seine Ruhe. Aber wehe dem, der diese Machtstrukturen hinterfragt...

Und wenn diese Machtstrukturen – ein Bündnis aus Mitgliedern von Geheimlogen und ihrer Medien – so viel Energie darauf verwenden, eine Person wie Donald Trump als US-Präsident im Vorfeld zu verhindern – und jetzt, wo er es zu ihrem Entsetzen tatsächlich geschafft hat, mit Dreck zu bewerfen und weltweit zu diskreditieren, dann habe ich schon das Bedürfnis (ganz unabhängig von Sympathie oder Antipathie gegen den US-Präsidenten), etwas *näher* hinzuschauen, *warum* dies so ist.

Denn Donald Trump hat etwas mit John F. Kennedy gemeinsam. Er kämpft gegen genau jene Strukturen, die JFK in seiner Rede vom 27. April 1961 an den Pranger gestellt hat – und die nach seinem Tod die Macht in den USA übernommen haben. Bis – ja bis... Donald Trump kam. Müssen wir ihn deshalb mögen? Nein. Aber es könnte sein, dass er die einzige Chance ist, die wir derzeit noch besitzen, um zu verhindern, was eigentlich nicht mehr zu verhindern ist. Und deshalb sollten wir für einen Augenblick die Mainstream-Medien abschalten und uns den Fakten zuwenden, die deutlich machen, warum – und vor allem *wer* hier gegen ihn im den Krieg zieht. Und wer Donald Trump einen Lügner nennt, der sollte erst einmal darüber nachdenken, aus welchen Medien er diese Informationen bezogen hat, die ihn zu dieser „Einsicht" brachten...

Tatsache ist, dass Donald Trump im Jahr 2017 dafür gesorgt hat, dass eine Vielzahl bisher unter Verschluss gehaltener Akten und Dokumente zum Mord an John F. Kennedy zur Veröffentlichung freigegeben wurden. Werfen wir im nächsten Kapitel einen weiteren Blick darauf.

Kapitel 6: Donald Trump und weitere neu freigegebene Dokumente

Wenn man den Massenmedien Glauben schenkt, dann haben wir mit dem neuen US-Präsidenten Donald Trump ein richtiges Problem an der Backe. Obwohl er die US-Wahlen gewonnen hat, suggeriert man zudem noch gerne, bei den Trump-Wählern würde es sich um einen Haufen von Idioten handeln, und Russland hatte bestimmt auch seine Finger mit im Spiel... Eine Wiederwahl wäre ohnehin ausgeschlossen. Und wahrscheinlich wird ihn ohnehin ein Amtsenthebungsverfahren stoppen – irgendwann... Eigentlich ist es fast unmöglich, das Fernsehen einzuschalten, ohne irgendwelche Hetzkampagnen und Verleumdungen gegen Donald Trump zu hören. Jeder (vermeintliche) Fehler des US-Präsidenten wird medienwirksam ausgeschlachtet und aufgebauscht. Und selbst, wenn er sich für ein besseres günstigeres und effektiveres Gesundheitssystem einsetzt, welches *Obama-Care* ablösen soll (das sich heute wegen stark gestiegener Kosten kaum mehr jemand leisten kann) – egal! *„Trump liegt in allem falsch!"*, wird suggeriert. Für die meisten Bürger ist der Käse damit gegessen...

Informiert man sich aber etwas eingehender, dann könnten einem plötzlich Ungereimtheiten auffallen, die nicht ganz in das von den Massenmedien aufgebauschte Bild zu passen scheinen. Sprach er sich doch damals als einer der wenigen in den USA öffentlich gegen den Irak-Krieg aus, fordert eine neue Untersuchung von „9/11", da er, wie er in einem Interview, welches auch über Youtube abrufbar ist, die offizielle Version der US-Regierung anzweifelt und sogar von Bomben(!) im WTC spricht.

Komplett den Boden unter den Füßen riss er seinen Kritikern weg, als er es wagte, dem Verschwörungs- und New-World-Order-Aufklärungsjournalisten Alex Jones im US-Wahlkampf ein Interview zu geben, welches heute noch über *infowars.com* abrufbar ist und in dem er eine Vielzahl von angeblichen „Verschwörungstheorien", die verbreitet sind, als glaubwürdige Fakten betrachtet. Ich glaube, ich muss nicht erwähnen, dass Donald Trump die offiziellen Behauptungen zum Attentat auf John F. Kennedy als „Rubbish" (Müll) ansieht, und er der Ansicht ist, dass JFK einer Verschwörung zum Opfer gefallen ist, deren Arme bis in den tiefsten Sumpf von Washington verankert sind. *„Und so ein Mensch wird US-Präsident...?!"*, haben sich nicht wenige gefragt.

Wäre das nicht genug, äußert er sich noch bei jeder sich bietenden Gelegenheit gegen die Massenmedien und deren Informationspolitik, die in seinen Augen ganz andere Interessen vertreten und deshalb die Welt mit „Fake-News" über ihn und alle, die ähnlich denken wie er, überziehen...

Vielleicht mache ich mich bei einigen Lesern unbeliebt, wenn ich daran erinnere, dass wir unter Umständen heute – auch was die Medien betrifft – die Folgen der Ignoranz dessen vorfinden, als wir nach dem Attentat auf JFK nicht weitergebohrt haben und lieber auf den Bolzplatz gegangen sind, ins Kino oder Theater, „Sex and Drugs and Rock'n Roll" gefrönt haben, anstelle die Vielzahl an Ungereimtheiten bei der Ermordung des US-Präsidenten anzuprangern. Und die Hintergründe nicht einmal ansatzweise verstehen wollten. Nämlich, dass es eine Verschwörung gab, bis in die höchsten politischen Kreise.

Heute muss sich der neue US-Präsident, der verlautbart hat, dass er diesen Sumpf trockenlegen will, mit Morddrohungen gegen seine Person auseinandersetzen, die aufgebauscht durch den permanenten Rufmord vieler Massenmedien ganz andere Ausmaße angenommen haben als seinerzeit bei JFK. In seinem Aufsatz „Zivilcourage (Profiles of Courage)" schrieb John F. Kennedy seinerzeit bereits: *„Die Forderung nach politischer Zivilcourage erhebt sich heute als gebieterischer denn je zuvor. Unser Leben steht dermaßen unter dem Einfluss der Massenmedien, dass jede unpopuläre oder ungewöhnliche Handlung Proteststürme hervorruft, wie sie sich ... (keiner) vorgestellt hatte...* "[60]

Viele wollen diesen Gedanken nicht zu Ende denken. Den Gedanken, dass Donald Trump vielleicht der Gute ist, gewählt in eine Welt aus Lug und Betrug, die sich ihre eigenen Wahrheiten und Schulsysteme erschaffen hat, welche sie über ihre Sender und Medien Tag ein Tag aus auf uns hernieder prasseln lassen. Und es jeden Tag schwerer wird, für jene, die noch nicht vom Glauben an die Massenmedien abgefallen sind, hinter das große Geheimnis zu kommen: Dass alles vielleicht eine Lüge ist – eine große Lüge... Ein Kartenturm, bei dem sich jede Lüge auf eine andere Lüge bezieht, sodass man auf sie verweisen kann, um weitere Lügen unters Volk zu bringen.

Gute Menschen denken nicht schlecht. Das Problem ist nur, dass schlechte Menschen dies wissen, und daraus imstande sind, eine Welt zu konstruieren, in der es nicht mehr um Wahrheit oder Lüge geht, sondern um Lügen in einem Meer aus Lügen. Wo 1 + 1 nicht 2 ist, sondern zuweilen 3...

Erinnern wir uns für einen Moment an die Tränen von jungen Menschen, die uns über das TV erreicht haben, als klar wurde, dass Donald Trump die Präsidentschaftswahlen gewonnen hatte. Für viele war es wie eine Art gefühlter Weltuntergang. Doch worauf fußte dieser gefühlte Weltuntergang? Einzig und allein auf die „Anti-Trump-Medienpolitik" der vorangegangenen Monate, mit der man mit allen Mitteln versuchen wollte, seine Präsidentschaft zu verhindern... Und wer wollte sie verhindern? Vermutlich genau jene Strukturen, die laut dem Schauspieler Bruce Willis und seiner Aussage aus dem Jahr 2007 – zumindest bis zur Wahl von Donald Trump – immer noch an der Macht waren und welche einst Kennedy und andere ermordet haben sollen...

Trotzdem fragen sich viele Bürger weltweit: Wäre vielleicht doch Hillary Clinton die bessere Lösung für alle Amerikaner gewesen? Wird Donald Trump, der viele damals angedachte Ideen von John F. Kennedy wieder aufgreifen wollte und aufgriff, am Ende vielleicht wirklich Opfer eines Attentats und geht am Ende auf diese Weise in die Geschichte ein? Und falls ja, entledigt sich die Welt damit einem Tyrannen – oder vielleicht der letzten Chance, die sie noch hat, um das aufgebaute Kartenhaus der Global Player, die einst John F. Kennedy und unzählige andere aus dem Verkehr zogen und die in den letzten Jahrzehnten ihre Machtstrukturen in einer geradezu beängstigenden Art und Weise im Geheimen an den Schlüsselstellen der Macht vernetzt haben, zum Einsturz zu bringen?

Um dies ein bisschen objektiver beantworten zu können, wäre es vielleicht interessant, sich auch einmal etwas näher mit der von vielen gewünschten Alternative zu Donald Trump zu befassen. Nach den Aussagen von Mind-Control-Opfer Cathy O'Brien über die Familie Clinton lohnt es sich, einen weiteren Blick hinter die Kulissen zu werfen. Hillary verlor gegen Donald Trump – andere verloren ihr Leben, die dieser auf ihrem Weg in die Quere kamen. Vor nicht allzu langer Zeit starben wieder fünf Menschen innerhalb kürzester Zeit. Alles nur Zufälle?

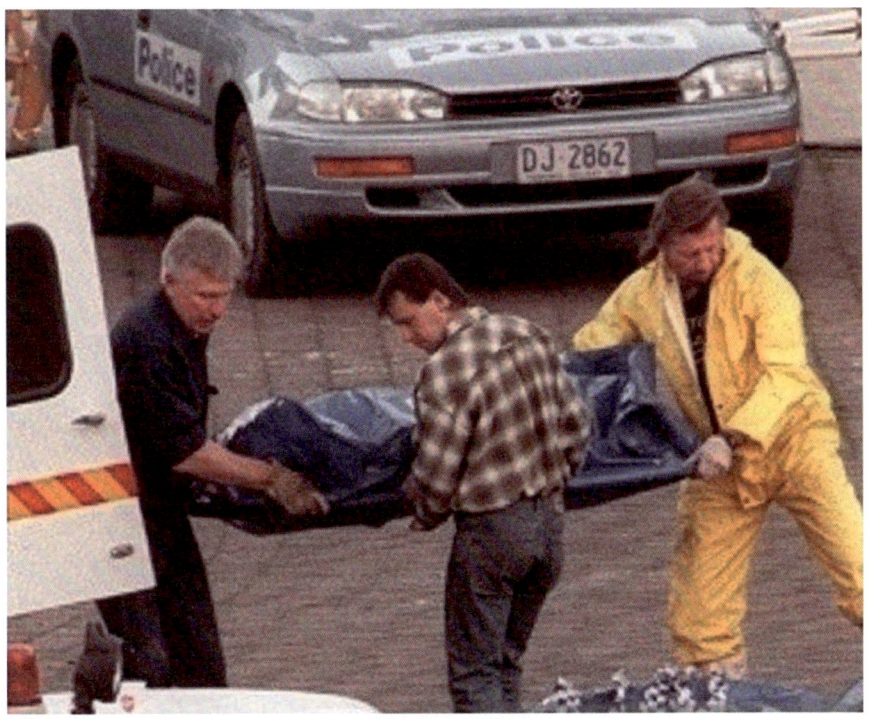

Abb. 68: Gab es tatsächlich mindestens 46 Todesfälle im Umfeld der Clintons, die nicht mit rechten Dingen zugingen? Oder war doch alles ganz anders? Auch der Sender *RTV* berichtete über die Ungereimtheiten und die Todesserie.

Im Umkreis der US-Präsidentschaftskandidatin Hillary Clinton und ihres Mannes Bill Clinton häufen sich die mysteriösen Sterbefälle. In den letzten drei Jahrzehnten, in denen die Clintons politisch tätig waren, starben inzwischen Berichten zufolge bereits mindestens 46 Personen aus ihrem Umfeld unter Umständen, die von vielen in Frage gestellt werden.

So verstarb zum Beispiel ein „Whistleblower" nach einer Email-Veröffentlichung über die Clintons: der 27-jährige Seth Rich. Er arbeitete für das *Demokratische Nationalkomitee* (DNC) im Zuge der Email-Affäre rund um Hillary. Clinton kam Berichten zufolge der Verdacht auf, Rich hätte brisante Emails aus der parteiinternen Kommunikation an die Enthüllungsplattform *Wikileaks* weitergeleitet. Kurz nach dem ersten Verdacht gegen den Mitarbeiter wurde dieser in der US-Hauptstadt Washington D.C. von Unbekannten erschossen. Die Polizei fand weder Zeugen, Verdächtige noch ein Motiv für den Mord. Der vermutete „Raubmord" wurde ebenfalls in Zweifel gezogen, da bei Rich nichts gestohlen wurde.

Von vielen „Mainstream"-Medien wird gerne behauptet, bei dieser und ähnlichen Nachrichten würde es sich um sogenannte „Fake-News" über Hillary Clinton handeln – genauso wie natürlich über die Meldung zu einem angeblichen Pädophilen-Ring, dem sie angehören soll, siehe hierzu auch die Aussage von Cathy O'Brien.

Abb. 69: Harrison Daily Times-Artikel über den vermissten Don Adams. Auch sein Verschwinden wird in verschiedenen Beiträgen mit der Familie Clinton in Verbindung gebracht.

Diese Angelegenheit eskalierte, als ein Mann Kinder wie Cathy O'Brien aus diesem Pädophilen-Geflecht befreien wollte. Es fielen Schüsse in einer Pizzeria. Laut den Mainstream-Medien wurden diese Behauptungen zu dem Pädophilen-Ring infolge als „Fake-News enttarnt" und man verwendete deren selbst erlangte Erkenntnisse, dass an dieser Geschichte nichts dran wäre, als Paradebeispiel gegen derartige Verschwörungstheorien – als mahnendes Beispiel, welche Gefahren sie beinhalten können. Ein *gefundenes Fressen* – im wahrsten Sinne – gegen die „böse Brut" der „Verschwörungstheoretiker", wie man Menschen in den Mainstream-Medien über den Kamm geschert nennt, die deren Ansichten nicht teilen.

Im November 2016 veröffentlichte Steve Pieczenik, ein hochrangiger Insider, ehemaliger Geheimdienstler und Regierungs-Insider, Informationen, in denen er eine Bombe nach der anderen platzen ließ. Es scheint aber nicht bei Korruption von Regierungsoffiziellen zur Willfährigkeit zu bleiben. Die Gerüchte, dass beide Clintons sexuelle Raubtiere sein sollen und diese enge Verbindungen zu dem verurteilten Kinderschänder Jeffrey Epstein pflegen, bekamen laut Pieczenik immer mehr Substanz. So soll Bill Clinton mindestens 26 Mal auf der „Orgien-Insel" des Milliardärs Epstein gewesen sein, Hillary Clinton mindestens fünfmal. Er berichtet, es würden Verdachtsmomente vorliegen, dass dort Minderjährige in schlimmster Weise missbraucht werden.

Der US-amerikanische Sender *Next News Network* brachte eine Sondersendung, dass es ein Video gäbe, welches Bill Clinton bei einer Vergewaltigung einer 13-Jährigen zeige. Bill Clinton sei ohne sein Wissen auf eben der erwähnten Insel bei dieser Tat gefilmt worden, um ihn erpressbar zu halten. Und nicht nur ihn: Angeblich habe man regelmäßig Politiker und hochrangige Entscheidungsträger auf der Insel bei ihren sexuellen Verbrechen gefilmt, um sie in der Hand zu haben. Die bekannteste von den Massenmedien als „Fake News" abgestempelte Geschichte endete mit einem Mann, der bewaffnet mit einem Sturmgewehr in einer Pizzeria in Washington die Pädophilen-Vorwürfe gegen Hillary Clinton überprüfen wollte.

Angefangen hat angeblich alles mit den Emails von Clintons Wahlkampfveranstalter John Podesta, die im Wahlkampf gehackt und dann von der Enthüllungsplattform *Wikileaks* veröffentlicht worden waren. In mehreren Nachrichten diskutierte Podesta mit dem Inhaber der Pizzeria *Comet Ping Pong*, James Alefantis, die Organisation einer Wahlkampfveranstaltung. Nutzer der Website *4Chan* sahen im Sprachgebrauch Ähnlichkeiten zu den Codes, die Pädophile im Internet nutzen und warfen Alefantis vor, okkulte Veranstaltungen für Pädophile abzuhalten, schrieb die *New York Times*. Den Kontakt mit Podesta sahen sie als deutlichen Beweis dafür, dass Alefantis über Verbindungen in die höchsten Politkreise verfügt und eigentlich Hillary Clinton mit hinter dem Pädophilen-Ring stehe.

Verletzt wurde bei dem bewaffneten Vorfall, bei dem Schüsse fielen, niemand. Aber das Geschehene wird wie erwähnt seitdem gerne als Paradebeispiel herangezogen, um die Verbreitung von angeblich falschen Nachrichten („Fake News") in sozialen Netzwerken aufzuzeigen. Darauf reagierten wiederum andere Verschwörungstheoretiker, die den Medien vorwarfen, mit dieser Berichterstattung über „Fake News" gezielt Nachrichten über „Pizzagate" ersticken zu wollen. Diese Einschätzung wird unter anderem auch von dem russischen Fernsehsender *R1* verbreitet. Wer nun am Ende Recht hat, und wer die Wahrheit im Rahmen seiner finanziellen und personellen Möglichkeiten verdreht, um seine Interessen zu schützen, ist für den Normalbürger kaum zu ergründen. Doch spätestens seit der „Fake News" von Walter Ulbricht mit der inhaltlichen Aussage: *„Niemand hat vor, eine Mauer zu bauen!"*, die seinerzeit dankbar in den eigenen Medien zur Beruhigung der eigenen Bevölkerung aufgegriffen und verbreitet wurde, wissen wir, dass die offizielle Seite der Medaille nicht immer die ist, welche auch wirklich der Wahrheit entspricht. Und daran hat sich bis heute leider nicht viel geändert. Der Fall JFK ist hierfür sicherlich ebenfalls ein Paradebeispiel.

Wenige Tage vor dem Tod des bereits erwähnten Whistleblowers Seth Rich starb jedenfalls John Ashe, ehemaliger Präsident der *Generalversammlung der Vereinten Nationen*. Ashe stand unter Anklage wegen Korruption und Geldwäsche. Mit ihm angeklagt war der Chinese Ng Lap Seng.

Dieser wiederum wurde verdächtigt, mit Schwarzgeldern in Milliardenhöhe die Clinton-Kampagne mittels des *Democratic National Committee* (DNC) in den 1990er-Jahren finanziert zu haben. Bei dem anstehenden Prozess wurde Ashe als Zeuge geladen, doch just am Tag der Aussage starb er. Zunächst wurde ein Herzinfarkt als Todesursache angegeben, später ein Unfall beim Krafttraining, wobei ihm die Kehle zerdrückt worden wäre. Einen Tag nach Ashe traf es Mike Flynn, einen Journalisten beim in den USA überaus beliebten rechts-konservativen Onlinemedium *Breitbart News*. Flynn arbeitete an mehreren Geschichten über die korrupten Geschäfte und Verwicklungen der *Clinton Foundation*, die von Bill und Hillary Clinton betrieben wird. Der 48-jährige starb „unerwartet", die Todesursache ist bisher unbekannt. Auch Joe Montana, Mitarbeiter von Clintons Vize Tim Kaine, verstarb 47-jährig an einem „Herzinfarkt". Auch ihm wurden Verbindungen zum „leak" der Clinton-Mails nachgesagt.

In den Kreisen der toten Clinton-Kritiker findet sich auch der am 1. August 2016 verstorbene Victor Thorn. Thorn war Schriftsteller und veröffentlichte drei Bücher über sexuelle Eskapaden und pädophile Machenschaften der Clintons. Gefunden wurde die Leiche Thorns auf einem Berg in der Nähe seines Hauses. Angeblich war es Selbstmord. Einen Tag nach Thorn starb Shawn Lucas, einer der Anwälte von Bernie Sanders. Lucas wollte den parteiinternen Wahlbetrug sowie den Tod von Seth Rich aufklären. Die Liste der mysteriösen Tode im Umfeld der Clintons lässt sich noch bis in die 1990er-Jahre weiterführen, berichtet *unzensuriert.at*.

Das bekannte Portal für Finanznachrichten *Zero Hedge* meint hierzu: „*Man kann es Verschwörungstheorie, Zufall oder einfach nur Pech nennen, aber jedes Mal, wenn jemand in der Lage ist, Hillary Clinton durch Zeugenaussagen vor Gericht zu Fall zu bringen, dann wird er tot aufgefunden. In der Tat gibt es eine lange Liste von Leichen, die den Weg der Clintons säumen, Dutzende von Menschen, die unter mysteriösen Umständen starben. Der vielleicht bemerkenswerteste Fall ist Vince Foster. Foster war ein Partner bei Clintons Anwaltskanzlei und wusste über das Innenleben der Clinton-Geldmaschine bestens Bescheid. Als er im White Water Betrugsfall gegen die Clintons aussagen sollte, starb auch er unter seltsamen Umständen. Die Polizei entschied, dass es Selbstmord war, aber sehr viele Leute gehen davon aus, dass Foster ‚geselbstmordet' worden ist.*"[(61)]

Der Leichenkeller von Hillary Clinton wird immer voller? 5 Menschen wurden erneut tot aufgefunden und sie alle standen eindeutig in Verbindung mit Hillary Clintons Wahlkampf-Kampagne, dem *Democratic National Committee* (DNC) und der *Clinton-Foundation*. Sogar noch alarmierender ist der Medien-Blackout zu diesen mysteriösen Todesfällen und die erdrückende Beweislast, dass diejenigen, die sterben mussten, über Insider-Wissen verfügten, das Hillary und die ganze demokratische Partei hätte fertigmachen können, meint die Seite *derwaechter.net*.

GOOD MORNING
Wednesday
January 8, 1997

SPRINGFIELD NEWS-L

Springfield police officers examine the body of Arkansas lawyer Donald Joe Adams, who was found shot to death Tuesday in a vehicle in the parking lot of St. John's Regional Health Center.

Arkansas lawyer found dead in ca

by Ron Davis

A prominent Arkansas lawyer and former judge missing since Thursday was found shot to death Tuesday in a Springfield hospital parking lot.

The death of Harrison attorney Donald Joe Adams, 55, appeared to be suicide, said Greene County Medical Examiner James Spindler.

The former Boone County, Ark., municipal court judge was last seen about 7:30 a.m. Thursday in a red Oldsmobile sport-utility vehicle after arriving at work.

About noon Tuesday, a patient at St. John's Regional Health Center parked next to a red Oldsmobile Bravada and saw a person slumped over the driver's seat, alice Lt. David Nokes said.

"They contacted security, who in turn contacted us."

At 12:10 p.m., police peered into the Bravada and saw Adams' body, with at least one gunshot wound to the head, Nokes said. A small-caliber rifle, perhaps a .22, was also in the vehicle.

A note dated Friday was also found, but Nokes would not divulge its contents.

Police believe Adams had a tie to someone in Springfield.

Friends said he had serious health problems during the past year but seemed to be improving.

It was unclear how long Adams' body had sat in his Oldsmobile, parked behind the ambulance garage. Nokes said the body was not extensively decomposed, but the weekend's cold weather could have preserved it, if Adams had been there since Friday.

Adams, who was known as a fun-loving guy, had been the subject of an extensive search in his home county. Police there said they combed through his work computer and found a note on his work computer, but did not say whether it was a suicide note.

Van Younes, a former longtime law partner, described his style.

"He could shoot from the hip. He could relate with the jurors; he could cry with the witnesses. He wasn't one of the modern lawyers that would take advantage of technicalities.

"He's what we'd call a country style McLock."

Reporter Laura Bauer Moreno contributed to this report.

Body found at St. John

Abb. 70: *Springfield News Ledger*-Artikel über den Tod von Don Adams. Auch sein Tod wird dem Kreis der 46 Todesfälle zugeordnet. Stimmen die Behauptungen gegen die Clintons, oder war doch alles ganz anders?

Abb. 71: Die Leiche der attraktiven 25-jährigen Mary Mahoney wird am 6. Juli 1997 aus dem Haus getragen. Auch ihr Tod wird dem Kreis der 46 Todesfälle zugeordnet.

Hillary Clinton gehört zu jenen Politikern, die im Namen von Menschenrechten international tätig sind, wobei Stiftungen ein ganz eigenes Thema sind, da hier doch ganz legal ein Teil des Geldes „für andere Zwecke" genutzt werden kann. Worin viele überhaupt den Hintergrund sehen, eine solche zu gründen? Wenn es um die Meinungsfreiheit in den USA geht, zeigt sich die Präsidentschaftskandidatin, die gegen Trump verlor, von einer ganz anderen Seite: Zahlreiche Journalisten wurden bereits sanktioniert, offensichtlich nur, weil sie unangenehme Fragen stellten. Darunter auch David Seaman von der *Huffington Post*. Seiner Darstellung zufolge wurde er ohne Vorwarnung von der *Huffington Post* entlassen, nachdem er einen Artikel mit einem Video veröffentlichte, in dem Fragen zum Gesundheitszustand von Hillary Clinton diskutiert wurden. *„Sie löschen und zensieren alle Kommentare zu ihrer Gesundheit, warum tun sie das?"*, fragte sich Seaman.

Oder David Shuster. Dieser arbeitete als prominenter Moderator für den liberalen Nachrichtenkanal *MSNBC*. Im Jahr 2008, während der ersten Wahlkampagne Hillary Clintons, spekulierte er in einer Sendung darüber, dass die älteste Tochter der Clintons, Chelsea Clinton, im Auftrag ihrer Mutter für die Präsidentschaftskampagne aktiv wäre. Auch wenn sich Schuster am nächsten Tag für seine Wortwahl entschuldigte, die Clintons intervenierten danach beim Vorstand von *MSNBC* über einen gemeinsamen Bekannten, den sie ihrerseits aus dem Vorstand von *General Electric* kennen. Daraufhin suspendierte die Gesellschaft *NBC Universal* den Journalisten für einige Wochen.

Die *CNN*-Moderatorin Brianna Keilar wurde im Juli 2016 mitten in ihrer Sendung unterbrochen, nachdem sie thematisiert hatte, dass Hillary Clinton in der Vergangenheit jene konservativen Ansätze zur Verbrechensbekämpfung unterstützt hatte, die in den USA eine „Ära der Masseninhaftierungen" nach sich gezogen haben sollen. Auf der Aufklärungsseite *hillaryclinton411.com* werden u.a. die Ungereimtheiten über die mysteriösen Todesfälle zusammengetragen und weitere Informationen zur Verfügung gestellt. Sollte es sich bei diesen Informationen um mehr als Zufälle handeln, stellt sich die Frage, was hier noch alles unter den Tisch gekehrt werden soll?

Inzwischen geht die Volksverhetzung gegen Donald Trump munter weiter. Entgegen einer Vielzahl von „Fake News" und unwahrer Behauptungen, in denen Spekulanten auf Youtube und in Internetforen seit Jahren behaupten, Donald Trump wäre Hochgradfreimaurer oder gar Illuminati, sieht die Wahrheit in seinem Fall etwas anders aus… Amerikanische Freimaurer verneinen immer wieder vehement, dass Trump Mitglied irgendeiner Loge ist. Verschiedene Medien berichteten immer wieder darüber. Das Gegenteil ist sogar der Fall. *CFR*-Insider und *Bohemian-Grove*-Mitglied Newt Gingrich, ehemaliger Sprecher des Repräsentantenhauses, berichtete: Das Establishment sei durch Donald Trump erschrocken, weil er *„nicht zu einer geheimen Gesellschaft gehört"* und nicht an den Ritualen beteiligt sei, die mit solchen Gruppen verbunden sind. Daher wäre der Establishment-Flügel der Republikaner in Panik wegen Trump. Alex Jones berichtete auf *infowars.com* an verschiedenen Stellen darüber und gab auch ein Statement dazu ab.

Und gerade das macht den Wahlsieg von Trump so spannend. Glaubt er doch nicht nur in Zusammenhang mit dem 11. September 2001 daran, dass Bomben im WTC platziert wurden und uns in diesem Zusammenhang nicht die Wahrheit über die Massenmedien berichtet wird. Auch in Bezug auf Geheimgesellschaften werden vermehrt Spekulationen über deren Zukunft laut, nachdem Trump kaum eine Gelegenheit ausließ zu erwähnen, er wolle den *„Sumpf trockenlegen"*... Es bleibt abzuwarten, wie viel er von seinen Vorhaben wirklich umsetzen kann. Vielleicht nach seiner Wiederwahl? Oder sieht er am Ende doch davon ab, um nicht wie JFK zu enden?

Die Fronten waren nicht immer so klar. In seinen Memoiren „The Art of the Deal" beschrieb Trump, wie er 1987 seine ersten Kasino-Interessen erstand, als er 93% der Stimmrechte im *Resorts International* Glücksspiel-Konzern kaufte. *Resorts International* wird mit den Rockefellers und Rothschilds sowie der *Central Intelligence Agency* (CIA) und ihren verbündeten Geheimdiensten in Verbindung gebracht. Am Ende waren solche Dinge aber nur „Deals" für Trump und zeugen nicht für eine gewollte Kumpelei mit Geheimgesellschaften. So ist sein Ruf in besagten Kreisen katastrophal!

Lynn de Rothschild sagte zum Beispiel sehr deutlich, dass sie Brexit und Trump weghaben möchte. Sie unterstützte offen Hillary Clinton und hatte mit ihrem Ehemann, Sir Evelyn, im Weißen Haus die Hochzeitsnacht verbracht, als Bill Clinton Präsident war. Am Wahltag, den 8. November 2016, postete sie Folgendes: *„Alles, worauf wir hingearbeitet haben, hängt von heute ab. RT (Russia Today) Wenn Sie für Hillary stimmen, bin ich bei ihr..."*

Infowars-Betreiber Alex Jones warnt bereits davor, dass Bestrebungen der Elite bestehen, Donald Trump zu ermorden. Einige würden sogar bereits Wetten darauf abschließen, dass er seine Amtszeit nicht überleben werde. Dies gilt es zu verhindern. Und wir wollen hoffen, dass Trump in seiner Amtszeit in den folgenden Jahren keinem Anschlag zum Opfer fällt. Und wiedergewählt wird?
Eine der Trump-politischen Anzeigen, die kurz vor dem Wahltag veröffentlicht wurden, erklärte, *„dass George Soros, die Vorsitzende der US-Notenbank, Janet Yellen, und der Vorstandsvorsitzende Lloyd Blankfein, Goldman Sachs, Teil einer globalen Machtstruktur sind, die für die wirtschaft-*

lichen Entscheidungen verantwortlich ist, die unsere Arbeiterklasse ausgeraubt, unser Land seines Reichtums beraubt und dieses Geld in die Taschen einer Handvoll großer Konzerne und politischer Einheiten gelegt haben."[62]

Damit wird einmal mehr deutlich, wo Donald Trump „den Sumpf" sieht, den es trocken zu legen gilt. Die nächsten Jahre könnten spannend werden, wenn der neue amerikanische Präsident seine Worte diesbezüglich in Taten umsetzen sollte. Hat er doch bereits angekündigt, dass er die von George Bush sen. (Freimaurer/*Skull & Bones*) ausgerufene „Neue Weltordnung" durch eine andere ersetzen möchte... Der „Supergau" für die Massenmedien weltweit: US-Präsident Donald Trump dankte Alex Jones nach seiner Wahl zum US-Präsidenten für seine Aufklärungsarbeit, die er seit Jahren mit *infowars.com* betreibt. Jones veröffentlichte diese Information nach der Wahl u. a. in einem Videobeitrag, der über Youtube einsehbar ist. Schlimmer geht es für die selbst ernannte Weltelite sicher nicht... Ordnete doch Alex Jones die elitären Treffen am *Bohemian Grove* freimaurerischen Strukturen zu, nennt 9/11 einen „Inside Job", veröffentlichte Dokumentationen gegen die Neue Weltordnung, über die *Bilderberger* und ist sicher eines der bekanntesten Gesichter im Kampf gegen diese Strukturen weltweit mit Millionen von Zuschauern seiner Filme und Lesern seiner Artikel auf *infowars.com*. Als Antwort schloss man seine Seiten bei Youtube, Twitter usw. unter dem Vorwand lächerlicher Behauptungen, die nur einmal mehr zeigen, wie das System gegen Systemkritiker funktioniert. Aber *infowars.com* ist seitdem beliebter, als je zuvor...

Nicht zu vergessen: Mit einer gehörigen Portion Überheblichkeit – so könnte man das ständige Erwähnen des „Promi-Bonus" für Hillary Clinton auffassen – wurde uns fast tagtäglich im Wahlkampf mit US-Präsident Donald Trump übermittelt, welcher tolle Promi denn jetzt auch noch für die Präsidentschaftskandidatin singt, auftritt oder sich engagiert. Auch nach dem Wahlkampf ist eine Vielzahl hiervon noch voller Elan gegen Trump im Einsatz, wie zum Beispiel Madonna, die sich bei der Bewegung „Frauen gegen Trump" lautstark äußert, wobei vermutlich nicht jeder wirklich wissen will, wie viele „Toyboys" sie hatte und welche sexistischen Bemerkungen *sie* über andere geäußert hat...

Doch hiervon einmal ganz abgesehen, ist es für den einen oder anderen doch etwas auffallend, warum ausgerechnet die Liga der Clinton-Promis mit freimaurerischen Symboliken in der Vergangenheit auf sich aufmerksam machte oder in Verbindung mit dem Freimaurertum tätig war, in Logen auftrat, Songs in Bezug auf Freimaurer veröffentlichte und derart mehr – ganz egal, ob Popstar Madonna mit dem „Allsehendem Auge" und einer Pyramide auf der schicken Jacke, Sängerin Beyonce mit ihren „B'Day – Freemason Remixes", der „Greenlight – Freemasons EP" oder in Posen, wo sie mit ihren Händen eine Pyramide formt, in dessen Zentrum ihr Auge zu sehen ist. Ebenso wie übrigens Sänger Jay-Z, der sich mit Beyonce und Hillary Clinton ablichten ließ. Man könnte auf den Gedanken kommen, viele dieser „Stars for Hillary" vereint mehr, als man auf Anhieb vielleicht denkt...

Oder nehmen wir zum Beispiel Sänger Moby mit seinen „Freemasons-Remixes", der zudem auch ein Konzert in einer Freimaurerloge in Hollywood gab; Sängerin Katy Perry, die mit Symbolismus in ihren Videos nicht geizt; ganz zu schweigen von Freimaurer Leonardo De Caprio; Sängerin Lady Gaga; Alicia Keys und viele, viele andere, welche sich für Hillary zur Unterstützung ins Rampenlicht stellten gegen den „bösen Onkel" Trump.

Alles nur Zufälle? Oder steckt dahinter doch eine größere Wahrheit, aus der man unter Umständen Rückschlüsse ziehen kann, warum diese so viel Erfolg hatten bzw. immer noch haben? Während andere, die nicht in derartige Strukturen geboren wurden oder mit solchen Dingen nichts zu tun haben wollen, wohl nie dahin kommen werden, wo sie hin wollen, weil ihnen der Weg verbaut wird?

Schließlich sind die großen Firmen in Hollywood und in der Musikindustrie in der Hand freimaurerischer Bosse, glaubt man dem einen oder anderen Insider.

Autor Johannes Holey sagte im Interview mit mir im Januar 2017:

„Immer mehr Menschen wird es bewusst, dass immer dringender ein Wandel ansteht, ohne zu ahnen, wie weit sich ein solcher schon etabliert hat und ohne zu wissen, wie er eigentlich aussieht ... Die Bestätigung, dass wir bereits unterbewusst auf einem Weg der Neuen Zeit sind, zeigt uns die Präsidentenwahl der USA. Ähnlich wie der Brexit der Briten hat das nordame-

rikanische Volk eine einmalig mutige Entscheidung getroffen, denn so wie bisher will keiner mehr weiterregiert und manipuliert werden.

Trump bot kein Regierungsprogramm an, sondern forderte auf, endlich wieder eine ursprüngliche Freiheit anzustreben, um wieder mehr unabhängig leben zu können, den Urgedanken der Gründung Amerikas. Und das hat gezündet und das großflächige, unerwartete Erwachen hat alle überrascht – ein wahrer Megawandel. Das neue Bewusstsein ist eben nicht mehr aufzuhalten...«[47]

Michael Morris, der Autor des Bestsellers „FAKE NEWS", nahm in einem Interview mit Jan van Helsing 2017 zum Thema Stellung, welches auch über mein Internetmagazin „COVER UP!" mit freundlicher Genehmigung der Betreffenden verbreitet wird:

„Sie können sich nicht vorstellen, welche Hysterie in den USA herrscht. Die links-liberale urbane Elite ist wütend, weil Donald Trump Präsident ist, und sie schieben die Schuld dafür den Russen in die Schuhe, die angeblich mittels ,Fake News' im Internet für ihn den Sieg geholt haben sollen. Gebildete, intelligente Menschen leiden unter einem massiven Verfolgungswahn durch angebliche russische Trolle, während sie in jeder Sekunde Facebook und Google alle Informationen über sich preisgeben und von den IT-Giganten nach Belieben manipuliert werden. In dem Land, in dem die Geheimdienste alle Menschen auf Erden lückenlos überwachen, behaupten Klugschwätzer, dass die Russen die US-Wahlen entschieden hätten. Das alte Establishment ist verzweifelt und wütend, was sehr gefährlich ist ... Donald Trump hat die Wahl nicht nur dank der Unzufriedenheit einer wachsenden Bevölkerungsgruppe gewonnen, sondern auch dank ungewollter Hilfe von Hillary Clinton, die ihn mit Hilfe der Presse zu ihrem endgültigen Gegner aufbaute, weil sie sich sicher war, dass sie leicht gegen ihn gewinnen könnte. Aber Trump gewann vor allem mit Hilfe neuer Technologien, mittels ,Big Data'."

Und Autor Andreas Falk („Der Nazi-Wahn") äußerte sich mir gegenüber folgendermaßen im Wahlkampf um die US-Präsidentschaft:

„In erster Linie sollten die Kandidaten daran gemessen werden, welche Politik sie in ihrer Amtszeit umsetzen wollen. Clinton steht weiterhin für die aggressive Einmischungspolitik auf internationaler Ebene. Trump will das

146

einschränken. Also bedeutet Trump für mich: weniger Unruhen und damit auch weniger Krieg ... Ob Trump nun unabhängig ist oder nicht, wird schwer zu klären sein. Aber er ist für mich ganz klar das kleinere Übel!" [(49)]

US-Präsident Donald Trump gab eine Vielzahl bislang unter Verschluss gehaltener Dokumente über den Mord frei

US-Präsident Donald Trump machte im Oktober 2017 eines seiner Wahlversprechen wahr und ließ ein Großteil bislang unter Verschluss gehaltener Akten über den Mord an John F. Kennedy freigeben. Einige Medien spekulierten, dass die Dokumente interessante Informationen darüber enthalten könnten, weshalb die CIA im Vorfeld der Tat Oswald überwachte, ob sie dabei Fehler machte und danach versuchte, diese unter den Teppich zu kehren. Donald Trump hatte den Vater von US-Senator Ted Cruz ins Gespräch gebracht, einen Hochgradfreimaurer, was Spekulationen nährte, dieser könne an dem Attentat mit beteiligt gewesen sein. Cruz war einer der Konkurrenten Trumps um die Präsidentschaftskandidatur der Republikaner. Trump bezweifelt wie ein Großteil der Bevölkerung die offizielle Version um den Mord an John F. Kennedy. Andere Akten sind auf Anraten der Geheimdienste immer noch unter Verschluss.

Doch sind in den neu freigegebenen Dokumenten weitere Hinweise, die eine Verschwörung untermauern? Die Nachrichtenagentur *AP* berichtet von einem anonymen Anruf, den die britische Zeitung *Cambridge News* kurz vor den Schüssen auf den US-Präsidenten erhalten haben soll. Demnach heißt es in einem der Dokumente, ein Anrufer habe der Zeitung am 22. November 1963 angekündigt, den USA stünden „große Nachrichten" bevor. Weiter habe der Anrufer mitgeteilt, ein Reporter der Zeitung solle die US-Botschaft in London anrufen. Laut dem Dokument schätzte der britische Geheimdienst MI5, dass der Anruf etwa 25 Minuten vor den tödlichen Schüssen auf Kennedy eingegangen war.

Die *Cambridge News online* berichteten, es handele sich bei dem Dokument um eine Notiz von Hochgradfreimaurer James Angleton (FBI). Darin heißt es der Zeitung zufolge weiter, nach dem Anschlag auf Kennedy habe der Reporter die Cambridger Polizei über den Anruf informiert, woraufhin die Polizei den MI5 unterrichtet habe. Präsident Donald Trump machte während des Wahlkampfes 2016 Andeutungen, der Vater seines innerparteilichen Konkurrenten Ted Cruz habe Verbindungen zu Oswald gehabt.

Anders als angekündigt, wurden jedoch auf der Website des US-Nationalarchivs nicht alle Dokumente zugänglich gemacht. In letzter Minute blockierte US-Präsident Donald Trump doch noch die Veröffentlichung von Teilen der Papiere und folgte damit einer Bitte der Bundespolizei FBI, des Auslandsgeheimdienstes CIA und weiterer Geheimdienste. Derzeit zeigen die freigegebenen Akten noch große Lücken, wenn man beispielsweise die tatsächliche Seitenzahl der Dokumente mit der Anzahl der Seiten im Nationalarchiv abgleicht, die tatsächlich freigegeben worden sind. Diese eingeschränkte Einsicht zieht sich über Strecken durch das ganze zur Verfügung gestellte Archiv und macht deutlich, dass die Wahrheitssuche hier derzeit noch mehr als eingeschränkt ist.

Eine zwielichtige Rolle spielt weiterhin auch Malcolm „Mac" Wallace, denn mehrere Augenzeugen gaben an, sie hätten ihn oder eine Person, die aussieht wie er, kurz vor dem Attentat auf John F. Kennedy an genau dem Fenster im Schulbuchlager gesehen, von dem aus nach den offiziellen Angaben Lee Harvey Oswald auf den Präsidenten geschossen haben soll. Aber nicht nur dies: Es wurden dort auch die Fingerabdrücke von „Mac" Wallace gefunden. Wallace war Mitglied der berüchtigten *Skull & Bones*, die immer wieder als Arm der Illuminaten in den USA benannt werden – und, was viele nicht wissen, Freimaurer sind. Auf einem Bild der *Skull & Bones* des Jahrgangs mit George Bush sen. sehen wir Wallace unterhalb von George Bush (links neben der Standuhr stehend) linkerhand neben dem Totenkopf sitzend (siehe Abb. 66).

Die Zeitung *The Guardian* stieß bei der Durchsicht der Dokumente auch auf ein Memo des damaligen FBI-Direktors und Hochgradfreimaurers J. Edgar Hoover, aus dem hervorgeht, dass die Bundespolizei vor der Ermordung des angeblichen Attentäters Lee Harvey Oswald gewarnt wurde. „*Letzte Nacht bekamen wir einen Anruf in unserem Büro in Dallas von einem Mann, der mit ruhiger Stimme sagte, dass er Mitglied in einem Komitee sei, das organisiert wurde, um Oswald zu töten.*", schrieb Hoover an dem Tag, an dem Oswald erschossen wurde. „*Wir haben sofort den Polizeichef benachrichtigt und er versicherte uns, dass Oswald ausreichend beschützt werde. Heute Morgen haben wir den Polizeichef erneut angerufen und vor möglichen Aktionen gegen Oswald gewarnt und erneut versicherte er uns, Oswald werde adäquat geschützt.*"

Im selben Memo äußerte Hoover bereits Befürchtungen, dass sich Verschwörungstheorien zum Tod des Präsidenten und seinem Mörder verbreiten könnten. Er und Regierungsberater Nicholas Katzenbach seien deshalb bemüht, etwas zu veröffentlichen, das die Öffentlichkeit davon überzeugt, dass Oswald der wahre Attentäter ist.

Die im Jahr 2017 freigegebenen Dokumente enthalten zudem Informationen über die mögliche Verwicklung feindlicher Staaten an der Ermordung des US-Präsidenten. In einem der neu freigegebenen Dokumente berichtet der damalige KGB-Chef Boris Iwanow zudem, dass er es für unwahrscheinlich hält, dass Oswald die Tat allein begangen habe.

Neue freigegebene Akten/Dokumente – Download:
www.archives.gov/research/jfk/2017-release

Kapitel 7: Okkulte Hintergründe und warum John F. Kennedy sterben musste

Nachdem wir uns in den letzten beiden Kapiteln ein wenig damit befasst haben, welche Hintergrundstrukturen sich hier über die Jahrzehnte manifestiert haben, wird nun auch deutlich, mit welchem Netzwerk sich John F. Kennedy angelegt hat. Und dieses düstere satanistische Netzwerk hat seit dem Tod von JFK demzufolge (unterstützt durch mediale Desinformation in den Massenmedien, die entweder bewusst oder unbewusst hier seit Jahrzehnten in die falsche Richtung schauen) durch immer mehr Lügen die Menschheit immer mehr von der Wahrheit weggeführt und an Macht und Einfluss massiv gewonnen. Nicht zuletzt durch die erwähnte ständige und fortwährende Besetzung von Schlüsselpositionen.

Aber deren Einflüsse fanden nicht ihren Anfang bei John F. Kennedy. Kennedy wollte dieses Netzwerk zerschlagen, so wie heute der auf ähnliche Weise angefeindete und gezielt diskreditierte US-Präsident Donald Trump. Für die Normalbevölkerung, die ihre Informationen überwiegend aus den Massenmedien bezieht und diesen vertraut, ist es fast ein Ding der Unmöglichkeit, einen Blick hinter die Kulissen zu werfen. Die Hetze gegen Donald Trump, nicht nur in den USA, sondern auch in den westlichen Medien, zeigt eine ganz neue Dimension im Krieg gegen die Feinde des Systems. Sein Schicksal steht jedoch noch in den Sternen. Lange vor John F. Kennedy wurde Abraham Lincoln Opfer der Maschinerie, die in dessen Ermordung endete. Der direkte Vergleich von Kennedy und Lincoln zeigt Parallelen auf, die einzeln betrachtet völlig absurd wirken. Doch in der Summe lassen sie manchen aufhorchen und erahnen, wie die dunklen Strukturen im Hintergrund denken, in welchen Dimensionen sie arbeiten und planen. Es sind Okkultisten, nicht mehr und nicht weniger.

Um dies kurz anzureißen hier nur ein kurzer Überblick, der dies in der Summe der Teile deutlich machen soll. Und dabei geht es mir nicht um Tatsachen wie jene, dass bei Lincoln nach dessen Ermordung das Telegrafennetz ausfiel und nach der Ermordung von John F. Kennedy ebenfalls für längere Zeit es nahezu unmöglich war, zu telefonieren, weil das Telefonnetz den offiziellen Angaben nach zusammengebrochen war.[49]

- Abraham Lincoln wurde am 6. November 1860 zum Präsidenten gewählt. John F. Kennedy am 8. November 1960. Lincoln kam 1848, John F. Kennedy 1948 erstmals in den US-Kongress. Beide wurden somit im Alter von 47 Jahren in den Kongress gewählt. Nach dem Tod der beiden Präsidenten folgte jeweils ein Südstaatler als Nachfolger im Präsidentenamt. Andrew Johnson, geboren 1808, folgte auf Lincoln, während Lyndon B. Johnson, geboren 1908, auf Kennedy folgte. Sowohl John F. Kennedy als auch Lincoln bewarben sich im Jahr 56 „ihres" Jahrhunderts um die Vizepräsidentschaft.

- John Wilkes Booth, der Lincoln-Attentäter, kam 1839 zur Welt. Während Lee Harvey Oswald im Jahre 1939 geboren wurde. Booth beging sein Verbrechen in einem Theater und flüchtete nachfolgend in ein Lagerhaus. Während Lee Harvey Oswald – angeblich – aus einem Lagerhaus auf Kennedy zielte und später gestellt wurde, als er in ein Filmtheater rannte.

- Abraham Lincoln sowie auch Kennedy wurden an einem Freitag vor den Augen ihrer Frauen ermordet. Lincolns *Emancipation Proclamation* zur Freilassung der Schwarzen datiert aus dem Jahr 1863, Kennedys *Civil Rights Message* zu deren Gleichstellung datiert von 1963. Lincoln befand sich bei seiner Ermordung im Ford's Theatre, während John F. Kennedy in einem offenen Wagen des Typen Ford Lincoln saß.

- Beide Präsidenten hatten drei Kinder, von denen jeweils ein Sohn während der Präsidentschaft verstarb: William Lincoln und Patrick Kennedy. Bevor sie Präsidenten wurden, starb bei jedem von ihnen eine Schwester. Der Sekretär Lincolns hieß Kennedy und riet ihm ab, ins Theater zu gehen. Der Sekretär Kennedys hieß Lincoln und riet ihm ab, nach Dallas zu fahren. Beide Präsidenten zitierten gerne aus der Bibel. Beide hatten eine düstere Vorahnung, bei Lincoln basierend auf einen Wahrtraum, wie sich später herausstellte, ihre Ermordung betreffend. Lincoln zu seinem Vertrauten William H. Cook: „*Ich glaube, es gibt Menschen, die mir das Leben nehmen möchten ... und ich hege keinen Zweifel, dass sie es tun werden. Wenn es geschehen soll, so ist es unmöglich, dies zu verhindern...*" Kennedys Aussage gegenüber seinem Berater Ken O'Donell am Tage des An-

schlags in Dallas hatte ich bereits im Buch erwähnt: „*Wenn einer tatsächlich den Präsidenten der USA erschießen wollte … Alles was er tun muss, irgendwann mit einem Gewehr mit Zielfernrohr in ein hohes Gebäude zu gehen – und niemand kann etwas dagegen machen…*"
Wie kam Präsident Kennedy ausgerechnet am Tage seiner Ermordung dazu, eine solche Bemerkung zu äußern? Es ist Spekulation, aber unter Umständen hatte auch er kurz zuvor einen Wahrtraum. Hier scheinen sich somit Szenarien abzuzeichnen, die bereits in der Bibel überliefert wurden, wo „Engel" im Traum Menschen vor bestimmten Ereignissen warnten.[(50)]

- Beide wurden vor einem Feiertag ermordet. Lincoln am Karfreitag vor Ostern. Kennedy vor dem Erntedankfest. Die Nachnamen Lincoln und Kennedy bestehen jeweils aus sieben Buchstaben. Die Vor- und Nachnahmen der Nachfolger Andrew Johnson und Lyndon Johnson aus jeweils dreizehn. Die Namen der Attentäter John Wilkes Booth und Lee Harvey Oswald bestehen aus jeweils 15 Buchstaben. Beide wurden durch Schüsse in den Kopf getötet.

Ich habe bereits aufgeführt, warum John F. Kennedy offensichtlich ermordet wurde – seine Agitationen gegen die Zentralbank. Doch was war der Grund für die Ermordung Lincolns? Die Geschichtsschreibung hat uns enthüllt, dass die Rothschilds dabei waren, beide Seiten des Bürgerkrieges zu finanzieren. Lincoln versetzte ihrer Tätigkeit einen Dämpfer, als er sich im Jahr 1862 und 1863 weigerte, die von den Rothschilds geforderten enormen Zinsen zu zahlen und infolge verfassungsmäßige, zinsfreie US-Noten herausgab.
Die Enkelin von Booth, Izola Forrester, berichtet in ihrem Buch „One Mad Act", dass Lincolns Attentäter vor dem Mord in enger Verbindung mit unbekannten Europäern gestanden hat und mindestens eine Reise nach Europa unternommen hatte. Nach dem Mord wurde Booth durch Mitglieder des *Goldenen Kreises (Knights of The Golden Circle* – Geheimgesellschaft im 19. Jahrhundert) nicht auffindbar in Sicherheit gebracht. Laut Izola Forrester hat Booth nach dem Mord noch vier Jahre gelebt.

Albert Pike, Satanist, Großmeister des Schottischen Ritus der Freimaurerei und oberster Illuminat in den USA schrieb in einem Brief an Giuseppe Mazzini am 15. August 1817:

„Der Erste Weltkrieg sollte zusammengebraut werden, um das zaristische Russland zu zerstören – und dieses weite Land unter die unmittelbare Kontrolle der Illuminaten-Agenten zu bringen. Russland sollte dann als Buhmann benutzt werden, um die Ziele der Illuminaten weltweit zu fördern.

Weltkrieg Nummer 2 sollte über die Manipulation der zwischen den deutschen Nationalisten und den Politischen Zionisten herrschenden Meinungsverschiedenheiten fabriziert werden. Daraus sollte sich eine Ausdehnung des russischen Einflussbereiches und die Gründung eines Staates Israel in Palästina ergeben.

Weltkrieg Nummer 3 sollte dem Plan zufolge sich aus den Meinungsverschiedenheiten ergeben, die die Illuminaten-Agenten zwischen den Zionisten und den Arabern hervorrufen würden. Es würde die weltweite Ausdehnung des Konflikts geplant."

Wie der Brief sagt, planten die Illuminaten, *„Nihilisten und Atheisten aufeinander loszulassen"* und *„einen schrecklichen sozialen Umsturz zu provozieren, der in seinem ganzen Horror den Nationen die Wirkung des absoluten Atheismus deutlich vor Augen führen wird, Ursprung der Bestialität und der blutigsten Aufruhren. Danach werden überall die Bürger gezwungen, sich gegen die Weltminderheit der Revolutionäre zu verteidigen, jene Zerstörer der Zivilisation vernichten und die Menge, über das Christentum enttäuscht, dessen deistische Geister von dem Moment an ohne Wegweiser sein werden, und sehnsüchtig nach einem Ideal, jedoch nicht wissend, wem Anbetung entgegenzubringen, wird das wahre Licht durch die universale Manifestation der reinen Doktrine Luzifers empfangen, die schließlich ins Licht der Öffentlichkeit gebracht wird. Eine Manifestation, die ein Ergebnis der allgemeinen reaktionären Bewegung sein wird, die auf die Vernichtung des Christentums und Atheismus folgen wird. Die damit beide mit einem Schlag besiegt und ausgelöscht worden sind."*[63]

CONFEDERATE GENERAL
ALBERT PIKE
Freemason
Wrote "Morals and Dogma"

At the beginning of the Civil War, he was appointed as Confederate envoy to the Indians
and negotiated several treaties, including the treaty with Cherokee Chief John Ross in 1861.
He was given command of the Indian Territory in 1861,
and trained 3 Confederate regiments of Indian cavalry.
They were victorious at Pea Ridge in March.
Albert Pike resigned from the Confederate Army on July 12
and returned to his home in Arkansas.
He was a Freemason, Western Star Lodge No. 2, Little Rock, Arkansas and a
charter member of Magnolia Lodge No. 60, Little Rock.
He died in 1891 in Washington, D.C.

Abb. 72: Freimaurergedenkbrief zu Ehren des Hochgradfreimaurers Albert Pike, der zudem Mitglied im Orden der Illuminaten war.

Die Zeitschrift „Kélet", Organ der symbolischen Großloge von Ungarn, 13. Jahrgang, Nr. 9, Juli/August 1911, S. 256 und 272: *„Die Freimaurerei ist nicht dazu da, die Menschheit mit milden Gaben zu betören, das überlässt sie den Wohltätigkeitsvereinen, sondern sie trachtet als philosophische und progressive Institution danach, die profane Gesellschaftsordnung als letzte Ursache des Unglücks zu beseitigen, und dass ihren Platz die freimaurerische Staats- und Gesellschaftsordnung einnehme... Wenn Euer Herz vom vielen Leid erweicht, und ihr in der Absicht hierher kamt, im Rahmen einer Wohltätigkeitsgruppe Eure Heller der Unterstützung einiger armer, vom Schicksal verfolgter Menschen zuzuwenden, und Ihr glaubt, dass damit Eure Berufung erfüllt sei, dann kehret um... Wenn nur das unser Ziel wäre, dann hätten wir das Geheimnisvolle keinesfalls nötig. "*

Der Freimaurer Ernst Freymann (Dr. Paul Köthner) in „Auf den Pfaden der internationalen Freimaurerei", Berlin, 1917, S. 7: *„Die französische Revolution steht vollständig unter der Herrschaft der Loge... Seit MacMahon sind alle Präsidenten der Republik der Loge nicht bloß eingegliedert, sondern tätige Agitatoren, die in den Logen eine mehr oder min-*

der bevollmächtigte Stelle eingenommen haben... Ebenso gehören alle jene Männer, die in den Ministerien oder in wichtigen Staatsämtern eine Rolle spielen, der Freimaurerei an. Im Allgemeinen bekommt in der französischen Republik niemand ein wichtiges Amt, wenn er nicht von der Loge empfohlen wird."

Freimaurer Gonard am 18.9.1886 auf einem Bankett des französischen Großorients laut „Bulletin du Grand Orient de France", 1886, S. 545, laut *J. Linbrunner* in „Freimaurer und Umsturz", Regensburg, 1919, S. 18, Hervorhebung durch den Autor: *„Ein Vorwurf gegen die Freimaurerei hat viele stutzig gemacht: Die Freimaurerei treibt zuviel Politik, sie treibt nichts anderes als Politik. Aber, großer Gott, wie sollte sie denn etwas anderes treiben als Politik? ... **Vielmehr sahen wir uns unter dem Druck der Gesetze und der Polizei genötigt, dasjenige zu verheimlichen, was zu tun ist, ja einzig zu tun, unsere Aufgabe ist.***"

Freimaurer Maurice Maeterlinck in „Der Zirkel", Zeitschrift der österreichischen Freimaurerei, Wien, Jahrgang 1898, S. 65: *„Zögern wir nicht, unsere zerstörerischen Kräfte bis zum Übermaß zu gebrauchen... Wir haben nicht zu fragen, was wir an Stelle des Zerstörten zu setzen haben."*

Was sagt uns das? Freimaurer waren immer Umstürzler – und sie haben ein Ziel: die Neue Weltordnung, den Welteinheitsstaat. Schauen wir uns nun die freimaurerische Symbolik rund um das Kennedy-Attentat an.

Der Tatort, an dem John F. Kennedy erschossen wurde

Die Houston Street, benannt nach dem Freimaurer Sam Houston, der im Jahr 1836 Texas in die Unabhängigkeit von Mexiko führte, von der westlich die Elm Street, die Main Street und die Commerce Street zusammenlaufen, bevor diese in einer dreifachen Unterführung eine Eisenbahnbrücke kreuzen. Jenes Dreieck, welches an eine Pyramide ohne Spitze erinnert (siehe hierzu auch Abb. F31 im Bildteil), ist die Dealey Plaza, die ihren Namen dem Philanthropen Georg Bannermann Dealey (1859-1946) zu verdanken hat. Hier war die Geburtsstätte von Dallas, wie auf einer Plakette nachlesbar ist, die dort platziert wurde: *„Hier wurde das erste Haus von Dallas gebaut und danach, der Reihe nach, das erste Postamt, das erste Geschäft, die erste Freimaurerloge und das erste Hotel."*

Abb. 73: Der 13-stufige Obelisk mit der „Eternal Flame" an seiner Spitze, neben dem Wasserbecken (rechts im Bild) am Dealey Plaza in Dallas, benannt nach dem Freimaurer Georg Bannermann Dealey (1859-1946). Im Hintergrund das Gebäude des ehemaligen Schulbuchlagers, von wo
Lee Harvey Oswald JFK erschossen haben soll. Das scheint kein Zufall zu sein. Offensichtlich
wurde der Platz seiner Hinrichtung gezielt ausgewählt.

Ein Hinweis auf die erste Freimaurerloge zeigt die freimaurerische
Symbolik auf dem Dealey Plaza, die drei zusammenlaufenden Straßen, die
zwei rechtwinklige Dreiecke bilden, die weißen Kolonnaden. Zwei der
dreigeteilten Kolonnaden an der Houston Street werden durch längliche
Wasserbecken flankiert. Davor wurden zwei Sockel platziert. Auf dem einen befindet sich eine Statue von Freimaurer Dealey mit der Inschrift
(Auszug): *„Wahrheit war sein Licht, Weisheit sein Führer ... Philanthropie –
basierend auf alles umarmender brüderlicher Liebe – sein höchstes Ziel."*

Abb. 74 oben: Der 13-stufige Obelisk aus anderer Sicht. Im Hintergrund sieht man eine der drei geteilten Kolonnaden. Hier wurden nur wenige Meter entfernt John F. Kennedy im Jahr 1963 erschossen.

Die freimaurerische Großloge von Dallas bestätigte, dass Dealey tatsächlich ein Logenbruder war. Auf dem anderen Sockel befindet sich ein weißer Obelisk mit 13 Stufen und einer steinernen Flamme darauf. Unmittelbar gegenüber befindet sich ein roter Ziegelbau nach freimaurerischer Bauart (erbaut 1890-1892) welches früher als Gerichtsgebäude genutzt wurde.

Von den Zinnen des alten Gerichtsgebäudes, in dem sich heute das *Museum of Dallas County History & Culture* befindet, blicken vier wasserspeiende Teufel herab.

Abb. 75: Der roter Ziegelbau nach freimaurerischer Bauart, erbaut 1890 – 1892, welches früher als Gerichtsgebäude genutzt wurde, am Dealey Plaza in Dallas. Heute befindet sich darin das „Museum of Dallas County History & Culture".

Dealey Plaza, die Stätte des ersten Logenhauses von Dallas, ist kein gewöhnlicher Platz. Es ist eine Art Freilufttempel der Freimaurer (Siehe hierzu auch Abb. F15 – F33 im Bildteil)!

Um die Ermordung von Präsident Kennedy zu verstehen und dessen Hintergründe, muss man sich mit dem Federal-Reserve-Gesetz befassen, das Kennedy wieder rückgängig abwickeln wollte. Die Bemühungen der Geldmonopolisten wurden mit Erfolg gekrönt, als am Abend des 23. Dezember 1913 ein kaum besetzter Kongress über die Verabschiedung des Federal-Reserve-Gesetzentwurfes abstimmte. Unterzeichnet von Hochgradfreimaurer und US-Präsident Woodrow Wilson. Auf den ersten Blick sah das Gesetz nach einem dringend benötigten und konstruktiven gesetzgeberischen Akt aus. Es versprach die nationale Finanzstabilität. Die Akteure haben mit peinlicher Sorgfältigkeit gewisse Forderungen in das Gesetz eingebaut, die das amerikanische Volk vor ungesetzlichen Handlungen der nicht namentlich genannten Eigentümer der „FED" zu schützen scheinen.

Aber in der Dollar-Serie von 1950 finden wir einige subtile Änderungen, das Einlöseversprechen betreffend, und die Geldmonopolisten haben deutlich die Bühne dafür vorbereitet, um einige wesentliche Änderungen zu ihren Gunsten vorzunehmen. Geld bedeutet in der normalen üblichen Annahme Gold, Silber und Papiergeld, die als Umlaufmittel für den Austausch benutzt werden. Dazu gehören keine Noten, Renten, Schuldbeweise oder sonstige persönliche Habe oder Grundbesitz. Die Änderungen wurden jetzt in zwei Stufen vorgenommen.

Auf den Noten von 1953 wurde das Einlöseversprechen, welches 1934 noch vier Zeilen lang war, gekürzt auf drei Schreibmaschinenzeilen. Am unteren Rand stand aber immer noch das Versprechen, „den Inhaber bei Vorlage" eine bestimmte Anzahl von „Dollars" auszuzahlen.

Im Jahre 1963, als Kennedy ermordet wurde, haben die internationalen Bankers, die Eigentümer des Federal Reserve Systems, sowohl das Versprechen der Einlösbarkeit als auch das Versprechen „dem Inhaber bei Sicht" irgendetwas von Wert „zu bezahlen", gestrichen. Die Fetzen von wertlosem, nicht einlösbarem Papier, die die Federal Reserve ab 1963 herausgegeben hat, waren keine echten Noten mehr im Sinne des Gesetzes: sie erfüllten die gesetzlichen Vorschriften über eine „Note" nicht mehr.

Abb. 76 oben: Zeitungsbericht aus dem Jahr 1963, der sich mit den verschiedenen Mutmaßungen, Zeugenaussagen und Theorien beschäftigte. Darunter auch jene, dass die Freimaurer hinter dem Mord an JFK stehen.

Man bekommt aber den Eindruck, als habe jemand im Finanzministerium einen Sinn für Humor. Denn auf die Rückseite der neuen, nicht einlösbaren FED-Noten druckten sie jetzt die Worte „In God we Trust"... Dieses einfache Gesetz hat den Kongress vollkommen seines Rechtes beraubt, Geld zu „erschaffen" oder seine „Schöpfung" zu kontrollieren und hat diese Funktion der *Federal Reserve Corporation*, einer privaten Organisation, übertragen! Was für ein Coup! **Das Wort „Federal" hat man hierbei nur benutzt, um das Volk zu täuschen und hinters Licht zu führen.**

Seit dem Jahr 1913 haben sie Dollars in zweistelliger Milliardenhöhe an Bargeld und Krediten geschaffen, welche sie dann als ihr eigenes, persönliches Vermögen an die Regierungen ausleihen sowie dem amerikanischen Volk – gegen Zinsen versteht sich. Seit jenem Tag verleihen sie den Menschen deren eigenes Geld, und den gesamten Gewinn für das Drucken verleihen sie zusätzlich ein. DAS wollte John F. Kennedy wieder ändern. **DAS war mit sein Todesurteil!**

Dieses Problem wurde offensichtlich, als seit 1957 erstmals mehr Dollar von den USA ins Ausland flossen als umgekehrt. Das wäre noch zu verkraften gewesen, nicht aber das Abschmelzen der amerikanischen Goldreserven, welches ab 1958 einsetzte. Investitionen ins Ausland wurden weit profitabler. Wenn man einem Regierungsbericht an den Kongress aus diesen Tagen glaubt, erzielte man von 1962-1963 zwischen 12 und 14 Prozent Zinsen, während in den USA selbst aber nur die Hälfte zu erwarten war. Die Profite liegen somit in Europa. Auch Donald Trump prangerte diese Tatsachen aktuell wieder an.

In John F. Kennedys Bericht zur Lage der Nation warnte dieser im Januar 1961: „*Seit 1958 hat sich die Schere zwischen der Dollarmenge, die wir im Ausland ausgeben oder dort investieren, und der Dollarmenge, die wir von dort zurückbekommen, wesentlich erweitert. Das Defizit unserer Zahlungsbilanz hat sich in den letzten drei Jahren um fast 11 Milliarden Dollar erhöht. Dollarinhaber im Ausland sind dazu übergegangen, ihre Dollars in Gold einzulösen. Das ist in einem solchen Umfang geschehen, dass wir einen Goldabfluss aus unseren Reserven von fast fünf Milliarden Dollar verzeichnen.*"[5]

Die zunehmende Schwäche der US-Wirtschaft war beim Amtsantritt von Kennedy so evident, dass der Präsident kurz vor seiner Ermordung nicht nur monetäre Schritte einleiten wollte, um die amerikanische Kapitalausstattung erstarken zu lassen. Er hatte auch die Absicht, massive Maßnahmen zur Modernisierung der Produktion in die Wege zu leiten. **Die erste Amtshandlung, die der aus Texas stammende Freimaurer Lyndon B. Johnson nach dem Tod von Kennedy auf Anraten seiner Berater vollzog, bestand darin, diese Pläne von Kennedy ersatzlos zu streichen. Damit ist an und für sich alles gesagt…**

Kennedy wollte zudem den kreativen Finanztransaktionen die Zügel anlegen. Er hatte die Absicht, diesen durch die Konvertibilität des Dollars in Gold zu fixieren. Acht Jahre nach seiner Ermordung konnten Dollarscheine nicht länger in Währungsgold umgetauscht werden, wie es 100 Jahre Tradition gewesen war. Nun war die Praxis: **Dollarstand ohne Golddeckung.**

Betrachtet man sich diese Fakten, dann könnte das nicht ganz typische Umfeld des Marxisten Lee Harvey Oswald mehr und mehr interessant werden. Wie der Staatsanwalt Jim Garrison herausfand, war Oswald ein enger Freund des mehrsprachigen weißrussischen Jetsetters George de Mohrenschildt in Dallas. Dieser war ein Mitglied des exklusiven *Dallas-Petroleum-Clubs*. Später reihte er sich in die Reihe derer ein, die nach dem Kennedy-Attentat dahinschieden. Zu Mohrenschilds engstem Freundeskreis gehörte wiederum Jean de Menil, Präsident des *Schlumberger-Konzerns*, der mit der CIA verbunden gewesen sein soll. Weitere Gäste der Oswalds in Dallas waren unter anderem Max Clark und dessen Frau Katja aus der königlichen Familie Russlands, eine geborene Prinzessin Scherbatow. Es bleibt am Ende jedenfalls festzuhalten, dass Kennedy und Lincoln „richtige" amerikanische Dollars herausgeben wollten. Und beide ereilte das gleiche Schicksal…

Donalds Trump hat indes angekündigt, er wolle die FED überprüfen – und schlägt damit in die Kerbe von Lincoln und JFK…

Kapitel 8: JFK in Dallas – neue, unbekannte Fakten

John F. Kennedy bei der Begrüßung am Flughafen, kurz vor seiner Ermordung: Als Kennedy vorbeigeht, wird ihm mit der rechten Hand symbolisch eine Pistole gezeigt. Hier beginnt der Mann die Pistole mit der Hand zu formen:

Abb. 77 Abb. 78: Als Kennedy weiterläuft, wird ihm mit der rechten Hand symbolisch eine Pistole gezeigt. Hier beginnt ein Mann eine Pistole mit der Hand zu formen (Screenshot 1 und 2).

Abb. 79 und **Abb. 80:** Screenshot 3

Weitere Aufnahmen eines Films von Kennedys Ankunft: Die unbekannte Person zeigt Präsident Kennedy und seinem Gefolge auch das „Symbol des Antichristen".

Abb. 81a oben links und **Abb. 81b** oben rechts: Weitere Aufnahmen eines Films von Kennedys Ankunft, bei der die unbekannte Person Präsident Kennedy und seinem Gefolge am 22. November 1963 das auch als „Symbol des Antichristen" bekannte Zeichen mit der Hand zeigt (Screenshots). **Abb. 82** unten: Die Person neben dem Mann, der hier das Symbol des Gehörnten zeigt, hat Ähnlichkeiten mit Jack Ruby, dem Nachtclubbesitzer, der später Lee Harvey Oswald erschoss.

Abb. 83: Bildausschnitt / Vergrößerung

Lee Harvey Oswald wurde von dem Nachtclubbesitzer Jack Ruby er-
schossen. Links neben der Person, die eine symbolische Waffe in der Men-
ge gegenüber John F. Kennedy bei seiner Ankunft in Dallas zeigt und das
Zeichen des „Gehörnten" zeigt, ist eine Person, die aussieht wie Jack Ruby.
Einmal ohne Hut, in der anderen Einstellung augenscheinlich mit einem
gleichen Hut, den Ruby kurze Zeit später trug, als er Oswald erschoss.
Zeigen die Aufnahmen einen „Doppelgänger", der zufällig aussieht wie
Jack Ruby und auf einigen Aufnahmen den gleichen Hut trägt, oder ist es

kein Zufall und es ist Ruby in der Menge? Und wenn ja – warum befindet er sich ausgerechnet neben einem Mann, der Kennedy symbolisch eine Waffe zeigt, kurz bevor dieser erschossen wird? Falls der Hut eine optische Täuschung wäre, dann bleibt jedoch die Tatsache, dass die Person neben dem Mann mit den Handzeichen starke Ähnlichkeiten mit Jack Ruby besitzt.

War diese Person Teil einer Verschwörung und ist es dann ein Zufall, dass der „Jack-Ruby-Doppelgänger" direkt neben ihm steht? Oder sind diese Indizien *alles* nur Zufälle, die nichts mit dem Attentat zu tun haben?

Abb. 84: Der Nachtclubbesitzer Jack Ruby, wie er Lee Harvey Oswald erschießt.

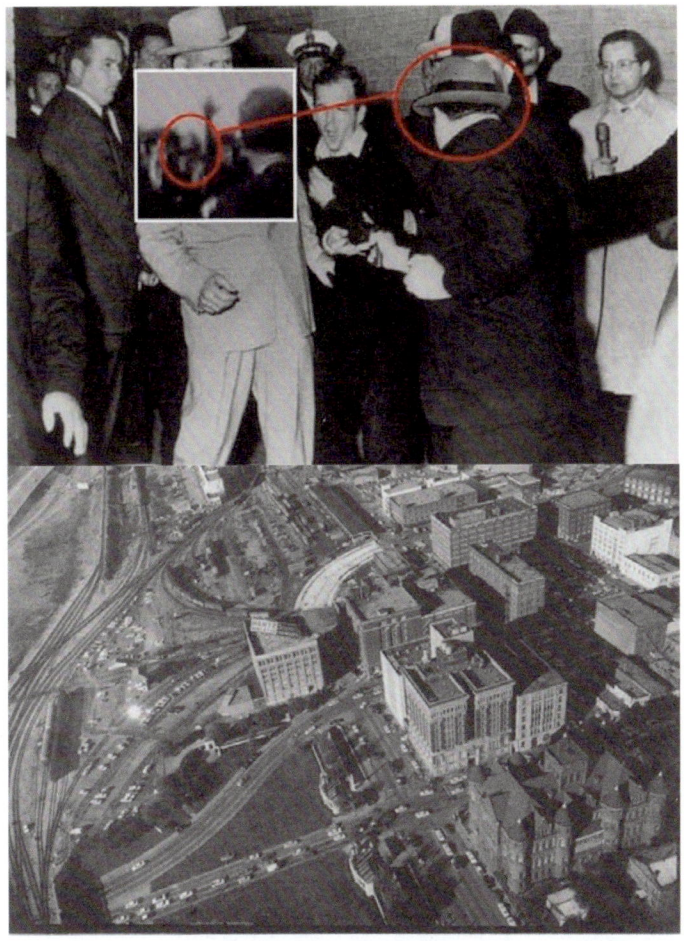

Dealey Plaza the afternoon of November 22, 1963

Abb. 85 oben: An anderer Stelle trägt der Mann neben der Person, die zeitweise das Symbol des Antichristen zeigt, augenscheinlich einen Hut bei Kennedys Ankunft. Eine optische Täuschung? Im Insert sehen Sie im Vordergrund John F. Kennedy von hinten. Links daneben den Mann, der die symbolische Waffe zeigt und links neben diesem wiederum jenen Mann, der wie Jack Ruby aussieht, diesmal mit Hut. Augenscheinlich ist es der gleiche Hut den Jack Ruby trägt, als er Oswald erschießt. Falls der Hut eine optische Täuschung wäre, dann bleibt jedoch die Tatsache, dass die Person neben dem Mann mit den Handzeichen starke Ähnlichkeiten mit Jack Ruby besitzt.
Abb. 86 unten: Aufnahme vom Dealy Plaza vom Nachmittag des Attentats am 22. November 1963 in Dallas, aufgenommen aus einem Hubschrauber.

Ruby folgte Lee Harvey vor den Todesschüssen auf Oswald wie ein Schatten. Zwischen 16 Uhr und 19:30 Uhr wurde er immer wieder zwischen den Journalisten gesehen, die zu diesem Zeitpunkt das Polizeipräsidium belagerten. Am Abend ging er für ein paar Stunden nach Hause und besuchte als gläubiger Jude die Synagoge. Aber gegen 23 Uhr erschien er bereits wieder im Polizeipräsidium, verteilte Sandwiches unter den Beamten. Doch er folgte offensichtlich zuvor auch Präsident John F. Kennedy in dessen letzten Stunden wie ein Schatten.

Diverse Zeugen, darunter Jean Hill, Victoria Adams, der TV-Kameramann Mal Couch und Wes Wise, der spätere Bürgermeister von Dallas, bezeugten, Jack Ruby nur Sekunden nach dem Attentat vor dem Schulbuchlager gesehen zu haben. Jean Hill sagte aus, er wäre Richtung Grashügel gelaufen. Sie erkannten ihn unzweifelhaft an seinem schwarzen Anzug und seinem Hut.

Ein anderer Zeuge, Phil Willis, erkannte nicht nur Jack Ruby vor dem Schulbuchlager, er machte auch ein Foto, das den Nachtclubbesitzer in demselben schwarzen Anzug zeigt, sprich dieselbe Kleidung, die er zwei Tage später trug, als er Lee Harvey Oswald erschoss. Der Hut und der schwarze Anzug waren das Markenzeichen von Jack Ruby. Und dies bestätigt, dass er am Tage des Attentates auf John F. Kennedy am 22. November 1963 tatsächlich so gekleidet in Dallas auftrat.

Die Fotos am Flughafen könnten darauf hinweisen, dass Ruby John F. Kennedy vom Flughafen zum Dealey Plaza gefolgt ist, wo die tödlichen Schüsse fielen. Unabhängig davon bleibt die Frage, warum jemand JFK am Flughafen symbolisch eine Pistole zeigt. Und ob es reiner Zufall war, dass er kurz darauf erschossen wurde? Und falls nicht, dann stellt sich die Frage, wer der Mann am Flughafen war.

Kapitel 9: JFK – Die Rolle des Helikopters über Dallas

Immer mehr Indizien um die Ermordung des amerikanischen Präsidenten John F. Kennedy am 22. November 1963, basierend auf Zeugenaussagen am Tatort, bringen plötzlich ganz neue Fragen hervor. Welche Rolle spielte der von den Medien komplett ignorierte Helikopter der Polizei über dem Schauplatz in Dallas wirklich? Viele Augenzeugen berichteten, sie hätten sich auf den Boden geworfen, da sie unter anderem Schüsse *von oben* hörten.

Abb. 87: Der Tatort in Dallas

Unzählige Verschwörungstheorien haben sich damit beschäftigt, ob Kennedy tatsächlich von Lee Harvey Oswald aus dem Schulbuchlager heraus erschossen wurde, oder ob die Schüsse von anderen Orten auf den Präsidenten abgefeuert worden sind. Inzwischen ist bekannt: Es wurden offensichtlich mindestens 13(!) Schüsse abgefeuert – wobei einer die Windschutzscheibe des Wagens traf, in dem Kennedy saß, ein anderer beschädigte offensichtlich die Karosserie.

Viele der Schüsse haben bereits damals aufgezeigt, dass sie von oben gekommen sein mussten, wie zum Beispiel jene, welche in die Hand und das
Bein von Gouverneur Conally trafen. Sie führten zur Theorie der „Magischen Kugel", die weiterhin äußerst fragwürdig erscheint. Während sich die
Welt allerdings bei ihren Analysen darauf konzentrierte, ob die Schüsse
„von vorne" oder „hinten" kamen, wurde die Wahrheit unter Umständen
übersehen:

Abb. 88: Einige der Zeugen des Attentats blicken nach oben, hinauf in den Himmel. Warum...?
Darunter auch Agent Forrest Sorrels, der in dem Wagen der Präsidentenlimousine fuhr: *„Es hörte
sich an, als kämen die Schüsse von oben..."* Im Hintergrund sehen wir den Rasen beim Grashügel
und die Mauer, von wo aus der sog. „Badgeman" geschossen haben soll (siehe hierzu auch Abb.
199 / 200). Oben am Bildrand sehen wir schemenhaft die gitterartig wirkendeKaskade, wie wir sie
auch im Hintergrund auf Abb. 1 / 2 und Abb. 203 sehen. Dies ist fundamental wichtig, denn dies
bedeutet, das Schulbuchlager befindet sich rechts außerhalb des Bildes. Zu ihm schaut der Mann in
der Bildmitte somit nicht hinauf. Der Mann blickt aber nach den Schüssen direkt über Kennedy
zum Himmel... Was sollte dort oben so wichtig sein nach einem Attentat, dass man unverzüglich
nach oben schaut – außer ein Hubschrauber? Ein hohes Gebäude gibt es in seiner Blickrichtung
nicht.

Auch die Behauptungen, der Fahrer hätte Kennedy erschossen, lösen sich bei näherer Untersuchung in Schall und Rauch auf. Betrachtet man die Sequenz zu dieser Behauptung nicht nur einmal, sondern immer wieder, dann wird deutlich, dass es sich bei der angeblichen „Waffe" in der Hand des Fahrers um eine optische Täuschung handelt. Verursacht durch ein Spiel aus Licht und Schatten in den Haaren des Beifahrers. Zumal dies sicherlich weder dem Beifahrer noch Jackie Kennedy verborgen geblieben wäre. Da eine Waffe, abgefeuert ohne Schalldämpfer aus nächster Nähe, nicht zu überhören wäre.

Abb. 89: Eine optische Täuschung: Die angebliche Waffe in der Hand des Fahrers, von der einige behaupten, mit ihr wäre JFK erschossen worden, ist in Wirklichkeit nur eine optische Täuschung in den Haaren des Beifahrers. Sehen Sie hierzu auch den Film und diese Sequenz im *COVER UP! Newsmagazine* im Artikel „Der Fahrer war es nicht" zu JFK.

Wurde John F. Kennedy von seinem Fahrer erschossen? Die Frage kann man eindeutig mit „NEIN" beantworten. Denn er hat bei der Analyse der Einzelbilder die ganze Zeit seine Hände am Lenkrad. Die These, JFK wäre von seinem Fahrer erschossen worden, wurde auch von zum Teil durchaus glaubwürdigen Kritikern wie William Milton Cooper hervorgebracht, der im Jahr 2001 selbst von einem Polizisten erschossen wurde. Cooper gab, basierend aufgrund ihm vorliegenden Unterlagen, den Beginn des 1. Golfkriegs bereits ein Jahr zuvor bei mehreren Anlässen auf den Tag genau vor vielen Augenzeugen bekannt, was nichts Gutes vermuten lässt, da es die offiziellen Behauptungen um den Golfkrieg als ein bereits inszeniertes Planspiel enttarnt hat. Er gab weiter an, dass ein Anschlag in Amerika geplant wäre, den man islamischen Fundamentalisten in die Schuhe schieben würde, und nannte New York in diesem Zusammenhang. Nachzulesen in Jan van Helsings Buch „Geheimgesellschaften und ihre Macht im 20. Jahrhundert", Band 1, 1996. Also Jahre vor 9/11! Das Buch von Jan van Helsing wurde damals bundesweit beschlagnahmt…

Bei seiner Behauptung über den Fahrer von JFK lag er aber offensichtlich falsch. Er gab an, er habe diese Informationen aus geheimen Papieren, die er während seiner Dienstzeit einsehen durfte. Möglicherweise spekulierten diese darin nur über die Rolle des Fahrers und die Filmsequenz, was nicht bedeutet, dass diese Auslegung in späteren Dokumenten nicht wieder zurückgenommen wurde.

Wenn der Zapruder-Film keine komplett manipulierte Fassung ist, in der mehr als nur Einzelbilder für die Warren-Kommission vertauscht wurden, dann wurde die Spiegelung in den Haaren des Beifahrers von einigen Personen einfach falsch interpretiert. Bei der Suche nach der Wahrheit kommt man nicht umhin, dies offenzulegen. Und obwohl es schon seit Jahren bekannt ist, hat jene falsche Theorie über die „Identität des Schützen" immer noch eine große Anhängerschaft.

Auch der linke Arm des Fahrers ist nicht in einer Position, die nach hinten zu Kennedy weist. Betrachten Sie hierzu auf der nachfolgenden Abbildung auch das Hemd unter dem Jackett. Kein Arm kreuzt die helle Linie des Hemds nach unten durch einen nach hinten gerichteten Arm. Und auch die angeblich sichtbare „Waffe" über dem Kopf des Beifahrers, die optische Täuschung, wird nicht von einem Arm geführt.

Abb. 90: Der Fahrer hat in dem Augenblick beide Hände unten am Steuer, als er angeblich mit einer Waffe auf Kennedy zielt und abdrückt, siehe hierzu auch das Video: *www.youtube.com/watch?v=DguBcLpWBS0*

Abb. 91 oben: Secret Service Agent mit Gewehr im Konvoi hinter John F. Kennedy
Abb. 92 unten: Gewehr, mit dem angeblich Lee Harvey Oswald JFK erschossen haben soll.

Über Kennedy befand sich mindestens ein Hubschrauber der Polizei, welcher die Szenerie von oben fotografierte und überwachte. Auf dem Zapruder-Film sieht man zudem in einem Einzelbild ein Objekt, welches strahlförmig über dem Kopf des Präsidenten auftaucht. Hierzu gibt es einige Internetseiten, die auf diesem Bilddokument den finalen Schuss festgehalten sehen, wie zum Beispiel unter dem Titel *„Kennedy Assassination Discovery? The Death Bullet on Film"*. Siehe hierzu auch Abb. F9 im Bildteil. Eine nähere, detailliertere Analyse meinerseits hierzu können Sie zudem in dem Buch „Terrorstaat – Die dunkle Seite der Macht" einsehen (in Kapitel 12 ab S. 229).

Offiziell ist das zu sehende Objekt ein Knochensplitter („Harper Fragment"), der aus dem Kopf des Präsidenten austrat und kein Projektil, welches von oben kommend die Verletzung verursacht. Denn von wo sollte es auch kommen? Folgt man der Verlängerung der Flugbahn nach oben, war dort doch nur der blaue Himmel und kein weiteres hohes Gebäude. Jedoch zeigen inzwischen einzusehende Aufnahmen einen Hubschrauber über Dallas an diesem Tag und Augenzeugen erwähnen ihn, wie bereits teilweise benannt, in ihren Ausführungen. Verlängern wir somit die Flugbahn des Strahls nach oben, dann landen wir unweigerlich genau in jener Region, wo ausschließlich ein Hubschrauber positioniert gewesen sein kann, was sich mit der Aussage von Zeugen deckt, die von *„Schüssen sprachen, die von oben und aus einer anderen Richtung"* kamen. Aus jener Region am Himmel, wohin auch die Person in der Bildmitte von Abb. 88 kurz nach den Schüssen blickt.[64]

Keiner ist diesen Hinweisen bisher wirklich nachgegangen – denn: der (eventuell die) Hubschrauber war(en) augenscheinlich von der Polizei, sprich von einer Seite, die man weder mit der Mafia noch mit einer anderen kriminellen Gruppierung in Verbindung bringen wollte und konnte. Also schied diese Variante von Anfang an bereits aus. Der wichtigste Aspekt bei diesem Thema überhaupt ist aber: Egal, ob wir hier nun die Flugbahn eines Knochenfragments sehen oder nicht – der Hubschrauber könnte in jedem Fall das fehlende Glied in der Kette sein, wenn von hier Schüsse auf den Präsidenten abgefeuert worden wären.

Nachfolgend sehen Sie eine der Aufnahmen des Helikopters vom 22.11.1963 über dem *Dallas County Records Building*, unweit des Schulbuchlagers, von wo aus angeblich Lee Harvey Oswald auf Präsident John F. Kennedy geschossen haben soll. Auf dem Dach des Gebäudes sieht man mindestens zwei Personen, vermutlich Scharfschützen.

Auch von hier aus bestand die perfekte Möglichkeit, auf Präsident Kennedy zu schießen... Wurde also von hier oder vom Helikopter aus (ebenfalls) auf den Präsidenten geschossen?

Abb. 93 oben links bis Abb. 95 unten: Eine der Aufnahmen des Helikopters vom 22.11.1963 über dem *Dallas County Records Building*, unweit des Schulbuchlagers. Auf dem Dach des Gebäudes sieht man mindestens zwei Personen, vermutlich Scharfschützen. Von hier aus bestand die perfekte Möglichkeit, auf Präsident Kennedy zu schießen... Wurde von hier oder vom Helikopter aus (ebenfalls) auf den Präsidenten geschossen?

 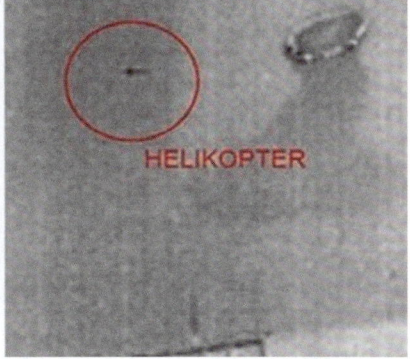

Abb. 96 oben bis **Abb. 98** unten rechts: Weitere Aufnahme mit mindestens einem Helikopter am Tatort in Dallas am 22. November 1963.

Die Hubschrauber-Verbindung

Inzwischen sind also weitere Indizien dazu aufgetaucht, dass zumindest einige der wahrscheinlich bis zu 13 Schüsse von einem Hubschrauber über dem Schauplatz in Dallas abgefeuert worden sein könnten. Nicht zuletzt resultierend auch aufgrund der vorgefundenen Spuren und der Einschusswinkel – Fakten, die bis heute nicht in den Mainstream-Medien Erwähnung finden.

Abb. 99: Weitere Aufnahme eines Helikopters über dem Dallas County Records Building.

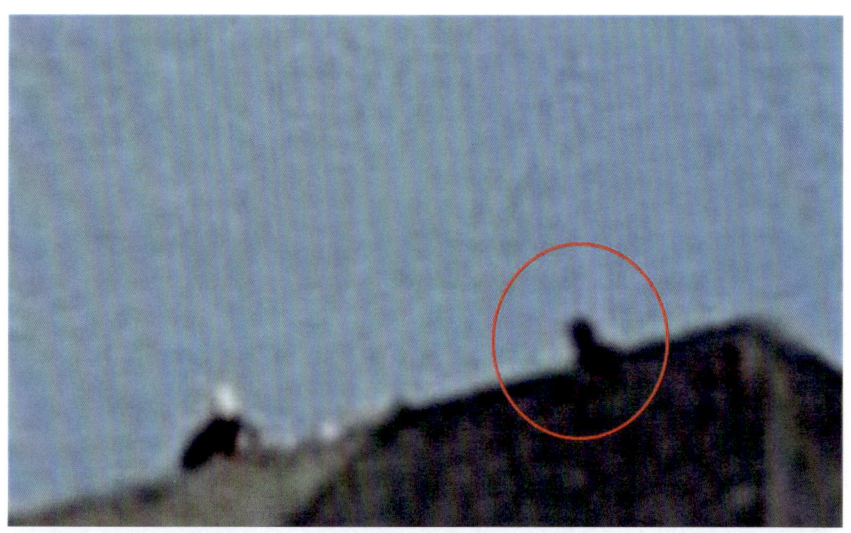

Schütze auf dem Dach des Gebäudes?

Abb. 100 und **Abb. 101**: Auschschnitte aus Abb. 99 auf dem mindestens 2 Personen auf dem Dach des Dallas County Records Building neben dem Schulbuchlager zu erkennen sind.

Abb. 102: Bildausschnitt aus Abb. 99 – auf dem der Hubschrauber über dem Dach des Dallas County Records Building neben dem Schulbuchlager zu sehen ist. Befand sich in ihm ein weiterer Schütze?

Kapitel 10: JFK – Schüsse auf den Präsidenten

Dass die offizielle Geschichte niemals der Wahrheit entspricht, geht aus unzähligen unabhängigen Fakten hervor. Die „magische Kugel" aus Oliver Stones Film „John F. Kennedy – Tatort Dallas", der seinerzeit für eine Wiederaufnahme der Untersuchungen sorgte, macht ebenfalls deutlich, dass Schüsse von oben kommen mussten. So drang die „magische Kugel" auf ihrer Reise unter anderem in die rechte Hand und den linken Oberschenkel von Gouverneur Connally ein, der vor Kennedy im Wagen saß.

Abb. 103 links: Weiterer „Bullet Strike" an der Limousine, in der J. F. Kennedy tödlich verletzt wurde. Sequenz aus der Dokumentation „JFK 2". **Abb. 104** rechts: Rechts: Sequenz aus dem Film „JFK 2". Die Frontscheibe hatte den bekannten Angaben zufolge zwei Beschädigungen durch Fragmente einer Kugel. Wie bei der Verletzung Kennedys am Kopf gibt es auch hier die Behauptung, die Windschutzscheibe wurde manipuliert, um einen Einschuss von vorne / oben unkenntlich zu machen. Die Kugel könnte auch in das Bein oder in die Hand des Beifahrers eingedrungen sein, wenn sie zum Beispiel von oben von einem Helikopter oder vom Dach des Dallas County Records Building aus abgefeuert worden wäre. Ein Augenzeuge in der Dokumentation „JFK 2" behauptet dort jedenfalls: *„Es war ein gutes, sauberes Einschussloch von vorne durch die Windschutzscheibe."*

Wenn die offizielle These ihre Richtigkeit hätte, dann müssten alle Schüsse aus dem Schulbuchlager stammen, an dem der Wagen mit dem Präsidenten bereits vorbeigefahren war – sprich schräg von oben und hinten. Tatsächlich kam aber wohl auch mindestens ein Schuss von vorne.

Der Zapruder-Film, der die Ermordung von John F. Kennedy in Dallas zeigt, wurde der Öffentlichkeit damals über Jahre hinweg vorenthalten, nachdem er beschlagnahmt worden war. Für die Warren-Kommission fertigte das FBI eine Kopie an, bei der ausgerechnet die entscheidenden Einzelbilder 313, 314 und 315 vertauscht wurden. Dadurch entstand der Eindruck, als wäre Kennedy von hinten in den Kopf geschossen worden. Laut FBI-Chef und Freimaurer J. Edgar Hoover wäre dies ein versehentlicher Fehler beim erstellen der Kopie gewesen... Man muss sich diese Aussage noch einmal auf der Zunge zergehen lassen, für wie dumm die Bevölkerung hier verkauft wird. Ausgerechnet und einzig und allein die Schlüsselsequenz, in der es um die Frage geht, von wo der finale Schuss auf Kennedy abgefeuert worden ist, wurde in der Kopie in der falschen Bildreihenfolge für die Kommission eingefügt – und man redet Jahre später hinterher von einem unbeabsichtigten Fehler, einem „Hoppala...“! Nicht etwa eine Sequenz an anderer Stelle wurde vertauscht. Nein, ausgerechnet der Moment, der entscheidend ist... Im Jahre 1969 wurde der Zapdruder-Film erstmals in jener Version veröffentlicht, in der die entscheidende Sequenz nicht vertauscht und die Bildfolge so war, wie es sein soll. Danach machte Dr. John Nichols, Professor für Pathologie und Gerichtsmedizin, folgende Aussage: *„Nachdem ich mir die Dias, Fotos und den Zapruder-Film angesehen habe, bin ich zu dem Schluss gelangt, dass sie einen von vorne kommenden Schuss zeigen.“*

Um Oswald später als Täter zu überführen, wurde zudem offensichtlich vorher ein Doppelgänger eingesetzt, der sich so dämlich und auffällig verhielt, dass er namentlich in Erinnerung blieb. Trotzdem konnten zum Beispiel zwei Verkäufer des Autohauses *Downtown Mercury*, bei denen „Oswald“ einen Mercury Comet testete und bei dessen Probefahrt er wie ein Amoktäter raste, ihn später nicht mit Sicherheit als den echten Oswald identifizieren. Dieser wäre etwa 30(!) Zentimeter kleiner gewesen.

Viele Zeugen beschworen zudem, sie hätten gesehen, wie John F. Kennedy eine Kugel in die Stirn getroffen hat. Doch sie wurden ignoriert. Eine Lehrerin und ein Polizist waren einem Mann hinterhergelaufen, der vom Parkplatz zu einem Auto gerannt und davongefahren ist. Dieser Vorfall wurde zudem von einem weiteren Zeugen, Lee Browers Jr., beobachtet.

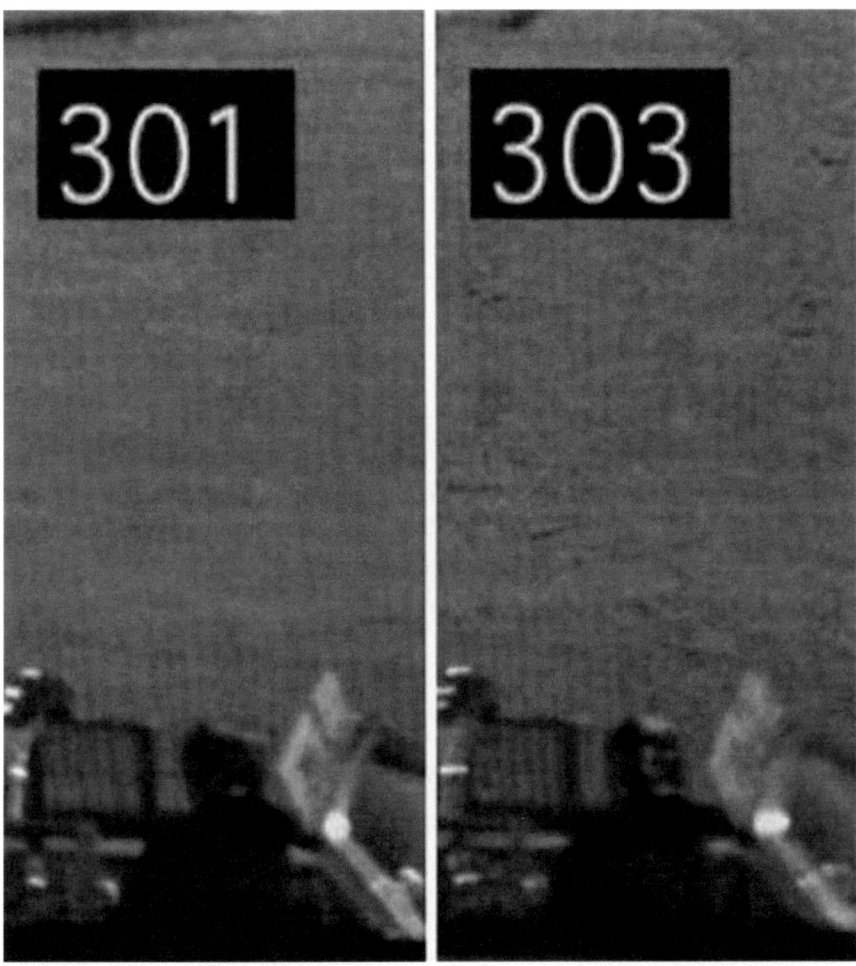

Abb. 105 links und **Abb. 106** rechts: Auf dem Zapruder-Film sieht man in Bild 303 einen „Licht-Flash" am Kopf des Fahrers vorbeifliegen. Die Position legt nahe, dass es sich hierbei um das Projektil handelt, welches die Windschutzscheibe zersplittern ließ. Der Flash macht jedoch deutlich, dass das Projektil nicht vom Schulbuchlager aus der Position abgefeuert worden sein kann, in der man Oswald vermutete, denn der Winkel ist zu flach. Oder stimmen die Aussagen von Augenzeugen, wie in der Dokumentation „JFK 2", die deutlich machen würden, dass die Windschutzscheibe später manipuliert oder ausgetauscht wurde, um einen Durchschuss von vorne zu verschleiern? Ebenso, wie angeblich die Verletzung an JFKs Kopf manipuliert wurde, glaubt man den Aussagen von Ärzten, die damals anwesend waren. Denn laut den offiziell veröffentlichten Bildern zeigt die Scheibe nur einen Sprung, aber kein Loch eines Durchschusses.

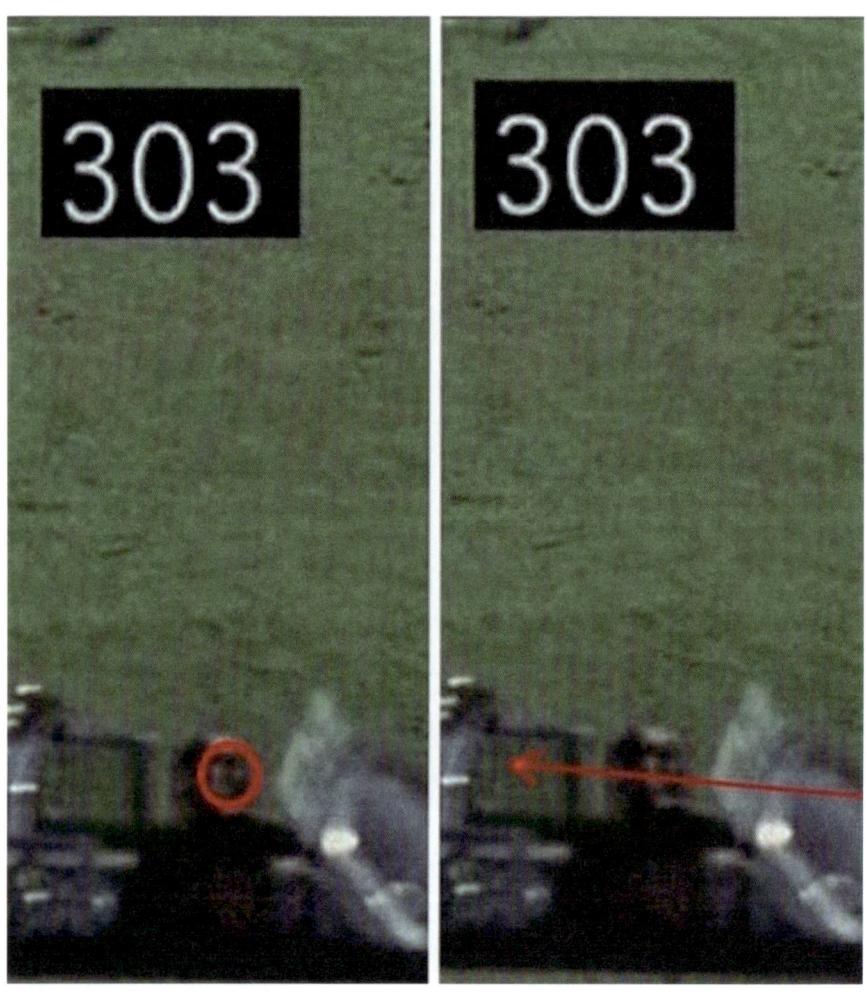

Abb. 107 links und **Abb. 108** rechts: Aufnahme 303 nochmals im Detail

Abb. 109 oben links und **Abb. 110** oben rechts: Weiterer „Bullet Strike" an der Limousine, in der John F. Kennedy tödlich verletzt wurde. **Abb. 111** Mitte: Sieht man hier das echte Einschussloch, bevor die Scheibe später ausgetauscht wurde? **Abb. 112** unten links: Weiteres Einschussloch an der Limousine, in der John F. Kennedy tödlich verletzt wurde. Sequenz aus der Dokumentation „JFK 2". **Abb. 113** unten rechts: Weitere Einschussstellen außerhalb der Limousine, rechts im Bild: im Rasen neben der Straße. Sequenz aus der Dokumentation „JFK 2".

Abb. 114 oben: Weitere Aufnahme vom Tatort in Dallas. Auch hier schlug eine Kugel ein. Deshalb schlug man den Stein mit der Stelle heraus, wo das Projektil aufschlug. **Abb. 115** unten: Der Pfeil markiert die Stelle während des Kennedy-Attentats, wo eine Kugel aufgetroffen ist.

186

Abb. 116: Tatortuntersuchung in Dallas, wo eine Kugel am Straßenrand beim Anschlag auf John F. Kennedy aufgetroffen ist.

Abb. 117 oben: (Einschuss(?)-)Loch in der Rückenlehne der Limousine, in der Kennedy an besagter Stelle erschossen wurde. Interessant: Auf anderen Aufnahmen der Limousine scheint dieses Loch zu fehlen. Manipulation auch hier? **Abb. 118** unten: Deutet das Loch in der Rückenlehne als weiterer Indiz auf eine Kugel von vorne hin?

Um 12:29 Uhr, und somit eine Minute vor dem Attentat, fiel einer der beiden Kanäle des Polizeifunks von Dallas aus. Erst vier Minuten später funktionierte „Kanal 1" wieder. Offiziell wurde diese Panne ausgelöst, weil einer der Motorrad-Polizisten aus Versehen sein Mikrofon eingeschaltet ließ und damit den Funk blockierte. Dies führte aber auch dazu, dass – ohne das Wissen des Polizisten – die Schüsse auf den Präsidenten auf Band aufgezeichnet wurden. Laut Autor Michael Hesemann in „Geheimakte John F. Kennedy" sollen hierbei nicht, wie viele Quellen behaupten, vier Schüsse hörbar aufgezeichnet worden sein, sondern sechs. Da, wie erwähnt, bei mehreren Schützen davon ausgegangen werden kann, dass einige der Schüsse simultan abliefen, ist die tatsächliche Anzahl der abgegebenen Schüsse, wie im Buch bereits aufgeführt, womöglich noch erheblich höher.[24]

Um 12:33 Uhr, zweieinhalb Minuten nach dem letzten Schuss, fiel dann für etwa eine Stunde das gesamte Telefonnetz in der Hauptstadt Washington D.C aus. Gegen 12:34 Uhr fiel das Pressetelefon der Präsidentenkolonne ebenfalls aus. Lediglich ein einziger Journalist, Merriman Smith, hatte gerade noch das Attentat melden können. Aber auch sein Anruf wurde unterbrochen.

Noch am 22. November 1963, nach dem Attentat, wurde damit begonnen, wichtige Spuren zu beseitigen. Ein Secret-Service-Agent gab den Anzug von Gouverneur Connally in die Reinigung, obwohl man dort eventuell wichtige Spuren für die Untersuchung der Tathergänge und der „Magischen Kugel" gefunden hätte, die diese These widerlegt hätten. Außerdem hinderte der Secret Service die Polizei von Dallas daran, in der Präsidentenlimousine Aufnahmen zu machen. Der Wagen wurde vom Secret Service gründlich gereinigt, ohne zuvor die Spuren zu untersuchen, Shrapnell-Splitter und Einschläge. Unmittelbar am darauffolgenden Tag ließ der neue Präsident Lyndon B. Johnson den Wagen nach Detroit fliegen. Dort wurde er im Werk komplett auseinandergebaut und wieder neu zusammengesetzt und von „Kennedy-Blau" (dunkles Marineblau) in Schwarz umlackiert. Dies erinnert an jemand, der bewusst einen Tatort reinigt, an dem ein Verbrechen stattgefunden hat, um die Spuren zu beseitigen, die Rückschlüsse auf die Tat hätten geben können.

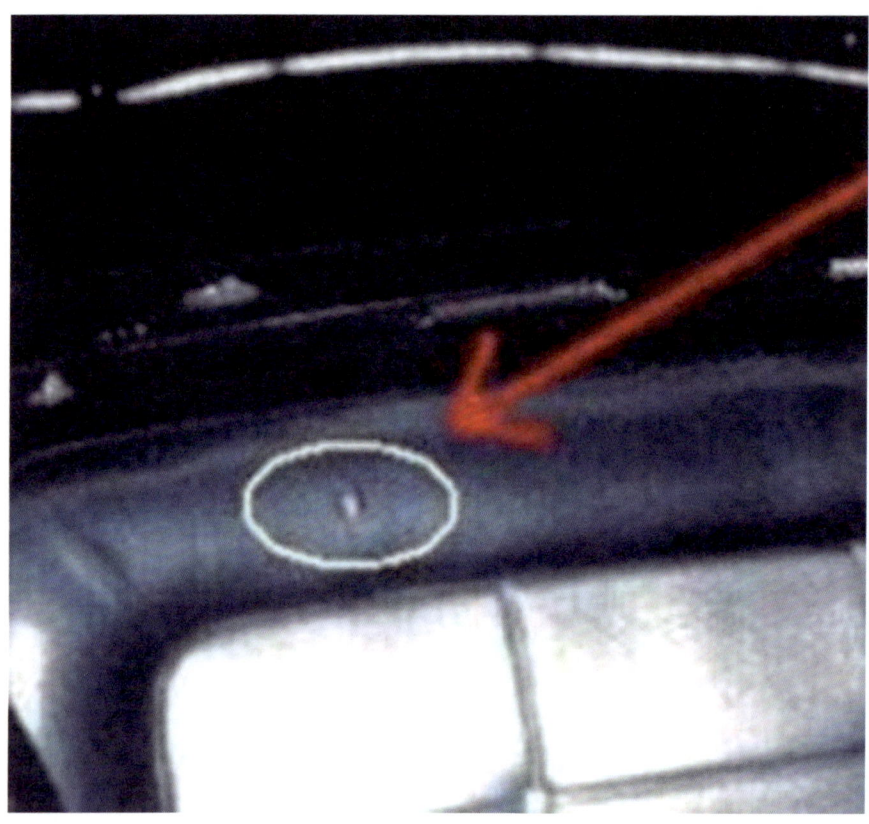

Abb. 119 oben: Vergrößerung von Abb. 117 mit dem Einschuss

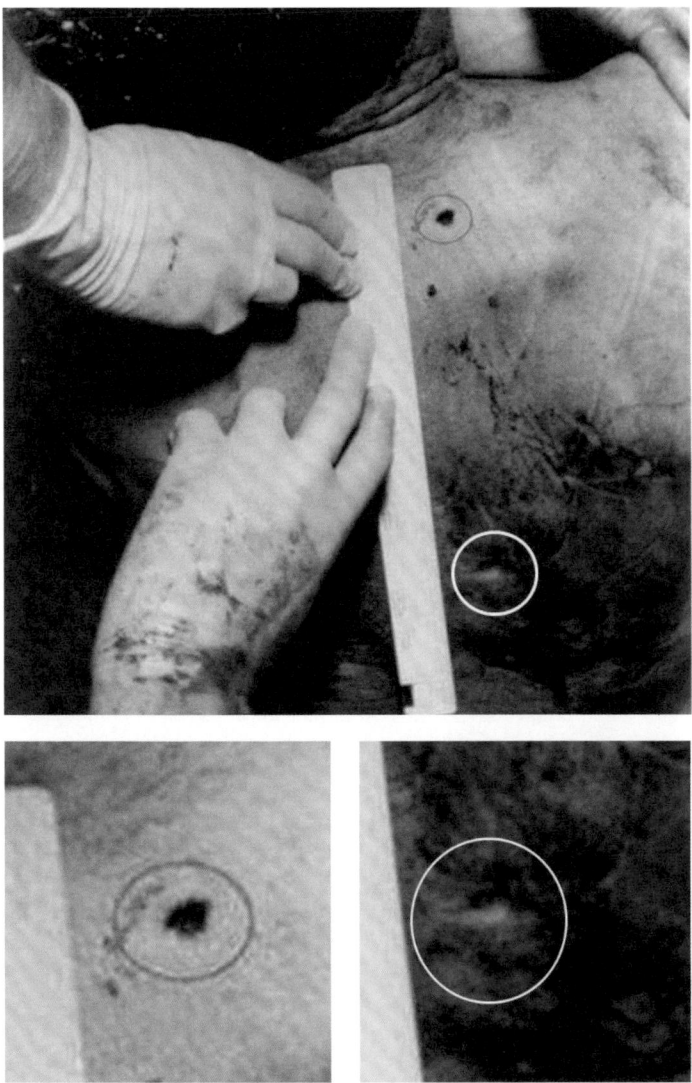

Abb. 120 oben und **Abb. 121** unten links sowie **Abb. 122** unten rechts: Verletzung am Rücken von John F. Kennedy. Viele Autoren behaupteten über Jahre hinweg, man hätte den Körper von JFK nicht hinten am Rücken auf Verletzungen hin untersucht. Diese Fotos belegen augenscheinlich das Gegenteil. Jedoch stammt das Bild aus einer Serie, in der zumindest der Kopf von Kennedy offensichtlich manipuliert wurde und auf dem das fehlende Schädelteil am Hinterkopf, von dem eine Vielzahl von Ärzten sprachen, vorhanden ist – und das Bild so die offizielle These stützt.

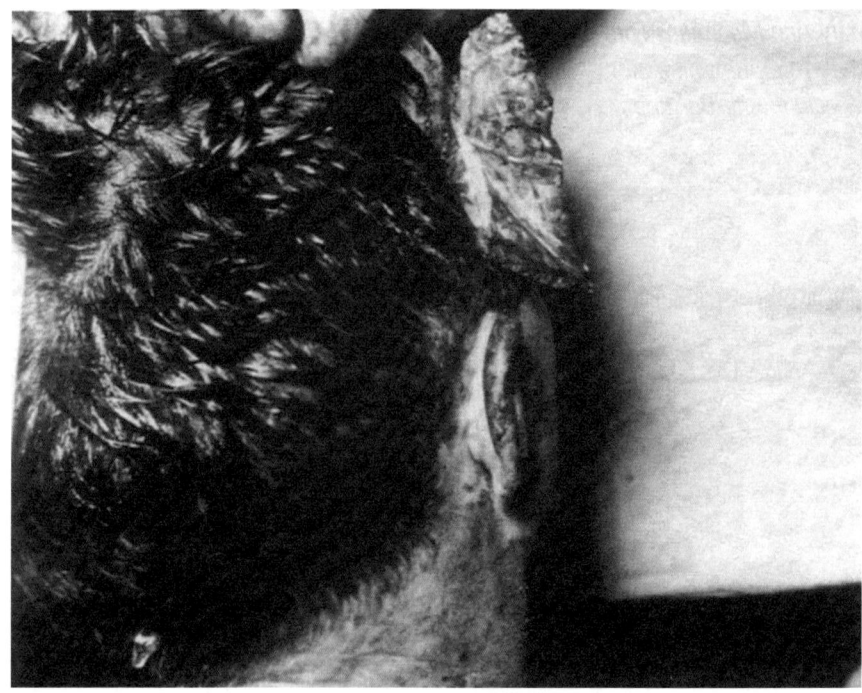

Abb. 123 oben: Offensichtlich manipulierte Aufnahme für die Warren Kommission, glaubt man den vielen Augenzeugen, die von einer klaffenden Wunde und einem fehlenden Schädelteil im hinteren, rechten Kopfbereich sprachen, der hier unverletzt zu sehen ist. Siehe hierzu auch **Abb. 127**

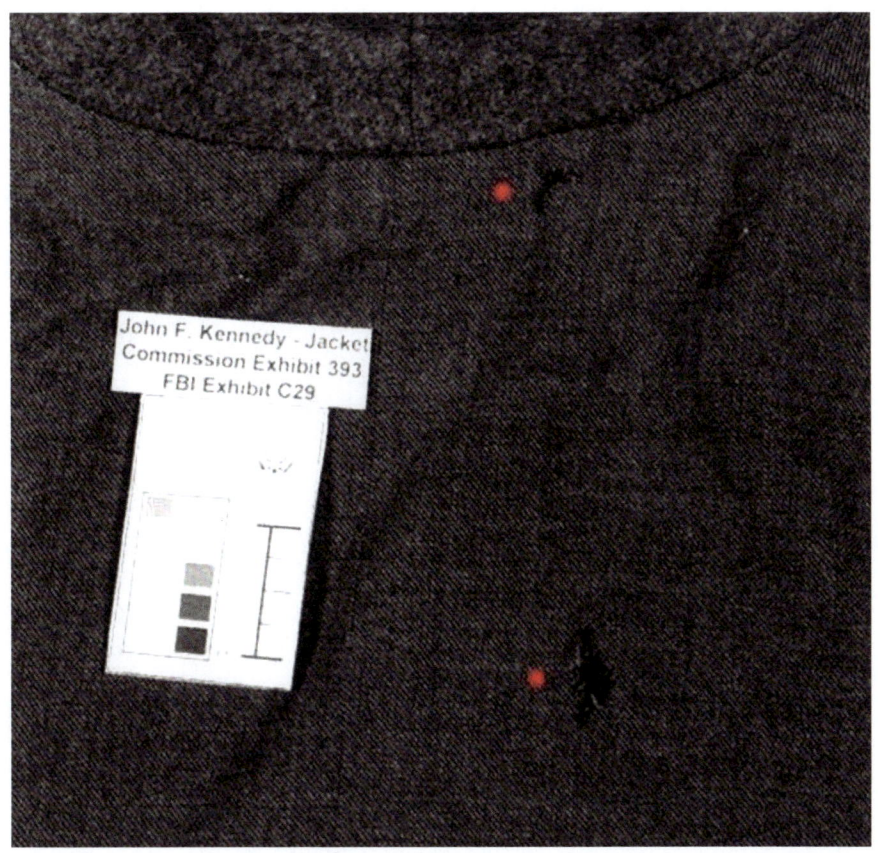

Abb. 124: Löcher unterhalb des Kragens und darunter, hinten am Jackett von John F. Kennedy

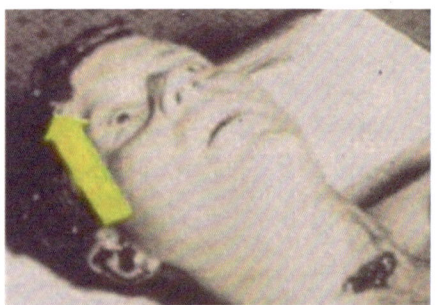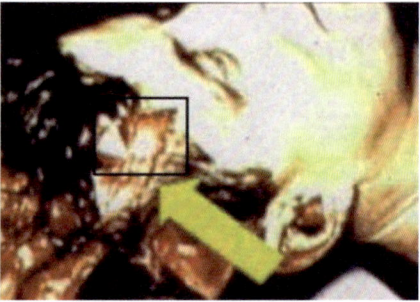

Abb. 125 links: Dies ist eine Aufnahme der Leiche von Kennedy. Am unteren Hinterkopf soll sich laut Zeugen ein großes Loch befunden haben. Abb. 126 rechts: Hier eine weitere Aufnahme von JFKs Schädel, die mehr Fragen als Antworten aufwirft, weil hier die Kopfverletzung offensichtlich von hinten nach vorne verlegt wurde, um die offizielle These zu belegen.

Bereits kurz nach dem Attentat, nachdem der schwer verwundete Präsident ins *Parkland Hospital* in Dallas gebracht wurde, verhinderten FBI-Beamten mit Waffengewalt eine erste Obduktion, die nach der Feststellung des klinischen Todes sogar vorgeschrieben worden wäre. Anstelle dessen wurde der Leichnam des Präsidenten ins *Marienkrankenhaus* nach Bethesda in Maryland gebracht, wo Ärzte, die überhaupt keine gerichtsmedizinische Erfahrung besaßen, die Autopsie vornahmen. Später berichtete einer von ihnen, dass der Schusskanal im Körper des US-Präsidenten nicht freigelegt worden sei, weil sie von einer „hochrangigen Persönlichkeit" daran gehindert wurden. Eine Untersuchung des Schusskanals wäre aber von entscheidender Bedeutung für die Bestimmung des Schusswinkels – und damit der Schussrichtung – gewesen. Zudem schien es für niemanden der Anwesenden wichtig zu sein, nach einer Schusswunde am Rücken des Präsidenten zu suchen, obwohl inzwischen Bilder aufgetaucht sind, die eine Verletzung am Rücken zu zeigen scheinen, die in Verbindung mit einer Schussverletzung stehen könnte (siehe hierzu auch Abb. 120 und Abb. 124) – während Humes im Bethesda diese wohl bemerkte, aber sie offiziell nicht mit der Verletzung an der Kehle des Präsidenten in Verbindung brachte. Humes hielt die Verwundung vorne offiziell (…) für einen Luftröhrenschnitt. Denn tatsächlich wurde in der Notambulanz des *Parkland Hospitals* in Dallas ein solcher vorgenommen. Später äußerte sich Humes jedoch vielsagend: *„Ich habe bestimmte (vorläufige) Notizen zu (JFKs) Autopsiebericht vernichtet und alle anderen Unterlagen einer höheren Stelle übergeben…"*

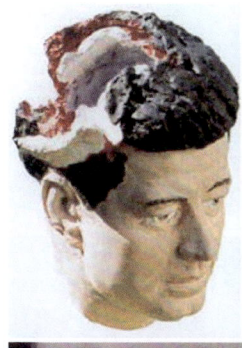

Abb. 127 oben links: Dies zeigt die Verletzung am Kopf von JFK, wie sie von den Ärzten damals gesehen wurde. Es befand sich ein großes Loch am Hinterkopf. Vorne auf der Stirn oberhalb des Haaransatzes war die Einschusswunde. Abb. 128 oben rechts: Laut Ärzten, die die Leiche von Kennedy vor der offiziellen Autopsie gesehen hatten, befand sich dort eine große Wunde. Sehen Sie die Aussagen in der Dokumentation „JFK 2". Abb. 129 unten links: Dr. Richard Dulany bestätigte ebenfalls, dass sich am unteren Hinterkopf der Leiche Kennedys eine große Wunde befand und widersprach damit dem offiziellen Bericht. Abb. 130 unten rechts: Auch Dr. Paul Peters sah die große Wunde am Hinterkopf von Kennedys Leiche.

Kennedys Gehirn wurde konserviert und mit anderem Autopsiematerial seinem Sekretär übergeben. Als der aber die Hinterlassenschaften des Präsidenten im Jahr 1966 dem *National Archive* übergeben wollte, fehlten sowohl das Gehirn als auch andere Gewebeteile. Damit hatte das von dem Pathologen Dr. Michael Baden später geleitete Komitee keine Möglichkeit mehr, anhand des Gehirns nochmals eine Untersuchung vorzunehmen, wie viele Schüsse wirklich den Kopf des Präsidenten trafen und aus welcher Richtung sie kamen. Das Gehirn blieb bis heute verschwunden.

 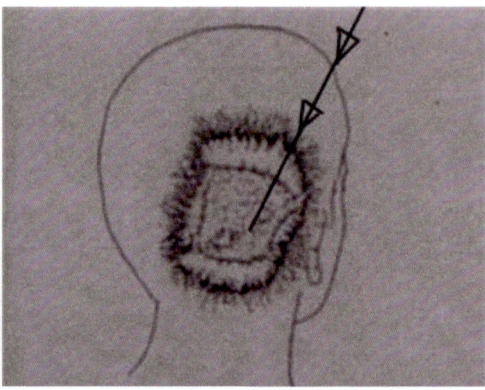

Abb. 131 links: Die Aussagen der Ärzte würden auch einen Einschuss aus einer Position nahelegen, der dem Lichtstrahl auf „Bild 313" im Zapruder-Kennedy-Film entspricht. Bedenkt man zudem, dass durch den Einschlag der Kopf nach hinten gerissen wird. Offiziell handelt es sich hierbei um das sogenannte „Harper"-Fraktal, einen Knochensplitter. **Abb. 132** rechts: Im Vergleich der Verlauf der Einschusslinie, die *vor* der Manipulation der Kopfwunde laut den aussagenden Ärzten das Projektil genommen haben muss.

Dr. Robert McClelland, der Chirurg, der an JFKs Hals den Luftröhren-schnitt vorgenommen hatte, versicherte, dass die Röntgenaufnahmen, die er 1989 erstmals zu Gesicht bekam, *„nicht dieselben Verletzungen am Kopf des Präsidenten aufwiesen, die er in der Notfallstation gesehen habe"*. Auch *Jerrol Custor*, der 1963 einige der Originalröntgenaufnahmen gemacht hatte, wurden die Aufnahmen 1989 gezeigt. Er erklärte, es handele sich um eine Fälschung, und auch Floyd Reibe, der die Autopsie fotografiert hatte, hielt die später veröffentlichen Fotos für fingiert.

UNCLASSIFIED
*** BEGIN MESSAGE   21 ***
```
SERIAL=   UDN=VO1(13785)
CLASS=UNCLASSIFIED
LBY821
REULB
R A
 BC-USA-KENNEDY   05-28 0331
BC-USA-KENNEDY
 JFK AUTOPSY REPORT FALSE, MEDICAL TECHNICIANS SAY
     BY JEANNE KING
     NEW YORK, MAY 26, REUTER - TWO U.S. NAVY MEDICAL TECHNICANS
WHO WITNESSED THE AUTOPSY OF PRESIDENT JOHN KENNEDY SAID ON
THURSDAY THAT AUTOPSY PHOTOGRAPHS AND X-RAYS RECENTLY RELEASED
BY THE GOVERNMENT HAVE BEEN TAMPERED WITH AND FALSIFIED.
     JERROL CUSTER WHO TOOK X-RAYS OF KENNEDY:S BODY AT BETHESDA
NAVAL HOSPITAL IN MARYLAND AFTER HIS ASSASSINATION ON NOVEMBER
22, 1963, TOLD A MANHATTAN NEWS CONFERENCE THAT THE X-RAYS
ARE
WRONG.::
     HE SAID THE RELEASED X-RAYS SHOWED A BLACK HOLE WHERE THE
RIGHT SIDE OF KENNEDY:S FACE SHOULD BE, INDICATING THAT A
PORTION OF THE FACE HAD BEEN DESTROYED.
     BUT HE SAID,
THERE WAS NO DAMAGE TO HIS FACE AND NO PART
OF HIS SKULL WAS MISSING ON THE FORWARD PART OF HIS HEAD. THESE
ARE FAKE X-RAYS.::
     PHOTOGRAPHER FLOYD RIEBE, WHO TOOK PICTURES OF THE BODY
DURING THE AUTOPSY, CLAIMS THAT THE PHOTOGRAPHS RELEASED BY THE
GOVERNMENT ARE
PHONY AND NOT THE PHOTOGRAPHS WE TOOK.::
     AFTER THE AUTOPSY WAS COMPLETED, CUSTER SAID HE WAS SENT TO
AN ADMIRAL:S OFFICE AT BETHESDA WHERE HE WAS WARNED TO
KEEP MY
MOUTH SHUT. NOTHING WAS TO BE SAID OF WHAT I SAW, WHAT I DID AND
THAT IF I WERE TO OPEN MY MOUTH, I WOULD WIND UP IN PRISON.::
     THE NEWS CONFERENCE WAS CALLED TO REBUT ARTICLES PUBLISHED
LAST WEEK IN THE JOURNAL OF THE AMERICAN MEDICAL ASSOCIATION
(JAMA) BY TWO NAVY PATHOLOGISTS WHO PERFORMED THE AUTOPSY ON
KENNEDY AND WHO SUPPORT THE OFFICIAL WARREN COMMISSION FINDINGS
THAT THE PRESIDENT WAS SHOT TWICE FROM BEHIND BY A LONE
ASSASSIN, LEE HARVEY OSWALD.
     ATTENTION HAS BEEN FOCUSED ANEW ON THE KENNEDY ASSASSINATION
IN RECENT MONTHS BECAUSE OF THE FILM
JFK,:: WHICH SUGGESTS THE
FACTS OF THE PRESIDENT:S DEATH WERE NEVERY FULLY REVEALED.
     IN LOS ANGELES A GRAND JURY HAS REFUSED TO PROBE ALLEGATIONS
OF A COVERUP BY LOS ANGELES POLICE IN THE 1968 ASSASSINATION OF
THE PRESIDENT:S BROTHER, SENATOR ROBERT KENNEDY, A CITIZEN:S
COMMITTEE WHO ASKED FOR THE INVESTIGATION SAID THURSDAY.
     REUTER JK BR
REUT17:38 05-28
NNNN
```
UNCLASSIFIED

Abb. 133: Dokument mit der Überschrift „JFK Autopsie falsch – erklären Medizintechniker",
UND: VOI (13785), BC-USA-Kennedy 28-05 0331 von Jeanne King.

In einem nicht klassifizierten Dokument unter dem mit der Überschrift „JFK Autopsie falsch – erklären Medizintechniker", UND: VOI (13785), BC-USA-Kennedy 28-05 0331 von Jeanne King findet sich folgender Eintrag (siehe vorangehende Abb. 133):

„New York – 28. Mai – Reuter – Zwei Medizintechniker der amerikanischen Marine, die an der Autopsie Präsident Kennedys beteiligt waren, erklärten am Donnerstag, die Fotografien der Autopsie und die Röntgenbilder, die kürzlich von der Regierung veröffentlicht wurden, seien manipuliert und verfälscht worden. Jerrol Custer, der im Bethesda-Marinekrankenhaus in Maryland nach Kennedys Ermordung am 22. November 1963 Röntgenaufnahmen anfertigte, sagte auf einer Pressekonferenz in Manhattan, die Röntgenbilder seien falsch. Er erklärte, die veröffentlichten Röntgenbilder zeigten ein schwarzes Loch, wo sich eigentlich die rechte Seite des Gesichtes Kennedys befinden sollte. Damit sollte der Eindruck erweckt werden, dass ein Teil seines Gesichtes zerstört worden sei. Aber, sagte Custer weiter, (Kennedys) Gesicht sei unverletzt gewesen und es habe kein Teil seines Schädels an der Vorderseite seines Kopfes gefehlt. Diese Röntgenbilder seien gefälscht. Der Fotograf Floyd Riebe, der den Körper während der Autopsie fotografierte, behauptet, die von der Regierung veröffentlichten Fotos seien gefälscht, und es handele sich nicht um die Fotos, die sie gemacht hätten. Nach Abschluss der Autopsie, berichtete Custer, sei er zum Büro eines Admirals geschickt worden, wo man ihm eingeschärft habe, seinen Mund zu halten: ‚Über alles, was ich gesehen und getan habe, müsse ich Stillschweigen bewahren. Sollte ich mich nicht daran halten, würde ich im Gefängnis enden.' Die Pressekonferenz war einberufen worden, um Artikeln der beiden Marine-Pathologen entgegenzutreten, die in der vergangenen Woche im Journal of the American Medical Association (JAMA) erschienen waren. Beide hatten die Autopsie an Kennedy durchgeführt und unterstützten die offiziellen Ergebnisse der Warren-Kommission, dass der Präsident zweimal von hinten von den Kugeln eines Einzeltäters – Lee Harvey Oswald – getroffen worden sei. Die Kennedy-Ermordung war in den vergangenen Monaten aufgrund des Filmes ‚JFK' wieder ins Blickfeld der Öffentlichkeit geraten. In dem Film wird behauptet, die Tatsachen über den Tod des Präsidenten seien niemals vollständig offengelegt worden. In Los Angeles hat ein Geschworenengericht die Untersuchung von Vorwürfen abgelehnt, denen zufolge die Polizei von Los Angeles bei der Un-

tersuchung der Ermordung des Bruders des Präsidenten, Senator Robert Kennedy, 1968 einiges vertuscht habe, erklärt am Donnerstag ein Bürgerkomitee, das die Ermittlungen beantrag hatte... "[51]

- Dr. David Stewart: *„Alle anwesenden Ärzte befanden: Es gab eine kleine Wunde an der linken (vom Betrachter aus gesehen) Vorderseite des Kopfes und eine ziemlich massive Austrittswunde an der rechten Rückseite des Kopfes, und alle Ärzte waren sich sicher, dass die kleine, vordere Wunde der Eintrittspunkt (der Kugel) war."*
- Dr. Gene Alken: *„Ich nehme an, dass die rechte untere Kopfregion der Austrittspunkt war."*
- Dr. Paul Peters: *„Im rechten unteren Hinterkopf war ein großer Defekt."*
- Dr. Robert McClelland sagte aus: *„Ich untersuchte die Kopfverletzung sehr gründlich und bemerkte, dass der rechte untere Teil des Schädels regelrecht weggesprengt war."*
- Augenzeuge Phillip Willis: *„Es riss den ganzen Hinterkopf weg."*
- Augenzeugin Marilyn Willis: *„Eine Menge roter blutiger Materie schoss aus dem Hinterkopf."*
- Ed Hoffmann beschrieb ebenfalls die Austrittswunde am Hinterkopf. Der Vize-Pressesprecher des Weißen Hauses, Malcolm Kilduff, antwortete noch im Parkland Hospital auf die Frage der Journalisten, ob man sagen könne, wo die Kugel in den Kopf eintrat: *„Soweit ich weiß, trat sie in der Schläfe ein, der rechten Schläfe."*
- Unter anderem bestätigten auch Dr. Jones, Dr. Crenshaw und Dr. Aiken die Existenz einer Eintrittswunde in der rechten Schläfe. Die vollständige Aussage von Jackie Kennedy wurde erst vom *Assassination Records Review Board* (ARRB) entdeckt. Der Warren-Report zitiert ihre Aussage zu der Schädelverletzung wie folgt: *„Ich versuchte, sein Haar zusammenzuhalten. Von vorne war nichts – Ich denke, da muss es (die Kugel) gewesen sein. Aber am Hinterkopf konnte man die Wunde sehen..."*

Doch was sich später den Ärzten im Bethesda-Krankenhaus darbot, war ein komplett anderes Bild als im Parkland-Hospital. Aus der klaffenden, kraterförmigen Wunde am rechten Hinterkopf von etwa sechs Zentimetern Durchmesser war eine längliche Bruchstelle geworden, deren Ausmaße mit bis zu 13 Zentimetern angegeben wurde. Dr. Boswell gab diese sogar mit 17 Zentimetern an. Diese reichte von der rechten Schläfe bis zum Hinterkopf. Zudem glaubte man jetzt, eine Einschusswunde am rechten Hinterkopf identifizieren zu können.

In der Zusammenfassung müssen wir feststellen, dass Fakten wie das Einschussloch *von Außen* in der Frontscheibe die Einzeltäter-Hypothese in Frage stellt. Die Aussagen der Ärzte unterstützen diese These noch.

Tatsächlich existieren in den Massenmedien bislang keine Berichte über den mysteriösen Polizeihubschrauber, der die Eskorte aus der Luft begleitet hat. Er taucht auch auf den offiziellen Filmaufnahmen der Massenmedien bislang nirgends auf. Erwähnt wird er nur in vereinzelten über die Jahre auftauchenden Randbemerkungen zu diesem Thema. Dies erinnert ein bisschen an den Umstand beim Tod von Uwe Barschel, wo auf allen Filmaufnahmen tunlichst vermieden wurde, den Bereich in der Badewanne zu filmen oder zu fotografieren, wo sich der Abfluss und der Stöpsel befinden. Denn mechanische Stöpsel sind in der Regel leicht wasserdurchlässig (bereits nach einer Stunde wäre hier ein anderer, viel niedrigerer Wasserstand messbar gewesen, was jeder, der ein Waschbecken oder eine Badewanne mit mechanischem Stöpsel besitzt, unverzüglich nachprüfen kann), was bedeuten würde, dass das Foto aufgrund des Wasserstands, welches Barschel in der Badwanne zeigt, unmittelbar gemacht worden sein müsste, nachdem er dort verstorben oder platziert wurde. Weil bei einem mechanischen Stöpsel die Wanne bereits leer oder fast leer gewesen wäre, hätte der Barschel-Mord oder Selbstmord wirklich bereits viele Stunden zuvor mitten in der Nacht stattgefunden. Was nebenbei ganz neue Fragen an den Fotografen aufwerfen würde, der zuerst auf geheimnisvolle Weise am Tag zuvor am Flughafen auftauchte und Barschel dort exklusiv hier mit seinem Mikrofon überrumpelte und ertappte, und nach dem angeblichen Selbstmord sich unter einem Vorwand selbst Zutritt zum Hotelzimmer verschaffte (…), um dort nachzusehen, ob etwas passiert wäre, *„weil er nicht zum Frühstück nach unten kam"*. Um dort auf dem Zimmer gleich noch die Fotos seines Lebens zu machen. Ich weiß ja nicht, wie es Ihnen geht, aber würden Sie illegal in das Hotelzimmer eines Prominenten einbrechen, weil er nicht zum Frühstück nach unten kam und Sie deshalb so besorgt sind? Oder wäre das etwas abwegig?

Wie auch immer: Offensichtlich gab es auch gute Gründe, den Hubschrauber über dem Tatort in Dallas und die Personen auf dem Dach des Dallas County Records Building neben dem Schulbuchlager nicht zu erwähnen und unter den berühmten Tisch fallen zu lassen. Doch diese Aufnahmen existieren. Allein diese Tatsache stimmt nachdenklich. Wurde hier teilweise absichtlich gehandelt, um die Menschen nicht auf den Gedanken zu bringen, der am Ende zur Wahrheit führt? Oder ist es nur Zufall, weil dem bislang keiner Beachtung schenkte? *Wenn* die Aussagen der Ärzte richtig sind und der Kopf von Kennedy bewusst manipuliert wurde, um von dem echten Einschusswinkel der Kugel abzulenken, dann wäre es unter Umständen aber kein Zufall, wenn der „Polizei"-Hubschrauber auf den offiziell verbreiteten Filmaufnahmen nirgends gezeigt wurde.

Betrachtet man sich alle Hinweise zusammengenommen (die Aussagen der Augenzeugen, welche von „Schüssen von oben" berichtet haben, die Aussagen, welche auf den Polizeihubschrauber über dem Schauplatz des Attentates eingehen, die Einschusswinkel, die Verletzungen, die Aussagen der Ärzte über eine große Wunde am unteren Hinterkopf etc., so stellt sich die Frage, warum so viele Fakten unter den Tisch gekehrt wurden. Ein Zufall scheint jedenfalls ausgeschlossen. Es geschah mit purem Kalkül. Und die daraus zu ziehenden Schlussfolgerungen sind fatal. Denn es wäre der endgültige Beweis für eine geplante Operation aus Kreisen **innerhalb der Regierung, wenn der Hubschrauber hier eine Rolle bei der Ermordung gespielt hätte.** Vielleicht wurde gerade deshalb mit der These über die Existenz weiterer Schützen bislang so stiefmütterlich umgegangen.

Aber nicht nur im zuvor kurz erwähnten Fall Uwe Barschel traten Reporter und Journalisten in auffallender Weise dazu bei, Skepsis walten zu lassen. Carl Bernstein, jener Reporter der *Washington Post*, der den Watergate-Skandal (die Abhöraffäre der Nixon-Administration) aufdeckte, erschütterte 1977 die amerikanische Öffentlichkeit von neuem. In einem Artikel im *Rolling Stone* enthüllte er, dass über 400 US-Journalisten insgeheim für die CIA tätig seien. Dieses dubiose Arrangement wäre nicht neu, sondern bestehe schon seit Jahrzehnten. Als dies öffentlich bekannt wurde, machte sich ein Untersuchungsausschuss daran, festzustellen, inwieweit die CIA in die Medien involviert war. Die Untersuchung wurde jedoch auf Betreiben der CIA behindert.

Zu den Medien, die bei diesem Arrangement angeblich beteiligt waren, gehörten unter anderem CBS, ABC TV, NBC, Reuters, Newsweek und Times. *Nach Carl Bernstein rekrutierte die CIA weltweit Journalisten, bis heute, zur Medienmanipulation.*

Es war bereits nach Mitternacht, als Lee Harvey Oswald erstmals der Presse präsentiert wurde. Der damalige Bezirksstaatsanwalt Henry Wade sagte, Oswalds Schuld wäre bewiesen, man habe seine Fingerabdrücke auf der Tatwaffe gefunden. Doch das war schlichtweg gelogen!

Wie bereits erwähnt, wurden bei Oswald keine Nitratspuren gefunden. Hätte er tatsächlich ein Gewehr abgefeuert, dann hätte man starke Nitratspuren an der rechten Hand und der rechten Wange (Lee Harvey Oswald war Rechtshänder) entdecken müssen. Auch seine Fingerabdrücke konnten weder an der Tatwaffe noch an den Patronenhülsen gefunden werden. Trotzdem wurde der Presse oben drauf noch mitgeteilt, *„durch das Nitrat auf seinen Händen wäre seine Schuld bewiesen"*. Erst Polizeichef Jesse Curry aus Dallas räumte später ein: *„Wir haben keine Beweise dafür, dass Oswald das Gewehr (die Mordwaffe) abgefeuert hat."* In einem Bericht vom 23. November 1963, unterzeichnet von FBI-Chef J. Edgar Hoover, stellte man fest: *„Keine verwertbaren Abdrücke wurden auf ... den Patronenhülsen, der unbenutzten Patrone (die man am Tatort fand), dem Auslöser des Gewehrs oder auf den inneren Teilen des Gewehrs gefunden."*

Eine Kugel traf auch eine Ampel:

Abb. 134 und **Abb. 135**: Vom FBI nachgestellte Szene zur Rekonstruktion des Mordes an JFK, auf der die von einer Kugel getroffene Ampel zu sehen ist.

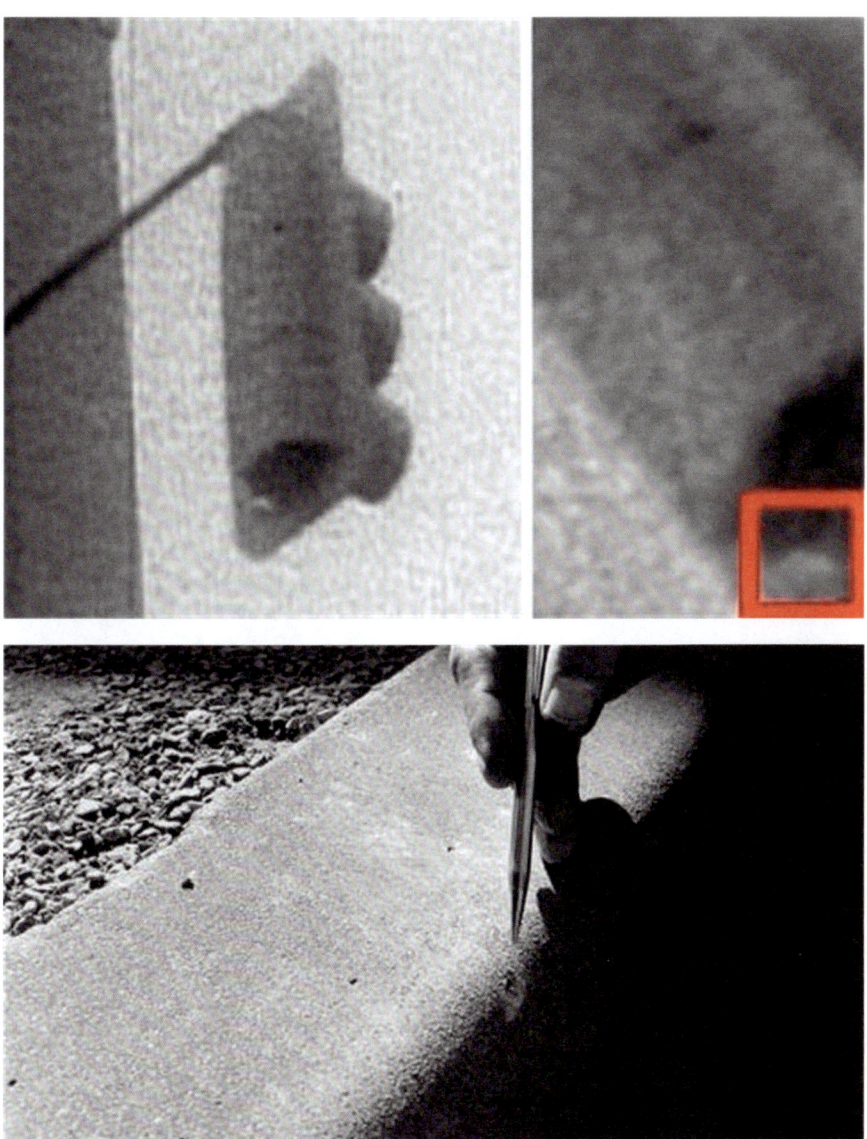

Abb. 136 oben links und Abb. 137 oben rechts: Getroffene Ampel, von der eine Kugel abprallte
Abb. 138 unten: Weitere Aufnahme vom Tatort, Aufnahme von der Main Street, wo man einen „Bullet Mark" an einem Bordstein fand.

Dallas, 22.11.1963

Abb. 139 oben links und **Abb. 140** oben rechts: Stelle, an der eine Kugel aufschlug.
Abb. 141a unten links und **Abb. 141b** unten rechts: Ein Mann mit einem merkwürdigen länglichen Gegenstand am Tatort. Tatsächlich ein Hammer, wie gerne behauptet wird? Oder etwas anderes?

Abb. 142: Vergrößerung von Teilausschnitt **Abb. 141:** Ein Mann mit einem merkwürdigen länglichen Gegenstand am Tatort in Dallas. Das sieht nicht wie ein Hammer aus…

Gibt es ein zweites Schädelfragment?

Ein weiteres Schädelfragment wurde erst am nächsten Tag von Billy Harper ("Harper Fragment") am Tatort entdeckt. Harpers Onkel, ein Arzt, zeigte es dem Pathologen A. B. Cairns, der dieses als Fragment vom unteren hinteren Schädel identifizierte. Sollte diese Einschätzung korrekt sein, dann würde dies bedeuten, dass der tödliche Kopfschuss niemals aus dem Schulbuchlager gekommen sein kann.

Der Fotoexperte des Untersuchungsausschusses Robert J. Groden berichtete, die freigegebenen Aufnahmen der Schädelverletzung von John F. Kennedy seien Fotomontagen. Er konnte sogar die Schnittstellen identifizieren, an der das Bild eines fremden Hinterkopfes über die Wunde an John F. Kennedys Hinterkopf projiziert wurde. Doch kaum hatte Robert J. Groden ausgesagt, verschwanden die kompromittierenden Bildfälschungen. Jemand hatte den Safe im Büro des Ausschusses aufgebrochen und sie entwendet. Groden hatte jedoch zuvor Kopien von den Fotos angefertigt, die nicht entdeckt wurden. Zwei Jahre nach diesem Vorfall klärte das FBI den Raub auf. Der Einbrecher war Regis Blahut, ein Verbindungsoffizier der CIA. Verschiedenen Berichten zufolge wurde die Autopsie auch gefilmt. Die Aufnahmen machte William Bruce Pitzer, ein Mitarbeiter des Bethesda-Krankenhauses. Aber dieser kann sie nicht mehr kommentieren. Er wurde am 29. Oktober 1966 tot in seinem Büro aufgefunden. Angeblich beging er Selbstmord. Aber seine Familie bestreitet dies. Zuvor hatten alle an der Autopsie beteiligten Ärzte ein Schreiben vorgelegt bekommen, welches sie unter Befehl des Oberarztes der US-Marine stellte. Ihnen wurde untersagt, über die mit ihrem Dienst verbundenen Ereignisse am Abend des 22. auf den 23. Dezember 1963 zu reden. Das Schreiben diente der offiziellen Benachrichtigung und Bestätigung dieses Befehls. Die Beteiligten wurden darauf hingewiesen, dass sie bei einer Zuwiderhandlung sich vor dem Kriegsgericht verantworten müssen.

Über den echten Schusskanal hätte unter Umständen das Gehirn von John F. Kennedy Aufschluss geben können. Doch als 1988 vom *ARRB* endlich und nach langer Suche Aufnahmen des Gehirns und weitere Protokolle ausfindig gemacht werden konnten, kam die Wahrheit an Licht: Es gab zwei Autopsien von zwei unterschiedlichen Gehirnen!

Diese unglaubliche Tatsache wurde erstmals am 10. November 1998 von der *Washington Post* veröffentlicht, die damals auch den "Watergate-

Skandal" ans Tageslicht beförderte. Die Zeitung zitierte den 32-seitigen Bericht des *ARRB*-Chefanalytikers für militärische Aufzeichnungen, Douglas Horne. Dieser wäre sich nahezu sicher, dass die Aufnahmen, die sich im Nationalarchiv in Washington befanden, nicht das Gehirn von Kennedy zeigten. Denn dafür wäre es in einem viel zu guten Zustand.

Horne schlussfolgerte: *„Während das zuerst untersuchte Gehirn das echte Gehirn des verstorbenen Präsidenten war, wurden die Ergebnisse dieser Untersuchung vertuscht; die Aufnahmen eines zweiten untersuchten Gehirns wurden jahrelang – spätestens seit dem 26. April 1965, als man sie der Kennedy-Familie übergab – fälschlich als jene Präsident Kennedys ausgegeben; und die Ergebnisse dieser zweiten Untersuchung (d. h. die Fotos im Nationalarchiv) dokumentieren nicht den Zustand von Präsident Kennedys Gehirn nach der Autopsie – sie zeigen ein anderes Gehirn.*"[65]

Nicht zu vergessen wäre auch die dokumentierte Wanderung einer Rückenwunde. Denn offensichtlich wurde nicht nur die tödliche Kopfwunde vor der Autopsie im Bethesda-Krankenhaus verändert. Hier sollte wohl eine zweite Schusswunde vertuscht werden. Die Lösung dieses Problems war jedenfalls für die Warren-Kommission schnell gefunden. Da diese bewusst auf Autopsiefotos und Röntgenaufnahmen verzichteten, musste eine unter Anleitung von Dr. Humes angefertigte Grafik als Beweis herhalten. Auf dieser war die Rückenwunde plötzlich nach oben gewandert. Ursprünglich zwischen den Schulterblättern, befand sich diese nun im rechten Nackenbereich – und damit höher als die Kehlkopfwunde. Diese Nackenwunde, auf die sich die Warren-Kommission einigte, existierte vermutlich gar nicht. Sie war wohl eine Erfindung, um die Eintrittswunde im Kehlkopf als Austrittswunde erscheinen zu lassen. Die echte Schusswunde lag etwa 14 Zentimeter tiefer! So musste zum Beispiel auch der Pathologe Dr. Michael Baden, der für den Untersuchungsausschuss des US-Kongresses im Jahr 1977 die (manipulierten) Autopsieaufnahmen studierte, einräumen: *„Der Weg, den sich die Kugel durch Präsident Kennedys Rücken und Hals bahnte, verlief, anatomisch gesehen, in einem Aufwärtswinkel.*"

Diese dubiose „gewanderte" Rückenwunde wurde später zur Grundlage für die Behauptung der „Magischen Kugel" im Warren-Report – berühmt geworden später nicht zuletzt durch Oliver Stone.

Abb. 143 und **Abb. 144**: Hier wurde verschiedenen Angaben zufolge ein weiterer „Bullet Strike"
auf der Südseite der Elm Street gefunden.

Abb. 145 und **Abb. 146:** Hier wurde verschiedenen Angaben zufolge ein „Bullet Strike" (Geschoss, das auf dieser Stelle auftraf) auf der Südseite der Elm Street gefunden. [91-001/096 / *Dallas Municipal Archives and Record Center*].

Abb. 147 links und Vergrößerung **Abb. 148** rechts: Ist hier eine weitere Kugel beim Anschlag auf JFK auf den Boden getroffen? Oder handelt es sich hierbei um eine andere Art von Beschädigung?

Merkwürdigkeiten im Schulbuchlager

Allein mindestens 3 Patronenhülsen sind auf dem nachfolgenden Bildausschnitt aus dem Schulbuchlager zu sehen, von wo aus Oswald im 6. Stock geschossen haben soll. Dort befindet sich inzwischen das *Sixth Floor Museum* für interessierte Besucher.

Drei Schüsse soll der Einzeltäter Lee Harvey Oswald am 22. November 1968 in Dallas auf Präsident John F. Kennedy abgefeuert haben. Ignoriert wird Beweismaterial, das, wie bereits erwähnt, auf 11 bis 13 Schüsse hindeutet.

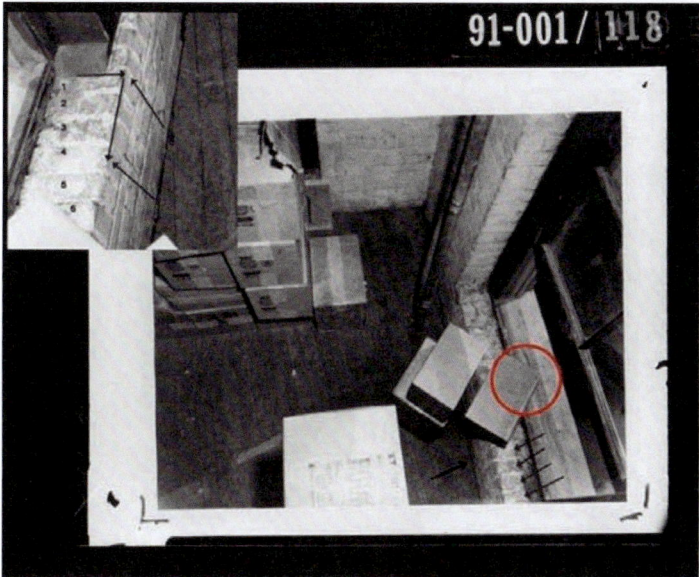

Abb. 149 oben und Abb. 150 unten: Der 6. Stock des Schulbuchlagers, von wo Lee Harvey Oswald die tödlichen Schüsse auf John F. Kennedy abgegeben haben soll.

Tatsache ist zudem, dass der offizielle Tatort nach dem Anschlag im 6. Stock des Schulbuchlagers manipuliert wurde. Warum? Im nachfolgenden Beispiel wurde die Stellung der Kartons vor dem Fenster augenscheinlich verändert, wie die Vergleichsbilder aufzeigen:

Abb. 151 oben: Die Stellung der Kartons wurde augenscheinlich im 6. Stock des Schulbuchlagers verändert. Warum? Siehe auch nachfolgend **Abb. 152**.

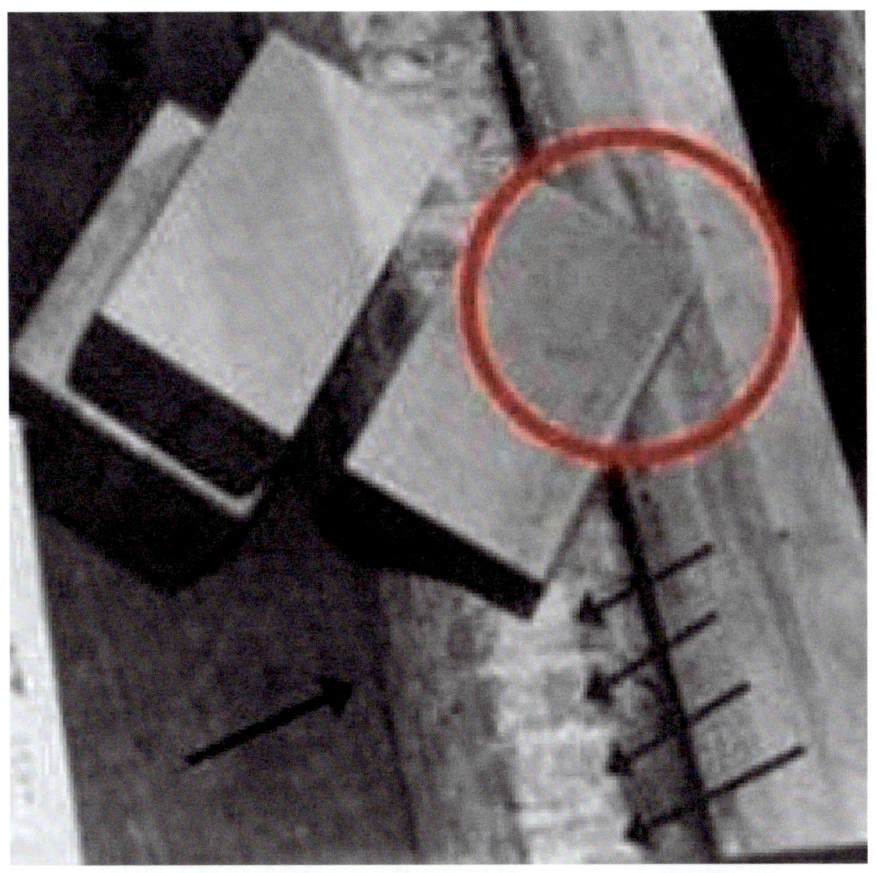

Abb. 152 oben: Die Patronenhülse, siehe Abb. 153, ist offensichtlich verschwunden.

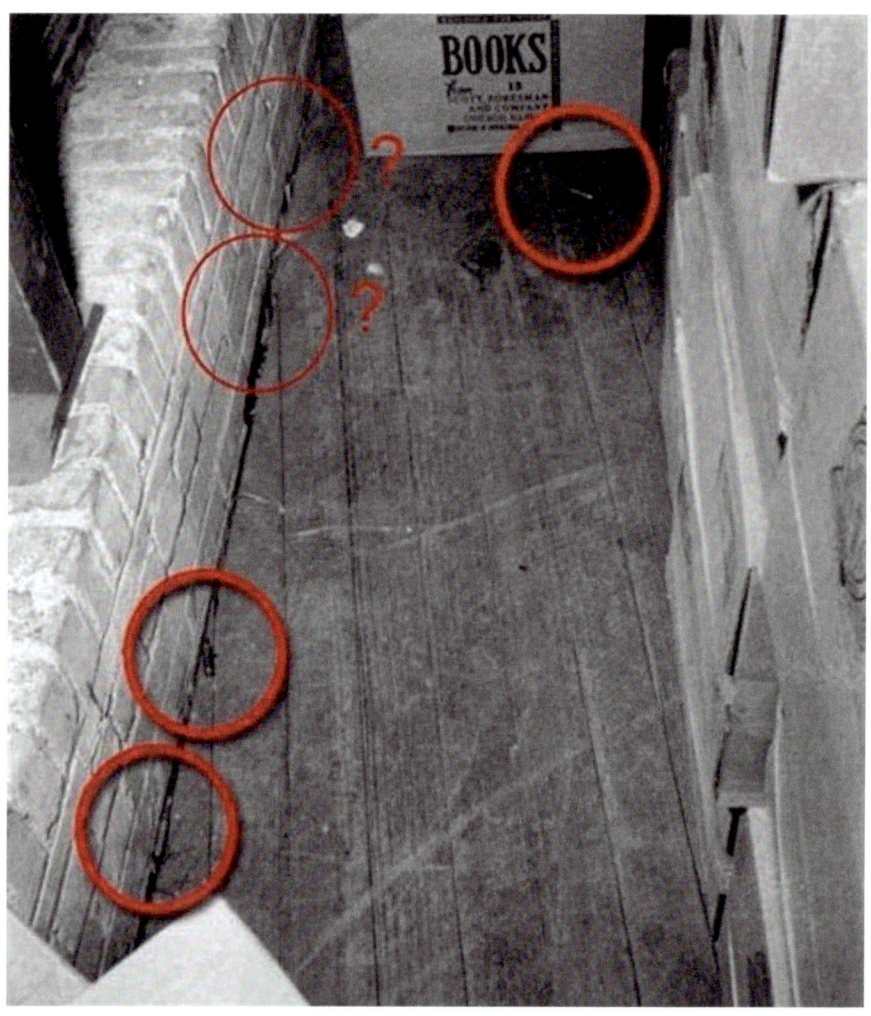

Abb. 153: Allein mindestens 3 Patronenhülsen sind auf diesem Bildausschnitt aus dem Schulbuchlager zu sehen, von wo Oswald geschossen haben soll. Oder sind es gar 5 – oder noch mehr…?

Um die Version des Einzeltäters zu stützen, wurde infolge die Version der „magischen Kugel" in die Welt gesetzt, da es zeitlich mit dem verwendeten Repetiergewehr, welches Oswald verwendet haben soll, nicht möglich gewesen sein soll, mehr als 3 gezielte Schüsse abzugeben.

Abb. 154: Auf diesem Foto am Tatort in Dallas am 22. November 1963 sieht man das Gebäude des Schulbuchlagers, von dem aus nach offizieller Verlautbarung Präsident John F. Kennedy von dem Einzeltäter Lee Harvey Oswald erschossen wurde (siehe Fenster mit Pfeil markiert). Das Foto entstand kurz vor dem Attentat.

Es existieren von dem Gebäude des Schulbuchlagers in Dallas, von dem aus angeblich JFK von Lee Harvey Oswald erschossen wurde, einige Aufnahmen, kurz bevor die Schüsse fielen. Darauf erkennt man auch ein geöffnetes Fenster, von wo aus Oswald geschossen haben soll. Es ist augenscheinlich keine Person am Fenster zu erkennen. Im Stockwerk darunter sieht man zwei weitere geöffnete Fenster.

Dort erkennt man auf einer anderen Aufnahme zwei identifizierte Personen, die angeblich nichts mit dem Attentat zu tun hatten – eines der bekanntesten Bilder, das nach dem Attentat um die Welt ging. Jedoch sieht man im Raum im 6. Stock, wenn man genau hinschaut, etwas, das wie ein Mensch aussieht, rechts zu sehen neben dem Karton. Man scheint einen Kopf in der Seitenansicht erahnen zu können, ein Ohr und den Haaransatz des Mannes:

COMMISSION EXHIBIT 482

Abb.155: Ist hier im oberen Stock ein Gesicht am Fenster zu erkennen? Eine hellere Bildanalyse zeigt offensichtlich mehr Details, siehe Abb. 157.

Die weltbekannte Aufnahme von Tom Dillard, „Warren Commission Exhibit 482", wenige Sekunden, nachdem der letzte Schuss abgefeuert wurde. Vom oberen geöffneten Fenster im 6. Stock aus soll den offiziellen Verlautbarungen nach Lee Harvey Oswald Kennedy erschossen haben. Hier fand man auch „seine" Waffe und angeblich drei (...) leere Patronenhülsen. Stimmt diese verkündete „Wahrheit", oder war es ein inszenierter Tatort? Eventuell sogar der Tatort eines anderen Schützen, dessen Tat später Oswald in die Schuhe geschoben wurde? Dafür spricht einiges. Denn Oswald stand zu jenem Zeitpunkt, als die tödlichen Schüsse abgefeuert wurden, womöglich unten am Eingang des Schulbuchlagers, wie bereits gezeigte Analysen ergeben haben, die zu belegen scheinen, dass es sich niemals um Nolan Lovelady gehandelt haben kann, der nach offizieller Darstellung die Person unten am Eingang gewesen sein soll. Doch wer schoss dann vom 6. Stock des Gebäudes aus auf John F. Kennedy, falls der Tatort dort nicht komplett konstruiert war?

Abb. 156: Ist hier im 6. Stock ein Gesicht zu erkennen? Eine hellere Bildanalyse zeigt offensichtlich mehr Details, siehe nachfolgende Abbildung.

Abb. 157: Ist hier im 6. Stock ein Gesicht zu erkennen? Eine hellere Bildanalyse zeigt offensichtlich mehr Details. Man scheint einen Kopf in der Seitenansicht erahnen zu können, ein Ohr und den Haaransatz des Mannes. Handelt es sich hierbei um den Skull & Bones-Mann Malcolm Wallace? Siehe dazu die ergänzende Bemerkung bei Abb. 164.

Ein weiteres bekanntes Bild zeigt die Gebäudefront nach dem Attentat, als die Polizei das Haus gesichert und den Tatort gefunden hat. An einem der Fenster sieht man einen Polizisten an einem der Fenster, der in die Richtung des Fensters zeigt, wo sich offiziell der Tatort befunden hat:

218

Abb. 158: Sgt. Gerry Hill von der Dallas Police zeigt gegen 13 Uhr mit der Hand in Richtung des Fensters, wo nach offiziellen Angaben der Tatort gewesen ist, von dem aus Lee Harvey Oswald Kennedy erschossen haben soll.

War der Tod des Polizisten J. D. Tippit ein Zufall?

Und es ergeben sich weitere Fragen, die sich bislang niemand gestellt hat: Angenommen Lee Harvey Oswald war lediglich ein Sündenbock, der nie einen Schuss auf den Präsidenten abgefeuert hat – hat dann vielleicht auch die Tatsache, dass der Polizist J. D. Tippit erschossen wurde (offiziell auch wieder von Lee Harvey Oswald), ganz andere Beweggründe, als man auf Anhieb vielleicht glaubt? War Tippit ebenso wie Oswald kein zufälliges Opfer nach der Ermordung von JFK? War auch sein Tod geplant?

Um diese Frage beantworten zu können, müsste man eventuell rekonstruieren, wo sich J. D. Tippit *wirklich* aufgehalten hat, als JFK erschossen wurde. Denn es gibt ein Bilddokument, das hierüber Aufschluss geben könnte.

Denn was viele nicht wissen:

Von dem zuvor gezeigten Foto von Tom Dillard, welches wenige Sekunden nach den Schüssen aufgenommen wurde, und auf dem man im 5. Stock zwei Personen sieht und am Fenster darüber im 6. Stock bei Aufarbeitung mit Bildbearbeitung einen menschlichen Kopf in der Seitenansicht mit Ohr und Haaransatz erahnen kann, existiert auch noch eine andere Version, die nicht der Warren-Kommission vorgelegt wurde.

Allerdings sieht man auf *dieser* Version eine (weitere?) Person am oberen Fenster im 6. Stock, die ebenso wie die beiden Männer im Stockwerk darunter, schemenhaft aus dem Fenster blickt. Eines ist auf diesem Bild aber deutlich zu erkennen: Diese Person ist definitiv nicht Lee Harvey Oswald... Einige glauben, hierbei handelt es sich um die Originalaufnahme, während die offizielle Originalaufnahme geschwärzt wurde, um die Person unkenntlich zu machen, da sie Oswald als Täter ausschließen würde. Eine Vorgehensweise die bei anderen Aufnahmen, die der Warren-Kommission vorgelegt wurden, wie im Buch bereits aufgezeigt und sich später herausstellte, geradezu Normalität gewesen zu sein scheint. Deshalb würde es eigentlich ins Konzept passen, dass auch dieses Bild in manipulierter Fassung der Kommission vorgelegt worden sein könnte.

Werfen wir deshalb einen näheren Blick auf jene Version des Fotos, in der im 6. Stock plötzlich ein (weiterer?) Kopf rechts im Bild am Fenster zu erkennen ist, wo in der offiziellen Version nur Schwärze zu sehen war:

Abb. 159: Die Aufnahme von Tom Dillard, aufgenommen wenige Sekunden nach den Schüssen, existiert noch in einer anderen Version als der von der Warren Commission verwendeten. Mit dem Unterschied, dass hierauf auch eine (weitere?) Person an jenem Fenster im 6 Stock schemenhaft zu erkennen ist, von dem aus die tödlichen Schüsse angeblich abgefeuert wurden. Allerdings ist auf diesem Bild auch in der Bildvergrößerung (siehe nachfolgende **Abb. 160**) deutlich zu erkennen: Die Person ist definitiv nicht Lee Harvey Oswald. Wurde das Originalbild bearbeitet, um die Einzeltäterthese zu stützen und Oswald den Mord in die Schuhe zu schieben?

Falls aber tatsächlich das Foto mit dem (weiteren) Kopf im 6. Stock die Originalaufnahme darstellt, dann wird ein verblüffendes Detail deutlich.

Vergrößerung des Bildausschnitts

Abb. 160: In der Vergrößerung sieht man deutlich, dass die Person am Fenster nicht Lee Harvey Oswald ist. Sollte es sich hierbei um die Originalaufnahme handeln und die von der Warren Commission verwendete Version ist geschwärzt, dann tut sich ein noch viel größeres Rätsel auf. **Denn die Person am Fenster ist Polizist J.D. Tippit wie aus dem Gesicht geschnitten** – jenem Polizisten, der angeblich am selben Tag in Folge ebenfalls von Lee Harvey Oswald etwa 40 Minuten nach dem Attentat in der Stadtmitte von Oak Cliff, einem Vorort von Dallas, erschossen worden sein soll. Zufall?

Gegenüberstellung

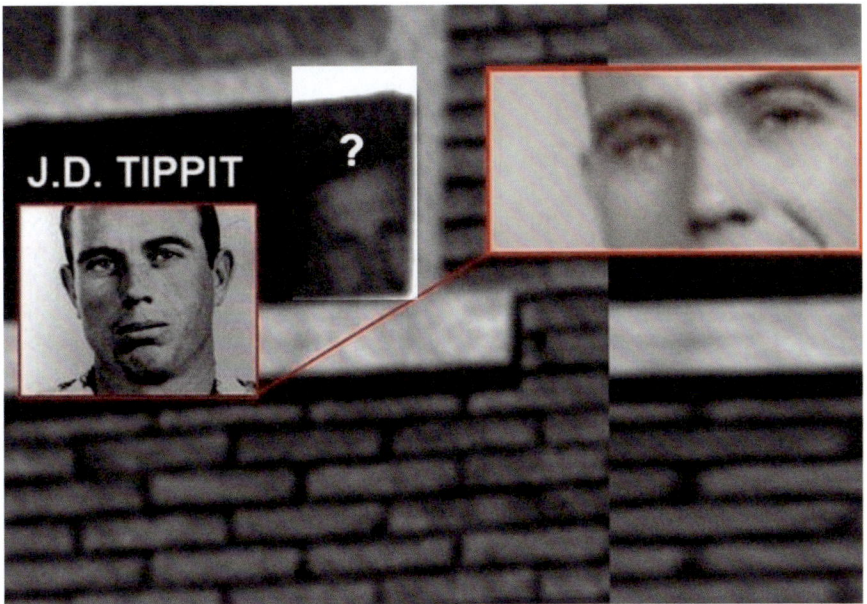

Abb. 161: Bildausschnitt – Gegenüberstellung mit dem Polizisten J. D. Tippit, der angeblich etwa 40 Minuten nach dem Attentat auf John F. Kennedy von Oswald erschossen wurde. Ist die Ähnlichkeit zufällig?

Tatsache ist jedenfalls: Lee Harvey Oswald hat bis zuletzt bestritten, den Polizisten J. D. Tippit erschossen zu haben, ebenso wie er bestritt, der Mörder von John F. Kennedy zu sein.

Abb. 162: Sehen wir hier zwei der Schützen, die auf JFK geschossen haben?

War der Polizist J. D. Tippit ein Mitwisser oder gar einer der Schützen oben am Fenster? Und wurde er deshalb ebenso planmäßig liquidiert wie Lee Harvey Oswald, um eine Rückverfolgung der tatsächlichen Ereignisse zu erschweren?

Abb. 163a links oben: Fingerabdruck von Malcolm Wallace, den man im Schulbuchlager in Dallas in jenem Raum fand, aus dem Lee Harvey Oswald auf JFK geschossen haben soll. **Abb. 163b** oben rechts: Bild von Skull & Bones-Mitglied Malcom Wallace, den wir auch auf **Abb. 66** unten links am Tisch sitzend mit George Bush Sen. (hinter ihm stehend) auf einem Foto der Skull & Bones desselben Jahrgangs (Yale) sehen. **Abb. 163c** unten links und **Abb. 164** unten rechts: Aufnahme von Tom Dillard, die, siehe Bildvergrößerung, ebenfalls deutlich einen Mann an jenem Fenster zeigt, von wo aus angeblich Lee Harvey Oswald aus dem Schulbuchlager Präsident John F. Kennedy erschossen haben soll. Er hat jedoch ebenfalls keinerlei Ähnlichkeit mit Oswald. Es scheint der Mann zu sein, der in einer anderen Aufnahme (siehe **Abb. 157 und 162**) nur schemenhaft von der Seite zu erkennen ist. Handelt es sich bei dieser Person um Malcolm Wallace?

Dass die offiziellen Behauptungen gegen Oswald anhand manipulierter Bilder untermauert wurden, wird besonders an dem nachfolgenden Kapitel deutlich.

Kapitel 11: Weitere Lügen und Manipulationen

Auf der angeblichen Tatwaffe, mit der John F. Kennedy erschossen worden sein soll, einem Mannlicher-Carcano-Gewehr, fanden sich wie erwähnt keinerlei Fingerabdrücke von Oswald. Und dieser wurde am Tag seiner Verhaftung einem Nitrat-Test unterzogen, der bewies, dass er in den vorangegangenen 24 Stunden keine Waffe abgefeuert hatte.

Ein bekanntes Foto, auf dem Oswald mit der angeblichen Tatwaffe und einer Ausgabe des Magazins *The Daily Worker* zu sehen ist, ist inzwischen, wie ebenfalls erwähnt, von verschiedenen Stellen als Fälschung entlarvt worden. Unter anderem auch vom Fotosachverständigen der Warren-Untersuchungskommission, der ein Gutachten hierzu verfasste, das jedoch nicht beachtet wurde.

Abb. 165 links: Dieses Foto wurde der Warren-Kommission als Beweis vorgelegt, dass Lee Harvey Oswald ein Gewehr besaß. Sehr interessant, aber jetzt ist erwiesen: Das Bild ist eine Fotomontage und somit eine Fälschung. Abb. 166 rechts: Die Vorlage für eine Bildmontage.

Die Aussage von Lee Harvey Oswald selbst zu diesem Thema finden Sie in Kapitel 1. Auch die Untersuchungen durch verschiedene Ausschüsse des Kongresses und von Jim Garrison kamen zu der Überzeugung, dass die Fotos manipuliert wurden, um seine Einzeltäterschaft zu „beweisen".

Abb. 167 oben bis **Abb. 170** unten rechts: Bildserie, die Lee Harvey Oswald mit dem Gewehr zeigen soll, mit dem John F. Kennedy erschossen wurde. Inzwischen ist klar, dass die Fotoserie gefälscht wurde. Aber wer veranlasst so etwas? Und warum…?

Es wurde über Jahre hinweg viel über die Schatten in der Bildserie spekuliert, die „Lee Harvey Oswald" wirft. Hier gibt es eindeutige Hinweise auf eine Bildfälschung. Doch es gibt viele weitere Details, die das Foto als eine Bildfälschung entlarven. Es stellte sich zum Beispiel auch heraus, dass die Kinnpartie augenscheinlich nicht mit der von Oswald übereinstimmt.

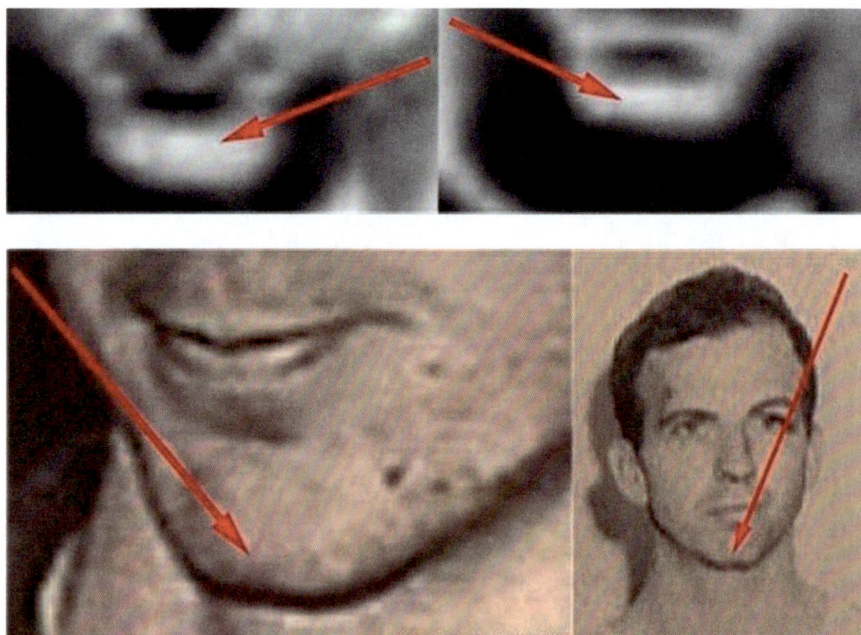

Abb. 171 oben links und Abb. 172 oben rechts: Vergleichsbilder Bildausschnitt „Oswald" auf Foto mit Gewehr. Abb. 173 und 174 unten: Echtes Foto von Lee Harvey Oswald. Die Kinnpartie auf der Bildfälschung Abb. 171 / 172 zeigt ein eckiges breites Kinn, Oswald besitzt aber ein eher spitz zulaufendes, rundliches Kinn. Oswald selbst sagte, man habe seinen Kopf mit dem Körper einer fremden Person zusammenmontiert (siehe Kapitel 1). Bei Oswalds Kinnform dürfte hier kein schattierter Bereich sein. Es ist somit offensichtlich das Resultat einer Art morphologischer Bildbearbeitung, bei der die Züge des Gesichts jener Person, die wirklich das Gewehr hielt und als Vorlage diente, fließend mit dem Gesicht von Oswald ineinander übergeleitet wurden. Andere Spekulationen liefen dahingehend, dass es sich bei der Person auch um einen Doppelgänger handeln könnte.

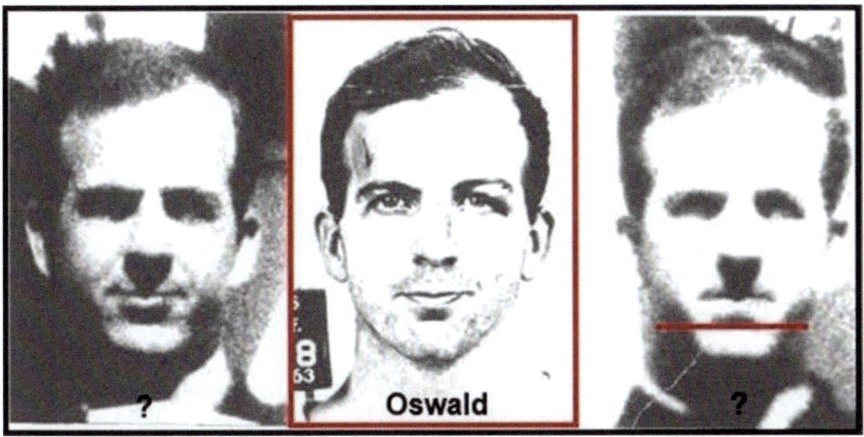

Oswald

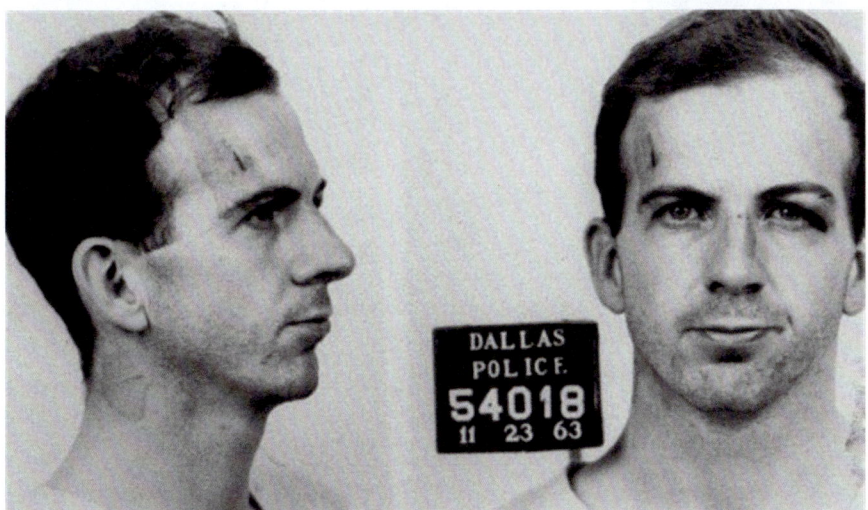

DALLAS
POLICE
54018
11 23 63

Abb. 175 oben links und **Abb. 177** oben rechts: Vergleichsbilder „Oswald" auf Foto mit Gewehr. **Abb. 176** oben Mitte und **Abb. 178** unten: Echtes Foto von Lee Harvey Oswald. Die Kinnpartie auf der Bildfälschung zeigt ein eckiges Kinn, Oswald besitzt aber ein eher spitz zulaufendes, rundliches Kinn. Die Bildvorlage einer anderen Person und ein Foto von Oswald wurden kombiniert zum „Beweisfoto".

Die verwendete Vorlage für die Bildmanipulationen

Abb. 179: Lee Harvey Oswald behauptete bereits bei seiner Vernehmung, dass ein Foto mit dem Gartenbereich in Form einer Fotomontage manipuliert wurde.

Es ist nicht schwer für professionelle Bildbearbeiter, eine Person in ein Foto einzufügen. Sehen Sie nachfolgend, wie es gemacht worden sein könnte:

230

Abb. 180: Im Bild sehen Sie anhand eines Beispiels, wie die Manipulation damals stattgefunden haben könnte.

Das Rätsel um das ominöse Foto ist gelöst. Ignoriert von vielen Massenmedien, die sich – wenn überhaupt – auf die Spekulationen über Verschwörungstheorien stürzen, wie jene, dass ein Arm in das Bild montiert wurde, und ähnlichen Blödsinn, die bereits der Grundaussage von Oswald zu diesem Thema widersprechen. Denn dieser sagte, sein Kopf wurde auf den Körper eines fremden Mannes montiert.

Weitere Manipulation als Beispiel

Abb. 181: Weitere Manipulation als Beispiel für eine Oswald-Bildmontage. Technisch auch schon damals ein „Kinderspiel".

Die Bilder Abb. 167-170 zeigen Oswald vor demselben Hintergrund, der Rückwand des Hauses, in dem er im März 1963 gewohnt hatte. Die Fotos wurden angeblich von seiner Frau Marina freihändig aufgenommen. Der Schatten auf Oswalds Gesicht ist in allen Bildern gleich, obwohl er unterschiedlich posiert.

Sein Körper erscheint jedoch mal größer, mal kleiner, je nach Entfernung zur Kamera. Lediglich der Kopf verändert seine Größe nicht, wirkt dadurch mal zu klein und mal zu groß. Die tiefen Schatten auf der Nase und den Augen deuten darauf hin, dass die Aufnahmen gegen Mittag gemacht wurden. Dem entgegen wirft der Körper Oswalds einen langen Schatten, wie es eine Aufnahme am Spätnachmittag zufolge hätte.

Anstelle des spitz zulaufenden, eher fliehenden Kinns, das Oswald besaß, besitzt der Mann auf dem Foto zwar Oswalds Gesichtszüge, aber nicht seine Kinnform.

Für Major John Pockard, Fotoexperte, Kommandant der Fotografischen Abteilung des kanadischen Verteidigungsministeriums, ebenso wie Malcolm Thompson, ein Scotland Yard-Fotoexperte und Ex-Präsident des *Englischen Instituts für angewandte Fotografie*, ist es zweifelsfrei, dass es sich um Bildmontagen handelt.

Thompson versicherte in einem im Jahr 1978 ausgestrahlten BBC-Interview: *„Das sind Fälschungen!"*

Bereits im Jahr 1966 versuchte die *London Times*, die Aufnahmen von Oswald im Garten nachzustellen. Dabei gelang es deren Fotografen nicht, den verdächtigen Schattenwurf unter nicht manipulierten Umständen zu duplizieren. Im Februar 1992 beschloss der Stadtrat von Dallas, sämtliche vorliegende Polizeiakten zum Mord an JFK zu veröffentlichen. In diesen Akten fand sich ein Abzug des Fotos, jedoch ohne Oswald darauf. An dessen Stelle war nur eine weiße Silhouette zu sehen, wie man sie in einer Dunkelkammer benutzt, um Komposit-Bilder zu erstellen…

Vorlage für Oswald-Manipulation

Abb. 182: Wie hier gezeigt, wurde eine anderen Person als Vorlage herangenommen, über die später der Kopf von Oswald gesetzt wurde – sprich das „Original"-Gesicht in der Fotoserie unter dem montierten „Oswald-Kopf". So wurde die „Fake News" damals in den Massenmedien als „Fakt News" verbreitet, um Oswald als Täter zu identifizieren. Die Vorlage besitzt das breite Kinn, welches Oswald fehlt.

Abb. 183 oben und **Abb. 184** unten: Wie hier links im Bild gezeigt, wurde eine andere Person mit Zeitung und Gewehr genommen, welche die personelle Vorlage gewesen ist, über die später der Kopf von Oswald gesetzt wurde, siehe Bild rechts. Alle Vergleichslinien stimmen überein, nur im markierten Kopfbereich, siehe nachfolgende **Abb. 185**, stimmen die Vergleichslinien nicht. Oswalds Augenhöhe landet unter der Sonnenbrille der Person, die hier als Vorlage dient. Oswald Kopf sitzt tiefer, seine Nase ebenfalls usw...

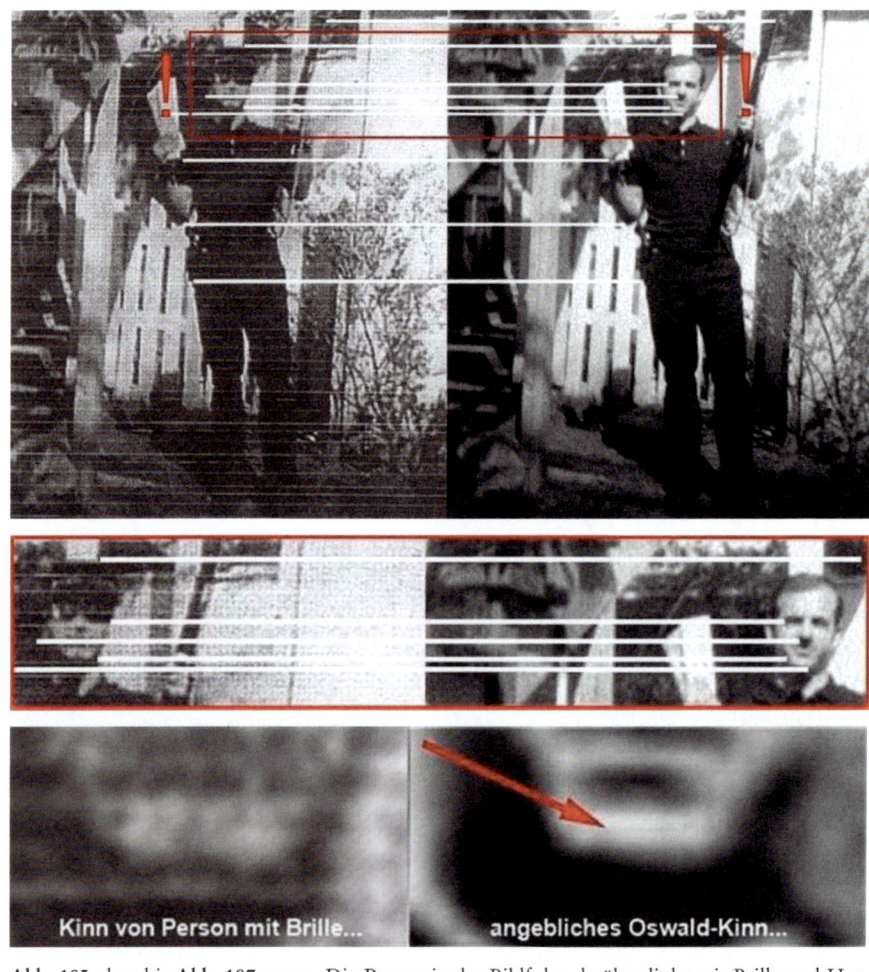

Kinn von Person mit Brille...   angebliches Oswald-Kinn...

Abb. 185 oben bis **Abb. 187** unten: Die Person in der Bildfolge darüber links mit Brille und Hut. Rechts daneben nochmals die Vergrößerung des angeblichen „Oswald"-Kinns auf der montierten Abbildung, die der Warren-Kommission zur Verfügung gestellt wurde und die das Bild fälschlicherweise als echt bewertet hatte. Die Außenformen der Kinn-Partien stimmen überein. Es liegt somit nahe, dass die Kinn-Partie auf der Montage des „Oswald-Kopfes" noch jene von der Person ist, über die der Oswald-Kopf in einer Art morphologischer Bildbearbeitung eingefügt wurde. Der Untersuchungsausschuss des US-Repräsentantenhauses und die Warren-Kommission beharrten jedoch auf der Echtheit der Aufnahmen...

Die dubiose Marina Oswald

Auch die Rolle von Marina Oswald, der Frau von Lee Harvey Oswald, erscheint dubios in dem Mordfall JFK. Manche behaupteten sogar, sie wäre beauftragt worden und hätte eine zweite Identität. Das wäre ohne Frage ein besonders tragisches Element im Fall Oswald, denn das beste Argument der Untersuchungskommission ist die Aussage von Marina Oswald als Zeugin, die erklärte, sie habe „das Foto" eigenhändig geschossen. Als man sie jedoch daran erinnerte, dass es sich um mehrere Bilder handelte, konnte sie sich daran nicht erinnern.

Völlig dubios wurde die Sache, als Marina später behauptete, Oswald habe nie ein Gewehr besessen. Das ist merkwürdig, hatte sie doch zuvor berichtet, sie habe Oswald mit einem Gewehr im Garten fotografiert... Als man ihr die Mordwaffe präsentierte, sagte die Frau mit starkem russischem Akzent: *„Ich habe nicht gewusst, dass existiert Gewehr mit Fernrohr."*

Aber nach neunwöchiger Befragung, in der man ihr mit der Abschiebung nach Russland drohte und in der sie vom Secret Service komplett abgeschottet wurde *(incommunicado)*, war da plötzlich eine ganz andere Marina Oswald, die genau die Geschichte erzählte, die die Warren-Kommission hören wollte – als Kronzeugin gegen ihren verstorbenen Mann.

Die 132.000 Dollar, die sie für die Rechte an ihrer Geschichte von einem US-Verlag bekommen hatte, könnten auch ihren Teil dazu beigetragen haben. Doch bereits ein Jahr später war Marina wieder die alte... In einem Interview mit Jack Anderson, ein TV-Reporter, berichtete sie im Jahr 1988: *„Ich konnte nie akzeptieren Idee, dass Lee nicht mochte oder wollte Präsident Kennedy. Alles, was ich erfuhr von Präsident Kennedy, war gut und stammte von Lee..."*

Und sie berichtete weiter: *„Ich wurde von der Warren-Kommission benutzt ... die so unehrlich untersuchte und alles versuchte, um Lee als Schuldigen darzustellen ... Ich war damals sehr leicht zu manipulieren. Ich war sehr jung, unreif und naiv."* Marina Oswald sprach jetzt davon, dass man Lee das Gewehr untergejubelt habe.

Über ihren Mann sagte sie, sie glaube, er hätte für die Regierung gearbeitet und dass er eine gewisse Gruppe infiltriert habe: *„Ich sage nicht, dass*

Lee Teil einer Verschwörung war. Er wurde von einer Verschwörung be-
nutzt... Als ich von der Warren-Kommission verhört wurde, war ich ein blin-
des Kätzchen. Ihre Fragestellung erlaubte nur eine Antwort: Schuldig! Ich be-
schuldigte Lee! Er hatte nie eine faire Chance! Aber ich war damals erst 22 ...
und ich bin seitdem gereift! Ich denke anders!" so Marina Oswald in einem
Interview für das „Ladies' Home Journal" im Jahr 1988.[66]

Die widersprüchlichen Aussagen von Marina Oswald fielen selbst einem
Berater der Warren-Kommission auf. Norman Redlich: *„Marina Oswald*
belog wiederholt den Secret Service, das FBI und diese Kommission."

Als diese behauptete, sie habe das besagte Foto von Oswald geschossen,
erklärte Marina, sie habe im März 1963 mit dem Rücken zur Treppe gestanden. *„Diese Treppe ist aber auf den Fotos im Hintergrund zu sehen"*, bemerkte Autor Michael Hesemann in seinem Buch „Geheimakte John F.
Kennedy".
Interessanterweise taucht der mysteriöse „Oswald"-Doppelgänger mit
der breiten Kinnlade, die nicht mit der vom echten Lee Harvey Oswald
übereinstimmt, auch auf einem Foto auf, das ein Polizeioffizier von der
„Leiche Oswalds" gemacht hat. Sehen Sie in Abb. 188 nochmals eine Gegenüberstellung. Die Fragen, die sich hieraus ergeben, sind vielfältig.

Diese und andere Hinweise, die in anderen Publikationen bereits aufgeführt und zum Teil auch von Jim Garrison benannt wurden, machen deutlich, dass die Beweisführung in vorliegendem Fall abgeschlossen ist. Die
Konsequenzen, die sich daraus ergeben, sind von allerhöchster Bedeutung.

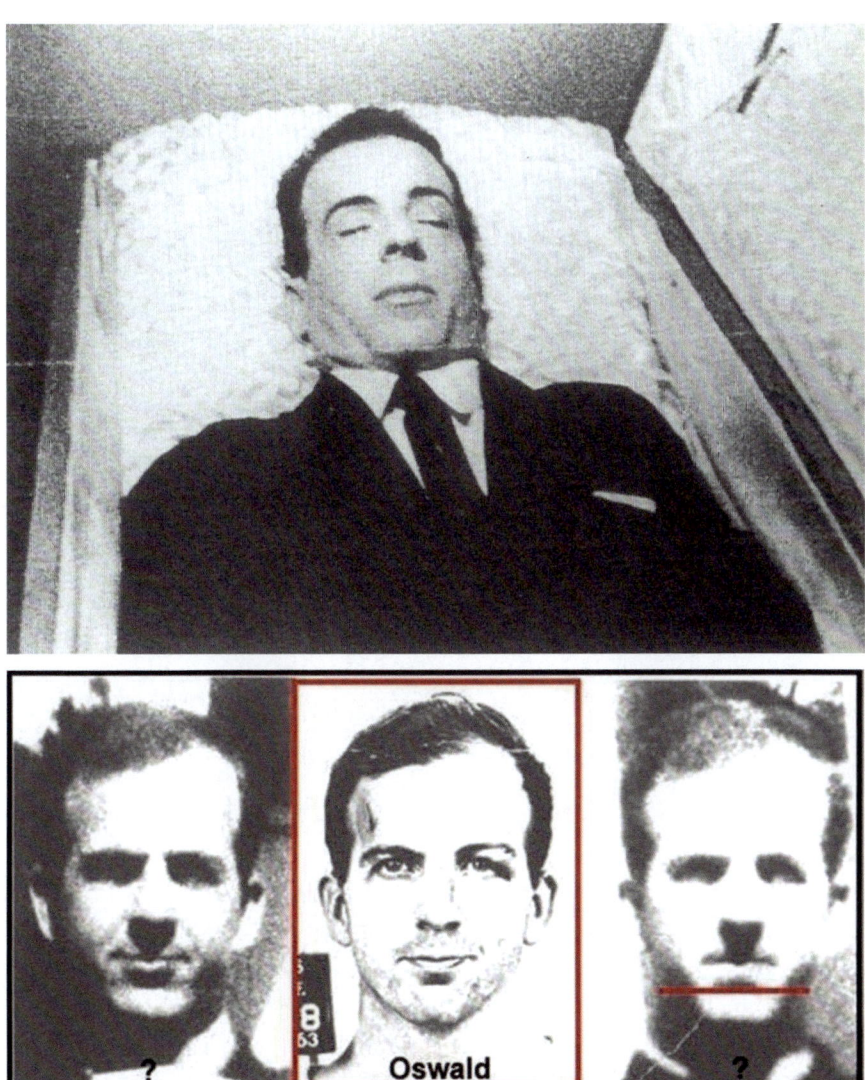

Abb. 188 oben: Der „falsche" Oswald mit der breiten Kinnlade auf einem Polizeifoto von der „Leiche Lee Harvey Oswalds", angefertigt von einem Polizeioffizier. Unten im Bildvergleich mit einem echten Foto, unten Bildmitte mit eher spitz zulaufendem Kinn – und dem „Lee Harvey Oswald" auf dem Cover des *Life-Magazins* aus dem Jahr 1964 mit der breiteren Kinnpartie. Die Fragen, die sich hieraus ergeben, sind vielfältig. Nur ein Spiel aus Licht und Schatten – oder weitere Hinweise auf Bildmanipulationen?

Gestellte Szene bei der Untersuchung des Vorfalls nach der Ermordung von John F. Kennedy

Abb. 189: Gestellte Szene bei der offiziellen Untersuchung des Vorfalls nach der Ermordung von John F. Kennedy.

Am Ende spielt es keine Rolle, wer hier als Vorlage auf den Bildern diente, warum Oswalds Kopf zu groß auf den Bildern erscheint und ob eventuell auch die Kinnpartie einen Hinweis auf Manipulation gibt. Zusammengenommen mit den falschen Schatten und Aussagen ist eines sicher: Das Foto auf dem *Life Magazine* mit „Oswald" darauf ist eine Bildfälschung, mit dem Ziel, ihn als Täter zu identifizieren.

Abb. 190: Titelbild der Ausgabe des *Life Magazins* vom 21. Februar 1964 mit „ge-FAKEtem" Titelbild. Es kann somit umgeschrieben werden in:

Abb. 191: Interpretation von Jim Marrs

Kapitel 12: „The smoking Gun" und weitere Schützen?

Einige Männer, die sich als Security-Service-Agenten ausgaben, wurden beim Grashügel gestellt, obwohl sich nach offizieller Darstellung außer bei der Wagenkolonne nicht ein Secret-Service-Mitarbeiter am Tatort befunden hätte. Ein Augenzeuge sah einen Mann mit Gewehr vom Grashügel in unmittelbarer Nähe zum Tatort wegrennen, der seine Waffe mit geübtem Griff zerlegte, in einen Koffer verstaute und in einem PKW davonfuhr. Ein anderer Zeuge, der die Angaben bestätigen konnte, ärgerte sich in einem Interview etwa 30 Jahre nach dem Attentat noch immer, warum seine Aussage von der Polizei damals ignoriert wurde. Der Student Arnold Roland schaute vor dem Eintreffen der Wagenkolonne zum Schulbuchlager hinauf und sah in jenem Stockwerk und Fenster, in dem Oswald schon gelauert haben musste – glaubt man den offiziellen Behauptungen – einen älteren Mann, der offensichtlich dem Polizisten J. D. Tippit etwas ähnlich sah, welcher infolge 40 Minuten nach dem Attentat von Lee Harvey Oswald erschossen worden sein soll. Am anderen Ende des Gebäudes sah er hinter dem Fenster ganz links eine männliche Person stehen, die ein Gewehr im Anschlag hatte. Seine Vermutung damals war, dass es sich hierbei um einen Secret Service-Agenten handeln würde. Als er später eine Aussage beim FBI zu seiner Beobachtung machte, deutete man ihm an, er solle die Sache besser vergessen.

Die Zeugin Carolyn Walther, die im benachbarten Dal-Ex-Gebäude arbeitete, hatte den Mann mit dem Gewehr am anderen Ende des Gebäudes am Fenster, den der Student Arnold Roland beschrieb, ebenfalls gesehen. Auch sie wurde von der Warren-Kommission nicht als Zeugin geladen.

Weitere Zeugen beschrieben einen Schützen hinter jenem Fenster, an dem Oswald zum besagten Zeitpunkt sein „sollte" – jedoch als älteren Mann mit etwas dunklerer Haut. So auch der damals sechzehnjährige Junge Amos Euins. Laut den Augenzeugen hatten beide Schützen im Gebäude überhaupt keine Ähnlichkeit mit dem dunkelhaarigen Lee Harvey Oswald.

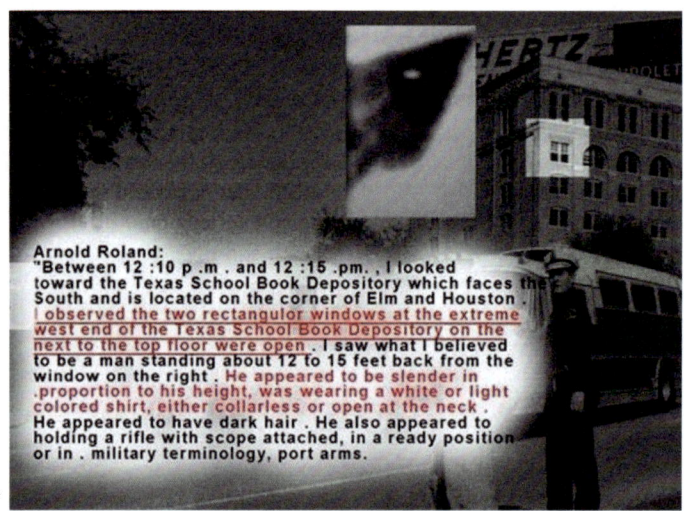

Arnold Roland:
"Between 12 :10 p .m . and 12 :15 .pm . , I looked
toward the Texas School Book Depository which faces the
South and is located on the corner of Elm and Houston .
I observed the two rectangular windows at the extreme
west end of the Texas School Book Depository on the
next to the top floor were open . I saw what I believed
to be a man standing about 12 to 15 feet back from the
window on the right . He appeared to be slender in
.proportion to his height, was wearing a white or light
colored shirt, either collarless or open at the neck .
He appeared to have dark hair . He also appeared to
holding a rifle with scope attached, in a ready position
or in . military terminology, port arms.

Abb. 192: Hinter diesem Fenster, an der anderen Seite des Schulbuchlagers, von wo aus den offiziellen Angaben zufolge Oswald als Schütze auf Kennedy wartete, sahen Arnold Roland und andere Zeugen einen Mann mit Gewehr, der keine Ähnlichkeit mit Oswald hatte.

Abb. 193: Der Student Arnold Roland schaute vor dem Eintreffen der Wagenkolonne zum Schulbuchlager hinauf und sah in jenem Stockwerk und Fenster, in dem Oswald schon gelauert haben
musste, einen älteren Mann. Am anderen Ende des Gebäudes sah er hinter dem Fenster ganz links
eine männliche Person stehen, die ein Gewehr im Anschlag hatte.

Viele der Zeugen, die andere Abläufe schilderten als die offiziell später behaupteten, wurden von der Warren-Kommission gar nicht erst angehört, und wenn ja, wurden sie im Warren-Report nicht erwähnt. Hier gibt es durchaus erneut Parallelen zum offiziellen Untersuchungsbericht zu den Terroranschlägen vom 11. September 2001 in New York. Auch die Tatsache, dass ausgerechnet der Ex-CIA-Chef Allan Dulles, Hochgradfreimaurer (33°, Knight of Malta), in die Warren-Kommission berufen wurde, lässt tief blicken. Denn John F. Kennedy hatte diesen kurz zuvor mit der Aussage aus seinem Amt entlassen, er werde die CIA in tausend Stücke zertrümmern. Nun, dazu kam es nach der Ermordung des Präsidenten nicht mehr...

- Auf Deputy Sheriff Roger Craig, der die Tatwaffe, mit der Oswald getötet wurde, nicht im Einklang mit dem offiziellen Untersuchungsergebnis als deutsche „Mauser" identifiziert hatte, wurde geschossen. Später wurde sein Wagen in die Luft gesprengt. Nachdem er auch diesen Anschlag überlebt hatte, wurde er einige Zeit später bei sich zuhause erschossen aufgefunden.
- Ein weiterer Zeuge, der durch seine Aussagen die offiziellen Verlautbarungen der Warren-Kommission in Misskredit brachte – der Bahnwärter Lee Bowers Jr. – starb bei einem mysteriösen Autounfall.
- Deputy Sheriff Buddy Walthers, der aussagte, er habe eine Person beobachtet, die einen „Funkempfänger-Ohrstöpsel" trug und eine Kugel aus einer Waffe vom Boden am Tatort aufhob, wurde später ermordet.
- Der Augenzeuge James Worrel, der gegenüber der Warren-Kommission aussagte, er habe mehr als 3 Schüsse gehört, starb 1969 bei einem Unfall. Richard Carr, der dessen Aussagen bestätigte, wurde Opfer eines Messerattentates, das er überlebte. Später wurde sein Wagen in die Luft gesprengt.
- Der Augenzeuge Warren Reynolds, der einen Schützen auf der Jefferson Street beschrieb, wurde in einer Tiefgarage angeschossen. Erst nach diesem Anschlag gab er an, bei dem Schützen am Tatort in Dallas handele es sich um Lee Harvey Oswald. Bei einer vorherigen Befragung hatte er ihn nicht als den Täter identifiziert.

Gab es auch Schützen auf dem Grashügel?

Abb. 194: Man sieht hier auf dem Bild eines Augenzeugen nach den Schüssen auf John F. Kennedy eine Wolke, die von einigen auch als „Gun Powder" definiert wurde (siehe hierzu die Dokumentation „CROSSFIRE: The Plot That Killed Kennedy"). Offiziell wird diese Theorie abgetan, da modernere Waffen keine solchen Wolken nach dem Schießen hinterlassen. Bei älteren Modellen kann dies jedoch durchaus der Fall sein, wie der Autor Jim Marrs verdeutlicht hat. Zudem stellt sich unabhängig hiervon auch die Frage, wodurch diese Wolke kurz nach den Schüssen anstelle dessen verursacht wurde. Wie auch immer – diese Wolke ist nicht der einzige Hinweis auf weitere Schützen am Tatort in Dallas.

Der in Haft sitzende James Files behauptete in der Vergangenheit ebenfalls, an dem Attentat beteiligt gewesen zu sein und damals in Dallas vom Grashügel aus auf den Präsidenten geschossen zu haben.

Die Augenzeugin Cheryl McKinnon, eine Journalismus-Studentin, sagte Folgendes aus: *„Plötzlich fielen in kurzen Abständen ... Schüsse. Wir – ich und ein Dutzend anderer, die neben mir standen, drehten uns erschreckt um zu dem Grashügel hinter uns, von dessen Anhöhe die Schüsse zu kommen schienen. Fetzen weißen Rauches hingen noch immer in der Luft ... Ich bin mir absolut sicher, dass mindesten zwei ... der Schüsse hinter mir ... abgefeuert wurden."*

Abb. 195 oben: Vergrößerung der Stelle, an der Rauch gesehen wurde. Abb. 196 unten: Ein Polizist ist nach den Schüssen auf Kennedy zu einer Stelle oberhalb an der Brücke gerannt und klettert auf diese, um zu schauen, ob dort etwas Verdächtiges zu sehen ist. In der Bildeinfügung ein weiterer Bildausschnitt, auf dem der Rauch oben bei der Brücke zu sehen ist.

Seymour Weitzman, Hilfssheriff des Kreises Dallas, und sein Kollege Bill Hutton rannten den Hügel hinauf, als sie vom Secret Service zurückgewiesen wurden. Ihnen folgte der Polizist Joe Marshall Smith, dem noch kurz zuvor eine Frau hysterisch zugerufen hatte: *„Sie schießen von hinter den Büschen auf den Präsidenten!"* Als er den Holzzaun erreicht hatte, bemerkte er einen vermeintlichen Polizisten in Uniform und einen Mann in Zivil. Als er einen Revolver zog, zeigte dieser ihm einen Ausweis vom Secret Service und hielt ihn an, den Ort zu verlassen. Später erklärte Polizist Smith, er hätte dort oben noch Pulverdampf gerochen.

Ein anderer Augenzeuge, Malcom Summers, erinnert sich: *„Wir wurden von einem Mann im Anzug gestoppt, der einen Mantel über dem Arm trug, und ich sah ein Gewehr unter dem Mantel. Er warnte uns: ‚Kommen Sie hier nicht rauf, sonst könnten Sie erschossen werden.'"* Im offiziellen Untersuchungsbericht der Warren-Kommission heißt es: *„Eine gründliche Untersuchung, wo sich an diesem Tag alle Secret-Service-Agenten befanden und welche Aufgaben ihnen zugeteilt waren, ergab, dass sich kein Secret-Service-Agent in diesem Bereich (Grashügel) aufhielt."* [24]

- Trotzdem gibt es einen Augenzeugen: Lee Browers, der als Lotse für die Eisenbahn arbeitete und von einem Turm nördlich des Grashügels die Szenerie beobachtete, berichtete: *„Ab zehn Uhr hatte die Polizei den Parkplatz gesperrt … Trotzdem tauchten zwischen zwölf Uhr und den Schüssen drei Autos auf."*[24]
Der erste Wagen wäre ein blau-weißer Oldsmobile-Kombi von 1959 mit einem Aufkleber der Republikanischen Partei gewesen, der mehrfach über den Parkplatz kurvte, als würde er etwas suchen. Kurze Zeit später fuhr er wieder weg. Gegen 12:20 Uhr tauchte laut Browers ein zweiter Wagen auf, ein schwarzer Ford, Baujahr 1957. Der Fahrer des Fords schien ein Mikrofon in der Hand zu halten, während er mit der anderen Hand den Wagen steuerte. Kurze Zeit später tauchte ein neuer, stark verschmutzter viertüriger Chevrolet auf, der hinter dem Bretterzaun anhielt. Browers konnte nicht erkennen, ob jemand aus dem Wagen stieg, weil ihm die Büsche und Bäume die Sicht versperrten. Unmittelbar danach bemerkte er zwei Männer in Zivil am Ostende des Parkplatzes sowie zwei weitere

Männer in Uniform. Der dreckige Chevrolet fuhr erst nach dem letzten Schuss davon. Browers: *„Als die Schüsse fielen, sah ich in der Nähe der beiden Männer einen Lichtblitz oder … Rauch."*

- Fünf weitere Eisenbahnarbeiter, James Simmons, Richard Dodd, Austin Miller, Walter Winborn und Thomas Murphy sahen ebenfalls die Rauchwolke des Pulverdampfes hinter den Bäumen aufsteigen.

- Ein zusätzlicher Augenzeuge war der taubstumme Ed Hoffmann. Als dieser auf die Wagenkolonne mit dem Präsidenten wartete, bemerkte er einen Mann, der den Zaun entlanglief. Dieser trug einen dunklen Anzug und eine Krawatte sowie einen Mantel. Der Mann hielt ein Gewehr in den Händen. Er ging zu einem zweiten Mann, der wie ein Bahnarbeiter gekleidet war und übergab ihm die Waffe. Dann drehte er sich um und ging weg. Der augenscheinliche „Bahnarbeiter" ging in die Hocke, nahm das Gewehr in Anschlag, um es anschließend fachmännisch auseinanderzunehmen und steckte es in eine braune Tüte.

- Auch Polizist Sgt. Tom Tibson, der an jenem Tag dienstfrei hatte und mit seiner Tochter vor Ort war, beschrieb nach den Schüssen einen kleinen untersetzten Mann in dunkler Kleidung, der auf dem Eisenbahngelände zu einem schwarzen Wagen eilte und etwas auf den Rücksitz warf, danach in den Wagen stieg und in westlicher Richtung davonfuhr.

- Phil Willis schoss sein erstes Foto an der Kreuzung Main Street – Houston Street. Auf dem vierten ist der sogenannte „Umbrella Man", der trotz blauem Himmel und strahlenden Sonnenschein einen schwarzen Regenschirm öffnete, sowie ein weiterer Mann, der aufgrund seines hundeartigen Schattens „Black Dog Man" genannt wird. Er trug einen dunkelbraunen Regenmantel an diesem sonnigen Tag, ganz so, wie die Augenzeugin Jean Hill den Präsidentenmörder beschrieben hatte.

Polizist

HIER wurde der
Rauch gesehen

Abb. 197 oben: Vergrößerung des Polizisten an der Brücke
Abb. 198 unten: Die Stelle, an der Zeugen den Rauch nach dem Attentat sahen

Orville Nix begann zwei Sekunden vor dem tödlichen Kopfschuss, die Szenerie auf Zelluloid zu bannen. Seine Aufnahmen zeigen, wie der US-Präsident nach hinten gerissen wird. Im Hintergrund sieht man den „Black Dog Man" sowie einen Lichtblitz auf der rechten Seite neben diesem, der von der Waffe stammen könnte, sowie den Pulverdampf, von dem auch viele Augenzeugen sprachen. Auch die Aufnahmen eines *NBC*-Kameramannes, welcher dem Präsidenten folgte, zeigen Pulverdampf über dem Grashügel.

- Der Stahlarbeiter Robert Carr beobachtete von einem Baugerüst des benachbarten roten Gerichtsgebäudes nach freimaurerischer Bauart eine spektakuläre Flucht. Zwei Männer verließen das Texas-Schulbuchlager durch den Hintereingang und rannten zu einem Nash-Rambler-Kombi, welcher auf der Westseite der Houston Street, östlich des roten Ziegelbaus ganz offensichtlich auf diese wartete. Kaum waren diese in dem Wagen verschwunden, raste der Wagen los, obwohl eine seiner Türen noch offenstand. Kurze Zeit später bemerkte Carr einen stämmigen Mann, den er kurz zuvor noch im 6. Stock des Lagerhauses gesehen hatte, aus dem aus Lee Harvey Oswald Präsident Kennedy erschossen haben soll. Dieser lief eilig, sich ständig umschauend, davon. Und zwar die Commerce Street in östliche Richtung.

- Ein anderer Zeuge, James R. Worrel jr., sah diesen Mann ebenfalls. Er verstarb am 9. November 1966 im Alter von 23 Jahren bei einem Motorradunfall. Aber auch Robert Carr wurde diese Beobachtung zum Verhängnis. Als er seine Aussage gemacht hatte, bekam er Besuch von zwei FBI-Beamten. Laut Carr wurde ihm gesagt: *„Wenn Sie nicht Lee Harvey Oswald dort oben im Schulbuchlager mit dem Gewehr sahen, waren Sie kein Augenzeuge."*
Doch Carr erwiderte: *„Nur, der Mann, den ich im Fernsehen sah, dieser Lee Harvey Oswald, stand nicht im Fenster des Schulbuchlagers. Das war ein anderer Mann."* Daraufhin riet ihm einer der FBI-Agenten wörtlich, *„das Maul zu halten".* Robert Carr: *„Er fragte mich nicht, was ich sah. Er sagte mir, was ich sah."*

Der „Badgeman"

Abb. 199 oben und Abb. 200 unten: Laut verschiedenen Zeugen wurde hier ein Schütze gesehen, der möglicherweise sogar auf diesem Bild zu erkennen ist. Er ging als der „Badgeman" in die Verschwörungstheorien um JFK ein.

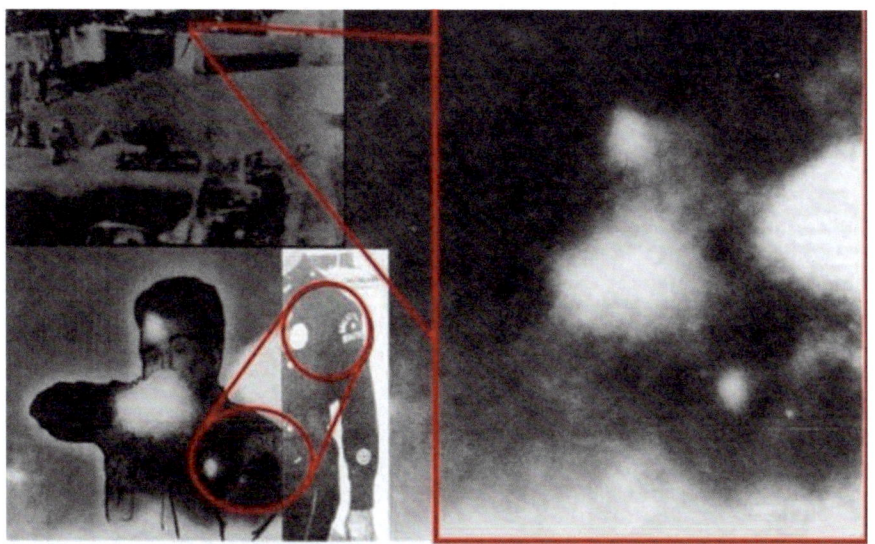

BADGEMAN

Abb. 201: Erst in der Vergrößerung ist der sog. „Badgeman" zu erkennen (siehe rechts im Bild). Laut Forschern wie Jim Marrs sieht man hier womöglich einen Polizisten, der mindestens einen Schuss abfeuert. Die Vergrößerung zeigt etwas auf der Brust des „Badgeman" und an seiner Schulter, das etwas wie die Abzeichen auf den bzw. an den Hemden der Polizisten zur damaligen Zeit vor Ort erkennen lässt (links unten und Bildmitte unten: eine Grafik und ein Ausschnitt eines Polizeihemdes zum Vergleich).

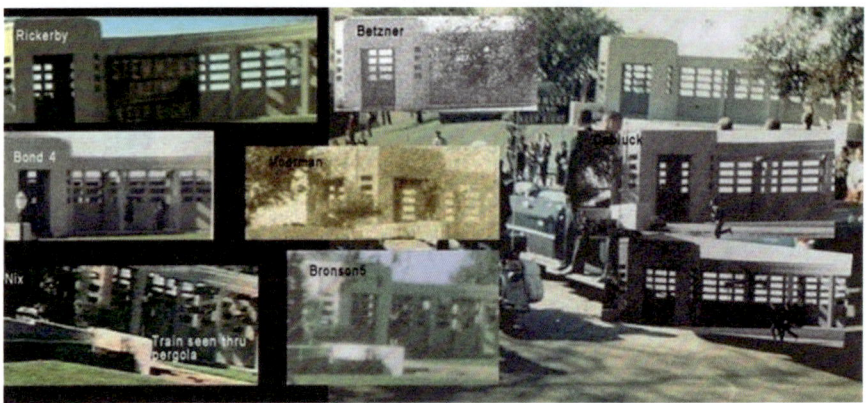

Abb. 202 oben: Bild vom Eingang des heutigen *Sixth Floor Museums* in Dallas
Abb. 203 unten: Kollage aus Bildausschnitten von Fotos verschiedener Augenzeugen, die den Bereich in der Nähe des sog. „Badgeman" zeigen

254

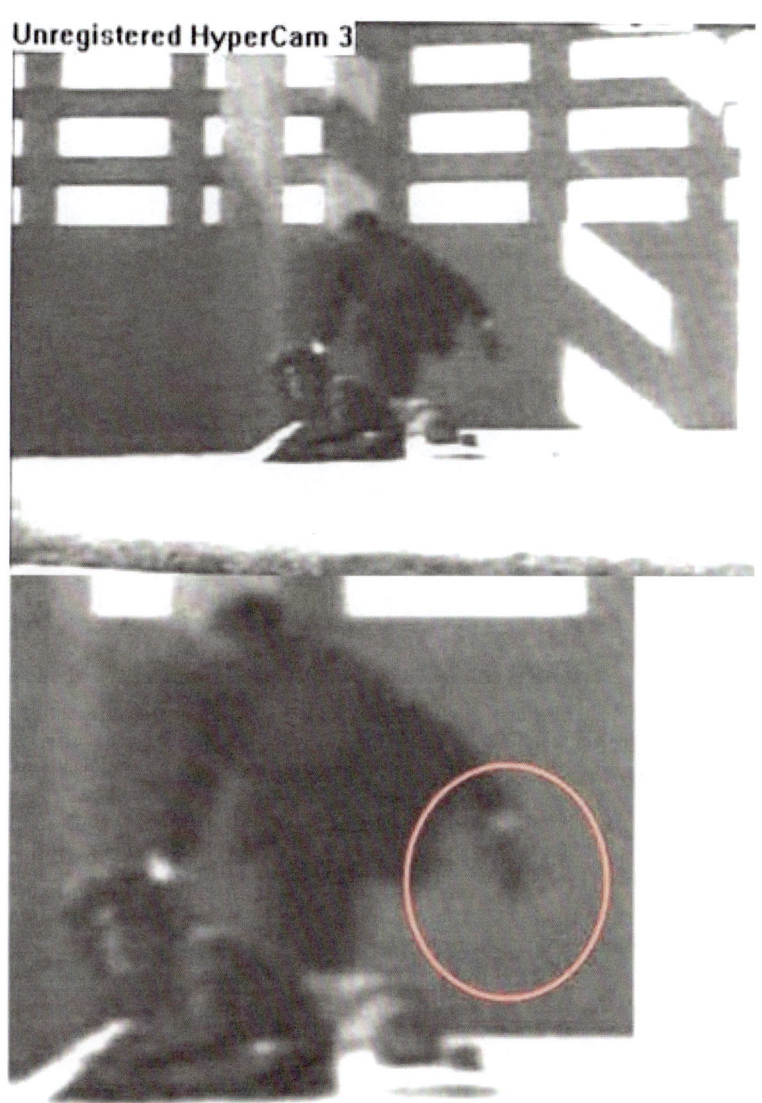

Abb. 204 oben: In dieser Sequenz sieht man nach den Schüssen in unmittelbarer Nähe der angeblichen „Badgeman"-Position einen Mann und eine Frau oben am Zaun. Der Mann hat etwas in der Hand, das entweder eine Waffe sein könnte – oder aber etwas, in dem eine Waffe versteckt sein könnte. Vermutlich Letzteres. **Abb. 205** unten: Vergrößerung

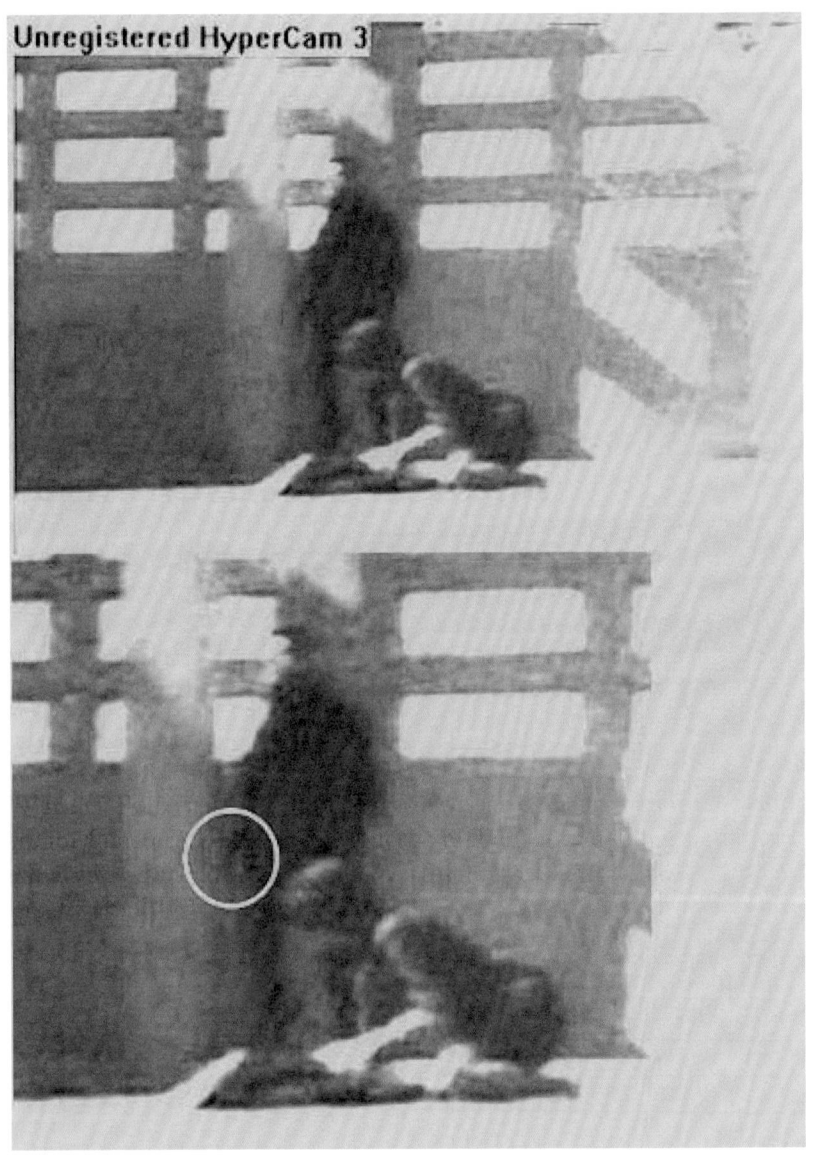

Abb. 206 oben: Weitere Sequenz aus dem Filmabschnitt, die den Mann mit der Waffe oder dem Gegenstand in der Hand zeigt, in dem eine Waffe verborgen sein könnte.
Abb. 207 unten: Vergrößerung

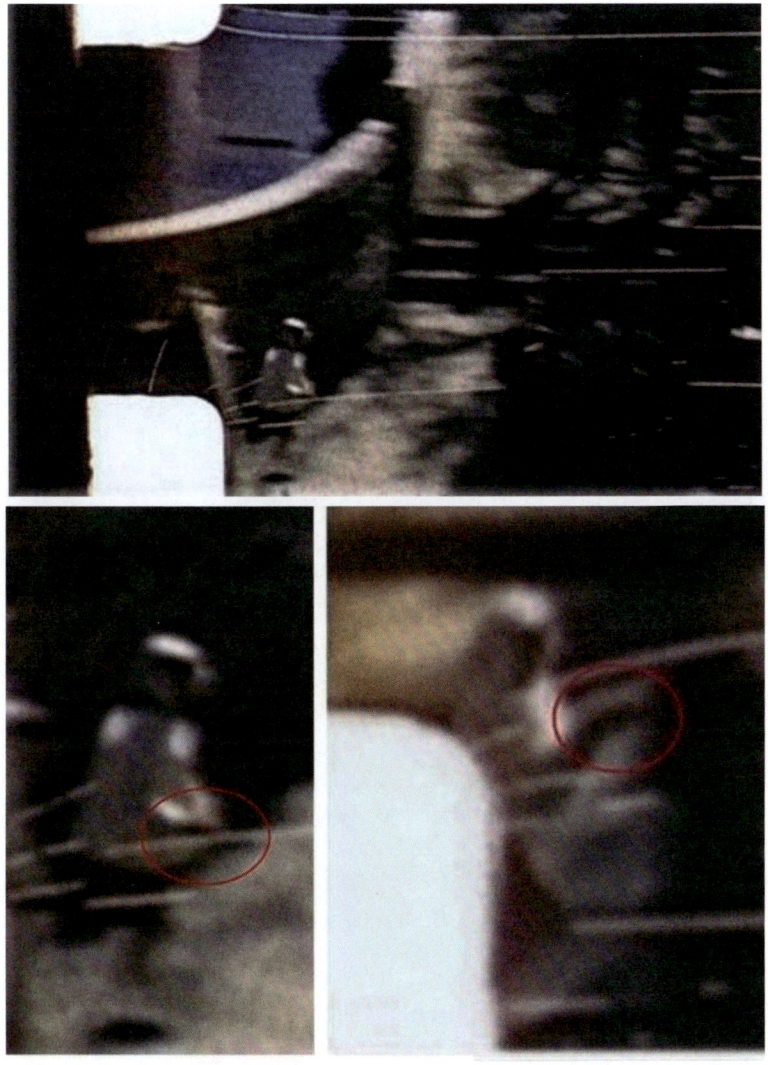

Abb. 208 oben: Sequenzen aus einem Amateurfilm, der einen rennenden Mann am Tatort in Dallas zeigt, kurz bevor die Schüsse auf Kennedy abgefeuert werden. Er scheint etwas in der Hand zu haben, was eine Waffe sein könnte. **Abb. 209** unten links und **Abb. 210** unten rechts: Vergrößerungen aus dem Film. Links im Bild hat es den Anschein, als würde er eine Waffe entsichern. Täuscht dieser Eindruck? Nur Sekunden später fielen die Schüsse auf John F. Kennedy. Rechts unten im Bild sieht man etwas, das eine Waffe sein könnte.

257

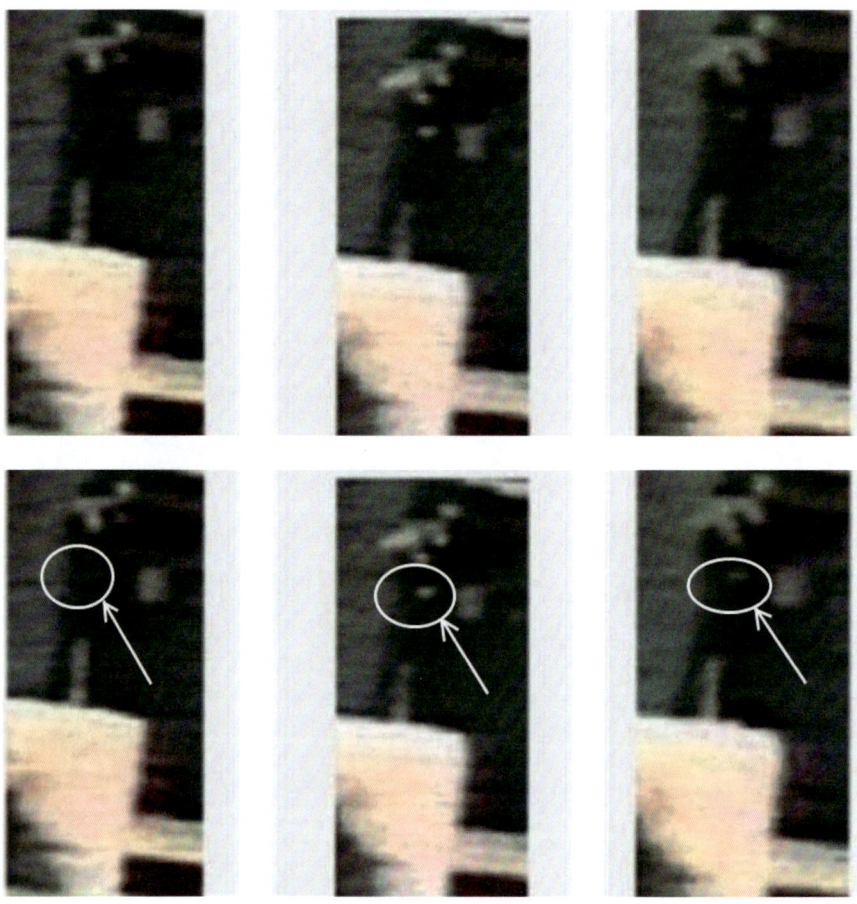

Abb. 211 oben links bis **Abb. 216** unten rechts: Filmsequenz vom Attentat, die einen Schuss auf Film festgehalten haben könnte.

Doch nicht nur Präsident John F. Kennedy fiel einem Komplott zum Opfer, sondern auch eine Vielzahl von Augenzeugen, die Informationen weitergaben, die nicht mit der offiziellen Version des Warren-Reports übereinstimmten, wie bereits im Buch aufgeführt (siehe u.a. Vorwort). Die Tragik der Ereignisse gebührt es, dass in diesem Zusammenhang noch auf ein paar weitere Schicksale eingegangen wird.

Liste weiterer ungewöhnlicher Todesfälle von Augenzeugen

- Karyn Kupcinet, die Tochter eines TV-Moderators, die angab, sie habe bereits vor dem 22. November 1963 von den Attentatsplänen auf den US-Präsidenten gehört, wurde noch im selben Monat ermordet.

- Jack Zangretti, der von Rubys Plan, Oswald zu beseitigen, wusste und darüber berichtete, wurde im Dezember 1963 erschossen.

- Betty Mc Donald, eine Ex-Angestellte von Jack Ruby, beging im Februar 1964 angeblich Selbstmord durch Erhängen.

- Bill Chester, der Beweise für eine Verbindung zwischen Oswald und Jack Ruby hatte, starb im März 1964 an einem Herzinfarkt.

- Hank Killam, der Ehemann einer Ruby-Angestellten, der Lee Harvey Oswald mehrmals in Rubys Nachtclub sah, wurde ebenfalls im März 1964 tot aufgefunden. Man hatte ihm die Kehle durchgeschnitten.

- Bill Hunter, ein Reporter, der am 24. November 1963 in Rubys Appartement war, geriet im April 1964 in eine Schießerei mit der Polizei und starb.

- Gary Underhill, der damals behauptete, dass die CIA an dem Attentat auf John F. Kennedy beteiligt gewesen wäre, starb im Mai 1964 an einem Kopfschuss. Offiziell Selbstmord.

- Hugh Ward, ein Privatdetektiv, der mit Gay Banister und David Ferrie zusammengearbeitet hatte, stürzte im Mai 1964 mit dem Flugzeug in Mexiko ab. Mit an Bord war der Bürgermeister von New Orleans, DeLesseps Morrison. Guy Banister, der damals mit Lee Harvey Oswald und Ferrie zusammenarbeitete, starb im Juni 1964 an einem Herzinfarkt.

- Jack Rubys Mitarbeiterin Teresa Norton wurde im August 1964 erschossen.

- John Kiethe, ein weiterer Reporter, der am 24. November 1963 ebenfalls in Jack Rubys Appartment war, starb im September 1964 an einem Nackenschlag.

- C. D. Jackson, Vizepräsident des *Life-Magazins*, der den Zapruder-Film kaufte und wegschloss, verstarb ebenfalls im September 1964.

- Mary Pinchot Meyer, die ehemalige Geliebte von John F. Kennedy, wurde im Oktober 1964 ermordet. CIA-Gegenspionage-Chef und Hochgradfreimaurer James Jesus Angleton beschlagnahmte ihr Tagebuch.

- David Goldstein, der dem FBI damals half, Oswalds Waffe zu finden, wurde im Jahr 1965 selbst tot aufgefunden.

- Paul Mandal, ein ehemalige *Life*-Redakteur, der den Zapruder-Film – in wessen Auftrag auch immer – bewusst falsch beschrieb, starb im Januar 1965 an Krebs.

- Tom Howard, Jack Rubys erster Anwalt, starb im März 1965 an einem Herzinfarkt.

- Maurice Gatlin, der als Pilot für Hochgradfreimaurer Guy Banister tätig war, stürzte im Mai 1965 tödlich.

- Mona B. Saenz, die Personalchefin des Texas-Schulbuchlagers, die Lee Harvey Oswald einstellte, wurde im August 1965 von einem Bus überfahren.

- Rose Cheramie, die mit einer Gruppe von Exilkubanern vor dem Attentat nach Dallas gefahren war und von diesen von einem Plan zur Ermordung des Präsidenten erfuhr, wurde im September 1965 erschlagen aufgefunden.

- Erinnern wir uns auch nochmals an die Journalistin Dorothy Kilgallen, die nach einem Interview mit Jack Ruby ankündigte, sie werde den Fall lösen und sie wolle ein Buch darüber veröffentlichen, die nach dieser Ankündigung im November 1965 an einer Überdosis Schlaftabletten verstarb. Zwei Tage nach Dorothy Kilgallen starb Misses Earl Smith, Kilgallens engste Freundin, bei der die Journalistin ihre Notizen verwahrt hatte. Die Aufzeichnungen von Dorothy Kilgallen sind seitdem unauffindbar.

- William Whaly, der Taxifahrer, der Lee Harvey Oswald nach eigenen Angaben nach Oak Cliff beförderte, hatte im Dezember 1965 einen tödlichen Autounfall.

- Joe Brown, der Richter, der den Prozess Jack Rubys vorsaß, verstarb im Jahr 1966 an einem Herzinfarkt.

- Karen Carlin, eine Tänzerin aus Rubys Club, die auch unter dem Namen „Little Lynn" in der Szene bekannt war, wurde im Jahr 1966 erschossen aufgefunden.

- Clarence Oliver, der für den Bezirksstaatsanwalt den Fall Ruby untersuchte, wurde ebenfalls im Jahr 1966 tot aufgefunden.

- Earlene Roberts, die Vermieterin von Lee Harvey Oswald, verstarb im Januar 1966 an einem Herzinfarkt.

- Autoverkäufer Albert Bogard, der mit Oswald vor dem Attentat eine Testfahrt gemacht haben soll, ihn aber anders beschrieb, als der echte Oswald aussah, beging im Februar 1966 Selbstmord.

- Polizei-Hauptmann Frank Martin, der Zeuge der Ermordung Lee Harvey Oswalds war, starb im Juni 1966 an Krebs. Kurz zuvor hatte er der Warren-Kommission noch berichtete: *„Es gibt noch viel zu sagen, aber wahrscheinlich ist es besser, wenn ich das nicht sage."*

- Lee Browers jr., der Männer hinter dem Bretterzaun auf dem Grashügel sah, starb im August 1966 bei einem Autounfall.

- Marilyn Walle, eine Tänzerin aus Rubys Nachtclub, die auch unter dem Namen „Delilah" in der Szene bekannt war, wurde nach einem Monat Ehe im September 1966 angeblich von ihrem Ehemann erschossen.

- William Pitzer, der die JFK-Autopsie fotografierte, wurde im Oktober 1966 erschossen aufgefunden. Angeblich beging er Selbstmord.

- Jimmy Levens, ein Geschäftsfreund von Jack Ruby, wurde im November 1966 tot aufgefunden.

- Jamer Worrell jr., der nach den Schüssen einen Mann aus dem Schulbuchlager rennen sah, der seinen Behauptungen zufolge nicht Lee Harvey Oswald war, starb im November 1966 bei einem Autounfall.

- Hank Suydam, der für die irreführende *Life*-Berichterstattung über JFK verantwortlich war, starb im Dezember 1966 an einem Herzinfarkt.

- Leonard Pullin, der an dem ersten Film über das JFK-Attentat gearbeitet hatte, starb im Jahr 1967 bei einem Autounfall.

- Harold Russel, der die Flucht des Tippit-Mörders beobachtete, aber den Täter nicht so beschrieb, wie Lee Harvey Oswald aussah, starb im Februar 1967 bei einer Kneipenschlägerei.

- David Ferrie, Banisters Kollege und wahrscheinlich Lee Harvey Oswalds Kontaktmann für die CIA, starb ebenfalls im Februar 1967 durch einen äußerst mysteriösen Selbstmord.

- Eladio Del Valle, Exilkubaner und Freund Ferries, wurde im Februar 1967 mit Schuss- und Axtwunden tot aufgefunden.

- Dr. Mary Sherman, Ferries Vertraute, wurde im März 1967 erschossen aufgefunden.

- Clyde Tolson, J. Edgar Hoovers Assistent, Liebhaber und Mitbewohner, verstarb unter nicht ganz geklärten Umständen im Jahr 1975.

- Roger Craig, der Polizist, der Oswald bei der Flucht in einem Rambler-Kombiwagen beobachtet haben will, wurde im Mai 1975 erschossen aufgefunden. Später hieß es, er habe Selbstmord begangen.

- Mafia-Boss Sam Giancana aus Chicago, der vor einem Senatsausschuss über die Zusammenarbeit der CIA und der Mafia beim Kennedy-Attentat aussagen sollte, wurde im Juni 1975 ermordet.

- Allan Sweatt, Dallas Deputy Sheriff, der an der Untersuchung des JFK-Attentats beteiligt war, verstarb im Juli 1975.

- General Earl Wheeler, Verbindungsmann zwischen der CIA und JFK, starb im Dezember 1975.

- Ralph Paul, Jack Rubys Geschäftspartner, erlitt im Jahr 1976 einen Herzinfarkt und verstarb.

- James Chaney, der Polizist, der den JFK-Konvoi auf dem Motorrad begleitete und aussagte, der Präsident sei von einer „Kugel ins Gesicht" getroffen worden, erlitt im April 1976 einen Herzinfarkt und verstarb.

- Dr. Charles Gregory, der Arzt von Gouverneur Connally und Gegner der Hypothese der „Magischen Kugel" starb im April 1976 ebenfalls an einem Herzinfarkt.

- John Roselli, der vor dem Senatsausschuss aussagen sollte, dass ihn die CIA schon im September 1962 in den Plan, Präsident Kennedy zu ermorden, einweihte, wurde erstochen im Juli 1976 in einer Metalltrommel aufgefunden.

- Baron George de Mohrenschildt, CIA-Vertragsagent und Lee Harvey Oswald engster Freund in der Stadt Dallas, beging just an dem Tag im März 1977 Selbstmord, an dem er vor dem Untersuchungsausschuss aussagen sollte.

- Carlos Prio Soccares, Ex-Präsident von Kuba und Finanzier der Castro-Gegner, beging im März 1977 angeblich Selbstmord.

- Paul Raigorodsky, ein guter Freund und Geschäftspartner von George de Mohrenschildt, wurde im März 1977 ebenfalls tot aufgefunden.

- Lou Staples, ein Talkshow-Moderator aus Dallas, der angekündigt hatte, den Fall JFK zu lösen, beging im Anschluss im Mai 1977 angeblich Selbstmord.

- Louis Nichols, unter Hochgradfreimaurer J. Edgar Hoover der drittwichtigste Mann im FBI, erlitt im Mai 1977 einen Herzinfarkt. Er hatte Zweifel an der offiziellen Version des Attentats.

- Alan Belmont, FBI-Mitarbeiter, der vor der Warren-Kommission aussagte und jetzt vor den Untersuchungsausschuss geladen wurde, starb kurz zuvor im August 1977.

- James Cadigan, der Dokumentenexperte des FBI, der auch an dem JFK-Attentat arbeitete, stürzte im August 1977 tödlich.

- Joseph C. Ayres, JFKs Chefsteward in der „Air Force One", wurde im August 1977 erschossen.

- Kenneth O'Donnell, JFKs engster Mitarbeiter, starb im September 1977.

- Donald Kaylor, FBI-Experte für Fingerabdrücke, der auch das Gewehr von Dallas untersuchte, erlitt im Oktober 1977 einen Herzinfarkt und verstarb. Sein Vorgesetzter J. M. English, Leiter des forensischen Labors des FBI, starb ebenfalls im Oktober 1977 an einem Herzinfarkt.

- William Sullivan, Leiter der „Division 5" des FBI, wurde im November 1977 von einem Jäger erschossen, der ihn fälschlicherweise für ein Reh hielt. William Sullivan arbeitete ebenfalls an der Aufklärung des Attentats an JFK, als der Fall neu aufgerollt wurde.
- C. L. Lewis, der Dallas Deputy Sheriff, der den Mafia-Killer Jim Barden auf der Dealey Plaza verhaftete, verstarb im Jahr 1978.
- Garland Slack, der Oswald bei Schießübungen gesehen haben will, verstarb im September 1978.
- Billy Lovelady, der angebliche Doppelgänger im und vor dem Schulbuchlager, erlitt im Januar 1979 einen Herzinfarkt und verstarb.

In einem am 14. August 1978 verfasstem Artikel für das US-Journal *Spotlight* schrieb der ehemalige CIA-Mitarbeiter Viktor Marchetti: „*Wenn ihr Schweigevorhang ein Stück gelüftet wird und sie sich nicht länger auf eine fabrizierte Deckgeschichte verlassen können, um die Öffentlichkeit irrezuführen, geben sie – manchmal sogar freiwillig – einen Teil der Wahrheit zu, während es ihnen doch gelingt, die für sie gefährlichen Schlüsseldaten nach wie vor vorzuenthalten. Gewöhnlich ist die Öffentlichkeit so verblüfft über die neuen Informationen, dass sie nicht einmal daran denkt, die Sache weiter zu verfolgen.*"

Kapitel 13: Der Mord an JFK jr. im Jahr 1999

Die Warren-Kommission und ein Untersuchungsausschuss des US-Kongresses kamen im September 1964 zu demselben Ergebnis, nämlich dass Lee Harvey Oswald ein Einzeltäter war, der den amerikanischen Präsident John F. Kennedy erschossen habe. Um zu diesem Ergebnis zu gelangen, führte das FBI den Angaben zufolge 25.000 Verhöre, fertigten 2.300 Berichte mit insgesamt 25.400 Seiten. Tatsächlich glauben bis heute 80 % aller Amerikaner, dass die offizielle Geschichte nicht stimmt.

Der Mord an John F. Kennedy hat über viele Jahrzehnte die Bevölkerung in Atem gehalten. Dass es hierbei nicht mit rechten Dingen zugegangen und die offizielle Version eine Lüge ist, das hat dieses Buch nochmals aktualisierend in einigen gewichtigen Punkten zusammengefasst. Denn umso länger wir weiterhin ignorieren, was damals geschah – und vor allem, warum – umso unmöglicher wird es, das, was um uns herum seit Jahren geschieht, noch aufzuhalten.

Um dies nochmals zu unterstreichen, möchte ich zum Abschluss des Buches auf einen „Kennedy-Mord" eingehen, der bislang kaum Erwähnung fand. Dabei geht es um den Sohn von JFK, im Volksmund „John John" genannt. Offiziell starb er bei einem Flugzeugabsturz am 16. Juli 1999, wobei die Dokumente hierzu noch jahrelang der Geheimhaltung unterliegen. Man fragt sich zuerst einmal, warum, denn glaubt man der offiziellen Version, dann war der Flugzeugabsturz ein Unfall. Aussagen von Personen, die JFK jr. kannten, belegen, dass dieser nicht an die offizielle Version zum Mord an seinem Vater glaubte. Und er glaubte auch nicht daran, dass Lee Harvey Oswald der Mörder seines Vaters war. Kurz vor seinem „Unfall" verkündete er in seinem Umfeld, dass er beabsichtige, politisch aktiv zu werden. Sollte er Präsident werden, so JFK jr. weiter, würde er die hinter dem Mord an seinem Vater stehende Clique an den Galgen bringen und zu diesem Zweck ein Spezialgericht einrichten lassen.

Es kursieren Gerüchte, wie bereits im Buch angedeutet, dass Hochgradfreimaurer George Walker Bush sen. etwas mit dem Kennedy-Attentat von 1963 zu tun hätte. Ein FBI-Dokument soll zeigen, dass Bush sen. zumindest aber bei der Vertuschung des Attentats eine wichtige Rolle gespielt haben soll.

Laut dem Autor Robert D. Morrow waren die CIA und die Mafia die agierenden Kräfte im Kennedy-Mord, aber auch der Hochgradfreimaurer Lyndon B. Johnson als dessen Nachfolger soll keine reine Weste gehabt haben. Hochgradfreimaurer George Bush sen. soll laut Morrow bestens über die Verschwörung Bescheid gewusst haben. Es würde Hinweise darauf geben, dass Bush sen. bereits zur Zeit des Kennedy-Attentats eine bedeutsame Position in der CIA inne hatte, auch wenn er erst nach Freimaurer William Colby für ein Jahr CIA-Direktor wurde, in der Zeit zwischen 1976 und 1977, um anschließend als Direktor des *Council on Foreign Relations* (CFR) zu fungieren. Zudem war Bush sen. rein zufällig mit dem auf Lee Harvey Oswald angesetzten Agenten George de Mohrenschildt bekannt, der ebenfalls Freimaurer war. Und es gibt klare Hinweise, dass Bush sich am 22. November 1963 in Dallas aufhielt, während er sich selbst angeblich daran partout nicht erinnern konnte.

Der Schweizer Autor Andreas von Rètyi schrieb zu dieser merkwürdigen Gedächtnislücke in seinem Buch „Schwarz auf Weiß": „*Seltsam, jeder von uns weiß noch, wo er sich am 11. September 2001 befunden hat, als über Manhattan und Washington das Inferno hereinbrach – egal wo in der Welt, das Ereignis glich einem permanenten Brandzeichen im Fleisch. Und ... eine politisch motivierte Person, gleichzeitig Angehöriger einer politisch schon damals sehr hochstehenden US-Familie, sollte sich eigentlich schon daran erinnern können, wo er am Tag der Ermordung des Präsidenten war. Einfach seltsam...*"

Special Agent Graham W. Kitchel berichtet in einem Regierungs-Memo vom 22. November 1963, dem Tag, als JFK ermordet wurde, einige interessante Einzelheiten, die offenbar Bushs Anwesenheit in Dallas bestätigten.

Wie auch immer – sein Sohn George W. Bush hätte im Wahlkampf keine Chance gehabt, im Jahr 2000 US-Präsident zu werden, wenn Kennedy jr. („John John") seine „Drohung" wahrgemacht hätte, für das Präsidentenamt zu kandidieren. Viele Demokraten waren überzeugt, JFK jr. würde die Opposition zur Seite fegen und die *Demokratische Partei* im Jahr 2000 zu einem fulminanten Sieg führen.

1 - Rosen
1 - Liaison
1 - Nasca

Date: November 29, 1963

To: Director
Bureau of Intelligence and Research
Department of State

From: John Edgar Hoover, Director

Subject: ASSASSINATION OF PRESIDENT JOHN F. KENNEDY
NOVEMBER 22, 1963

Our Miami, Florida, Office on November 23, 1963, advised that the Office of Coordinator of Cuban Affairs in Miami advised that the Department of State feels some misguided anti-Castro group might capitalize on the present situation and undertake an unauthorized raid against Cuba, believing that the assassination of President John F. Kennedy might herald a change in U. S. policy, which is not true.

Our sources and informants familiar with Cuban matters in the Miami area advise that the general feeling in the anti-Castro Cuban community is one of stunned disbelief and, even among those who did not entirely agree with the President's policy concerning Cuba, the feeling is that the President's death represents a great loss not only to the U. S. but to all of Latin America. These sources know of no plans for unauthorized action against Cuba.

REC-38 62-109060-1396

An informant who has furnished reliable information in the past and who is close to a small pro-Castro group in Miami has advised that these individuals are afraid that the assassination of the President may result in strong repressive measures being taken against them and, although pro-Castro in their feelings, regret the assassination.

The substance of the foregoing information was orally furnished to Mr. George Bush of the Central Intelligence Agency and Captain William Edwards of the Defense Intelligence Agency on November 23, 1963, by Mr. W. T. Forsyth of this Bureau.

Director of Naval Intelligence

VHN:gcl (12)

Abb. 217: FBI-Memorandum vom 29. November 1963, in dem „George Bush von der CIA" in Verbindung mit Anti-Castro-Gruppen genannt wird.

267

███████

UNITED STATES GOVERNMENT

Memorandum

TO : SAC, HOUSTON   DATE: 11-22-63

FROM : SA GRAHAM W. KITCHEL

Tyler is about 1 and 1/4 hours from Dealey Plaza at 80 miles per hour (a "normal" highway speed in 1963), so, if George left Dealey Plaza at 12:30 p.m. on 11-22-63 . . .

SUBJECT: UNKNOWN SUBJECT;
ASSASSINATION OF PRESIDENT
JOHN F. KENNEDY

At 1:45 p.m. Mr. GEORGE H. W. BUSH, President of the Zapata Off-shore Drilling Company, Houston, Texas, residence 5525 Briar, Houston, telephonically furnished the following information to writer by long distance telephone call from Tyler, Texas.

BUSH stated that he wanted to be kept confidential but wanted to furnish hearsay that he recalled hearing in recent weeks, the day and source unknown. He stated that one JAMES PARROTT has been talking of killing the President when he comes to Houston.

BUSH stated that PARROTT is possibly a student at the University of Houston and is active in political matters in this area. He stated that he felt Mrs. FAWLEY, telephone number SU 2-5239, or ARLINE SMITH, telephone number JA 9-9194 of the Harris County Republican Party Headquarters would be able to furnish additional information regarding the identity of PARROTT.

Why the use of the word "remain"? Did George return to Dallas from Tyler?

BUSH stated that he was proceeding to Dallas, Texas, would remain in the Sheraton-Dallas Hotel and return to his residence on 11-23-63. His office telephone number is CA 2-0395.

ALL INFORMATION CONTAINED HEREIN IS UNCLASSIFIED
DATE 10-15-93 BY 9803 AO/KSR (JFK)

GWK:djw
(2) djw

62-2115-6

NOV 6 1963
FBI - HOUSTON

Abb. 218: FBI-Memorandum vom 22. November 1963, das beweist, dass George Bush sen. am Tag des Attentats in Dallas war

268

Laut JFK jr. war der amerikanische Geheimdienst mit schuld und beteiligt an der Ermordung seines Vaters John F. Kennedy. Und nicht nur das. Ebenso wären sie beteiligt gewesen an der Ermordung der US-Präsidenten Lincoln, Garfield und McKinley. Seinem vertrauten Umfeld sagte JFK jr., dass er trotzdem den Schritt wagen würde, im Jahr 2000 zu kandidieren. Er beabsichtigte am 1. August 1999 bekanntzugeben, dass er sich als Präsidentschaftskandidat aufstellen lassen wolle, und das entweder als traditioneller Demokrat oder aber infolge des Misstrauens der Wähler – in beiden Parteien – als unabhängiger Kandidat einer dritten Partei. Leider sorgte der „Unfall" unmittelbar vor der geplanten Kandidatur am 16. Juli 1999 für ein jähes Ende seiner Träume.

Ein weiterer Präsident Kennedy wäre sicher nicht im Sinne jener Mächte gewesen, die seinen Vater „abgesetzt" hatten. Es hätte deren eigene Pläne für die USA und die Welt im besten Falle für diese zeitlich ins Wanken gebracht. Die Langezeitpläne, die einen Präsident George W. Bush vorsahen, wären empfindlich gestört worden. John F. Kennedy sen. wollte die CIA auflösen, die USA bis zum Jahr 1965 komplett aus Vietnam zurückziehen und vieles mehr. Sein Sohn wollte jetzt einen der beiden hier genannten Pläne seines Vaters weiterverfolgen...

Glaubt man den offiziellen Nachrichten zum Absturz von JFK jr. im August 1999, dann steckt hinter dieser Tragödie ein Pilotenfehler. Er habe die Orientierung verloren und wäre aufgrund schlechter Sichtverhältnisse mit seiner Maschine ins Meer gestürzt. Seine relativ wenigen absolvierten Flugstunden brachte man auch als Argument mit zur Geltung. Seine Maschine hatte ein 406-MHZ Satelliten-Notsignalsystem. Dieses muss vom Piloten eingeschaltet werden, weil es nicht automatisch funktioniert. Die Tatsache, dass es nicht aktiviert war, lässt darauf schließen, dass JFK jr. bis kurz vor dem Absturz keinen Anlass dazu hatte, es einzuschalten – und eine plötzliche Katastrophe am Himmel es infolge nicht mehr möglich machte. Ein abgetrenntes einzelnes Rad und eine Kopfstütze weit abseits des Flugzeuges deuten darauf hin, dass eine Explosion die Absturzursache war. Ebenso ein frei herumschwimmendes Gepäckstück in größerer Entfernung.

Laut einem Bericht der *United International Press* (UPI) vom 17. Juli 1999 soll ein Journalist der Zeitung *Vineyard Gazette* dem Sender *WCVB-TV* ein Interview gegeben haben. Darin berichtet dieser, er sei am Freitagabend zur Zeit des Absturzes spazieren gegangen. Er habe bei seinem Spaziergang plötzlich einen großen weißen Blitz am Himmel über dem Strand von Philbin gesehen, just in dem Moment, als die Maschine des Präsidentensohnes vom Radarschirm verschwand. Andere Augenzeugen berichteten ebenfalls von dem Lichtblitz am Himmel.

Einer der Zeugen hatte sogar deutlich eine Explosion gehört und sagte, die Maschine sei viel näher gewesen, als von den Untersuchungsbehörden behauptet. Er war sehr betroffen, als er hörte, das Suchgebiet wäre 17 Meilen westlich von Vineyard im Meer. Zwei weitere Zeugen, die ebenfalls eine Explosion gehört haben, wurden von *UPI, WCBV-TV Boston* sowie von einem Reporter der *ABC-News* erwähnt. Später meldete sich noch ein anderer Augenzeuge, der sich am Strand von Philbin oder ganz in dessen Nähe aufhielt. Dieser Zeuge wurde von Shepherd Smith von *FOX-TV* während einer Live-Sendung am Samstagmorgen, dem 17. Juli 1999, erwähnt.

„John John" kandidierte damals für den New Yorker Senat. Verschwörungstheoretiker verdächtigten seinerzeit unter anderem auch Hillary Clinton als Drahtzieher hinter dem Mordanschlag auf John F. Kennedy jr. zu stecken. Dazu kann Jan van Helsing einen Beitrag beisteuern:

„Es war 1999, kurz nach dem Absturz von JFK jr., dass ich mit einem MI6-Agenten zusammenkam. Es ging damals um Wahlfälschungen in Afrika. Die Aufgabe des Agenten war es, Wahlen in afrikanischen Ländern zu fälschen, durch Eingriffe in deren Computersysteme. Dieser Agent berichtete damals, dass er Unterlagen einsehen konnte – in dem, was wir heute ‚Darknet' bezeichnen –, dass man JFK jr. auf eine Insel gebracht habe, wo sich ehemalige Geheimdienstagenten bis zu ihrem Tode aufhalten – irgendwo in der Karibik. Man hatte JFK jr. wohl die Wahl gelassen, bei dem Unglück zu sterben oder eben den Rest seines Lebens auf dieser Insel zu verbringen. Auf jeden Fall musste er verschwinden. Der Grund war, dass er in die große Politik einsteigen und Geheimnisse um den Tod seines Vaters ausplaudern wollte. Interessant war auch die Bemerkung, dass Bill Clinton damals direkt in die Bergungsaktionen eingegriffen und auch eine Bannmeile um die Absturzstelle im Meer errichtet habe – sehr ungewöhnlich, da das nichts sei, was ein Präsident persönlich veranlasse."

Könnte tatsächlich an dieser Sache etwas dran sein? Nicht spekulativ ist hingegen die Tatsache, dass JFK jr. und Donald Trump befreundet waren und er bereits seinerzeit Trump als Präsident im Weißen Haus sehen wollte.

JFK jr: *„Wenn mein lieber Freund Donald Trump sich jemals dafür entscheiden sollte, Präsident zu werden … wäre er eine nicht zu stoppende Kraft für die ultimative Gerechtigkeit, dem Demokraten und Republikaner beiderseits zujubeln würden..."* (Zitat aus der im Jahr 1999 erschienenen Juni-Ausgabe des mit von John F. Kennedy jr. ins Leben gerufenen *George Magazine*, welches noch bis zum Jahr 2001, etwa zwei Jahre nach seinem Tod, weitergeführt wurde.)

Im *George Magazine*, welches er mit ins Leben rief, thematisierte JFK jr. auch den Mord an seinem Vater und machte deutlich, dass die offizielle Version nicht der Wahrheit entsprechen kann.

Abb. 219: Donald Trump und John F. Kennedy jr. waren befreundet. Der Sohn von Präsident John F. Kennedy wollte seinerzeit schon Donald Trump im Weißen Haus als Präsident sehen.

Abb. 220 oben: John F. Kennedy jr. war Mitherausgeber des *George Magazine*, in dem er auch den Mord an seinem Vater thematisierte und deutlich machte, dass die offizielle Version nicht stimmt. **Abb. 221** unten: Donald Trump und John F. Kennedy jr. waren befreundet.

Kapitel 14: Stimmen die Gerüchte, dass JFK jr. den Flugzeugabsturz überlebt hat und heute als Regierungsinsider „QAnon" für Donald Trump tätig ist?

Es klingt wie ein schlechter Scherz: Vor einigen Jahren tauchten erste Berichte zu einer anonymen Quelle auf, die sich „Q" nennt oder auch „QAnon". Seitdem wird darüber spekuliert, wer hinter dieser anonymen Quelle steckt. Viele vermuten einen Insider aus Regierungskreisen oder eine Gruppe aus Insidern. Andere glauben, Donald Trump selbst würde hinter „Q" stecken. Und wieder andere behaupten, JFK jr. hätte den Flugzeugabsturz im Jahr 1999 überlebt oder sogar selbst inszeniert und würde seit einigen Jahren aus dem Hintergrund als „QAnon" Informationen mit dem Ziel nach außen tragen, um zusammen mit Donald Trump nach einem geheimen Plan in absehbarer Zeit alle Elemente aus ihren Ämtern zu fegen, die Teil einer konspirativen, netzwerkartigen, elitären Verschwörung in Politik, Wirtschaft und Militär seien – so, wie es der türkische Präsident Erdoğan vor nicht allzu langer Zeit in seinem eigenen Land der Welt vormachte. Man geht davon aus, dass zu diesem Zweck an einem „Tag X" der „Nationale Notstand" ausgerufen wird, um das kriminelle Netzwerk komplett zu zerschlagen, welches seit Jahrzehnten auch einen Großteil der Mainstream-Medien für seine Ziele nutzen soll und infiltriert habe. Aber was ist dran an diesen Behauptungen?

Der Name *QAnon* soll Berichten zufolge andeuten, dass er unter anderem „Q-Clearance" besitzt, eine Sicherheitsfreigabe, die vom Energieministerium der Vereinigten Staaten erteilt wird und Zugang zu streng geheimen Informationen über Atomwaffen und nukleares Material verschafft. Er somit ein hochrangigen Militär oder Geheimdienstmitarbeiter ist. Das dem Q angehängte „Anon" steht für „anonym".

QAnon behauptet, sich im engsten Kreis des US-Präsidenten aufzuhalten. So veröffentlichte er zum Beispiel Fotos aus einem Flugzeug, die nach Meinung einiger Anhänger beweisen würden, dass er Trump auf einer Ostasienreise in der Präsidentenmaschine *Air Force One* begleitete.

Auf dem Trump-freundlichen Sender *Fox News* und auf *Russia Today* (RT) wurde wiederholt über QAnon berichtet.[52] Die in Kiew erscheinende Rabochaya Gazeta, offizielles Organ der Kommunistischen Partei der Ukraine, bezeichnete QAnon am 15. März 2018 als eine *„militärische Geheimdienstorganisation"*. Am 28. Juni 2018 führte die Zeitschrift *Time* den anonymen „Q" als eine der 25 einflussreichsten Personen im Internet auf.

Abb. 222 oben bis **Abb. 224** unten rechts: Wer steckt hinter „Q" bzw. „QAnon"? Anhänger der „Q"-Bewegung gehen unter anderem davon aus, dass an einem „Tag X" der „Nationale Notstand" ausgerufen wird, um ein kriminelles, elitäres Netzwerk zu zerschlagen, in dem seit Jahrzehnten hochrangige Mitglieder aus Politik, Wirtschaft, Militär und Medien zusammenarbeiten, um ihre durch Kriege, Morde und Propaganda aufgebaute Weltherrschaft zu erhalten.

Abb. 225 oben links: Das Grab von John F. Kennedy wurde in Form des Buchstabens „Q" angelegt. Abb. 226 oben rechts bis Abb. 229 unten: Anhänger der „Q-Bewegung" bei Veranstaltungen des aktuellen US-Präsidenten Donald Trump.

Abb. 230 oben bis Abb. 234 unten rechts: Wer steckt hinter „Q" bzw. „QAnon"? .

Trump-Anhänger, Journalist und Filmemacher Alex Jones stellt die Absichten von „Q" in Frage. Zwar würde „Q" viele gute Informationen bringen, die er auch vertritt, aber Alex Jones gibt u.a. auch zu bedenken, dass QAnon in vielen Fällen Infos weitergibt, die er auch über *infowars.com* seit Jahren vertritt und herausbringt, diese aber mit seiner Meinung nach gezielten Fake News vermengt – und „Q" im Gegensatz zu ihm bei Youtube, Twitter etc. nicht geblockt wird, was für ihn Fragen aufwerfen würde. Zudem störe ihn das anonymisierte Vorgehen, was eher darauf abzielen könnte, Trump nicht zu unterstützen, sondern ihn gezielt zu kompromitieren.[53] So behauptete „Q" beispielsweise über die von ihm benannten dunklen Mächte, die Trump anprangern würde und verhindern wollte (indem er den „Sumpf austrocknen werde): *„Im November … werde Trump alle verhaften…"* Was aber zum von QAnon angegebenen Termin nicht geschah…

Gut. Selbst dies könnte Taktik sein. Und es würde zur der Trump-Rhetorik passen, die er im Wahlkampf gegen seine Kontrahentin Hillary Clinton betrieb, bei der viele ebenfalls seinerzeit von einer Verhaftung ausgingen, sollte er US-Präsident werden – was bis zum Erscheinungstag dieses Buches jedenfalls nicht geschah. Anhänger von „Q" gehen davon aus, dass dies aber alles zu einem nicht benannten Zeitpunkt aus noch geschehen könnte. Demnach könne es auch Teil des Planspiels sein, diese derzeit noch in Sicherheit zu wiegen. Andere wiederum halten „Q" für gezielte Fake-Propaganda. Nicht zuletzt natürlich die von Trump stets weltweit angegriffenen „Massenmedien" und ihre Anhängerschaft. Wer behält also recht?

Alex Jones im Dezember 2017 über „Q":
„Die letzten paar Monate habe ich zwar nie über QAnon gesprochen, aber ihn mir angeschaut. Eine Menge von dem, was QAnon gesagt hat, wusste ich bereits von meinen Quellen aus dem Weißen Haus, dem Pentagon, der CIA – und die Leute wissen, dass wir außergewöhnliche Quellen haben. Eine davon ist öffentlich, es ist Zak."

Jene „Q"-Anhänger, die John F. Kennedy jr. hinter diesem Pseudonym vermuten, glauben, eine Person mit dem Namen *Vincent Fusca* wäre in

Wirklichkeit JFK jr., zumal er eine gewisse Ähnlichkeit mit dem Präsiden-
ten-Sohn aufweist (siehe hierzu auch Abb. 232 links auf dem Bild mit
schwarzem Hut und Abb. 236 mit Basecap). Aber wirklich glaubhaft ist
diese Behauptung nicht für alle. So zeigt zum Beispiel ein Bildvergleich von
Fusca mit JFK jr, dass diese nicht übereinstimmen und dass Fusca zum
Beispiel eine viel breitere Nase besitzt als „John John".

Abb. 235 links: John F. Kennedy jr. besitzt eine viel schmalere Nase als Vincent Fusca. Und auch
der Mund ist unter anderem nicht identisch. **Abb. 236** Mitte: Vincent Fusca, von dem Anhänger
der „Q"-Bewegung behaupten, er wäre John F. Kennedy jr., der seinen Flugzeugabsturz im Jahr
1999 überlebt oder sogar selbst inszeniert habe und jetzt Donald Trump im Hintergrund helfen
würde, das Netzwerk der Verschwörer unter dem Namen „QAnon" zu zerschlagen. Unter anderem um den Mord an seinem Vater und ehemaligen US-Präsidenten John F. Kennedy zu rächen.
Diese gehen davon aus, sein Gesicht wäre chirurgisch verändert worden. Aber auch das offizielle
Geburtsdatum von Fusca deutet darauf hin, dass er 10 Jahre älter als JFK jr. ist. Aus diesen und
anderen Gründen bleibt die Zahl der Skeptiker nicht ganz zu Unrecht groß.

Fusca ist laut seinem offiziellen Geburtsdatum auch etwa 10 Jahre älter
als JFK jr., was viele als weiteres Indiz werten, dass bei den Behauptungen
einiger „Q-Anhänger" etwas die Fantasie mit diesen durchgegangen ist. Als
Argument zu dem unterschiedlichen Aussehen führen jene an, JFK jr. habe
sein Gesicht chirurgisch verändern lassen. Diese Behauptung überzeugt
auch nicht jeden, weil man zwar eine Nase verkleinern und verschmälern
kann, aber eine derartige Verbreiterung unüblich und auch technisch für
viele in der Umsetzung fraglich erscheint. Aber es gibt auch eine Vielzahl

an Hinweisen, die *für* „Q" sprechen. So wurde das Grab von John F. Kennedy (siehe Abb. 225) in der Form eines riesigen „Q" angelegt. Und tatsächlich tauchen auch immer wieder Hinweise von „Q" auf, die sich im Nachhinein als zutreffend erweisen. Was aber noch lange nicht bedeutet, dass QAnon der offiziell bei einem Absturz verunglückte „John John" ist. So kann man weiter nur darüber spekulieren, ob hinter „Q" ein Spinner zu finden ist, der ab und zu ins Schwarze trifft, oder ein echter Insider aus Trumps unmittelbarem Umfeld. Oder dieser eventuell sogar Donald Trump selbst oder aber sogar der berühmte Präsidentensohn von Kennedy ist und seinen Flugzeugabsturz überlebt oder mit inszeniert hat.

Was wir mit Sicherheit aber wissen ist, dass die „Q"-Bewegung inzwischen für deren Gegner geradezu gespenstische Ausmaße angenommen hat und neben dem Trump-Unterstützer und *infowars*-Seitenbetreiber Alex Jones als weitere unabhängige Medien-Säule riesige Menschenmengen in den USA – aber auch weltweit – überzeugt und beeinflusst.

Eine Bilanzierung

Die Besetzung von Schlüsselpositionen zur Ausführung krimineller Operationen und zur Vertuschung ihrer Handlungen und Absichten durch das international agierende Logentum, wie sie unter anderem nach den ans Licht gekommenen Aktivitäten durch die Freimaurerloge P2 bekannt wurden, hat somit nachweislich auch bei den Kennedy-Morden eine entscheidende Rolle gespielt. Egal, ob Aldo Moro, die Kennedy-Morde oder unzählige andere Beispiele in der Weltgeschichte (der Journalist und Autor Guido Grandt führt beispielsweise nicht ohne Grund in seinem Buch „Schwarzbuch Freimaurerei" den Tod von Uwe Barschel und viele andere Beispiel auf, bei denen er die freimaurerischen Aktivitäten im Hintergrund kritisch durchleuchtet), eines wird in der Summe mehr als deutlich: Es handelt sich offensichtlich um ein weltweites Netzwerk, welches unter anderem kriminelle Organisationen wie die Mafia, die Roten Brigaden und viele andere Kriminelle, aber auch staatlich aufgebaute Strukturen wie Geheimdienste, Polizei und sogar das Militär als Werkzeuge durch die Positionierung von Schlüsselpersonen an den entscheidenden Stellen benutzt, um Menschen, Organisation oder ganze Staatssysteme aus dem Verkehr zu ziehen oder umzupolen, damit ihre Vormachtstellung, ihre Ziele und Absichten in der Welt mit allen Mitteln ausgebaut oder aufrechterhalten werden.

Abbè Louis Constant alias Eliphas Levi, Okkultist und Freimaurer: *„Die Freimaurer sind nur durch ein fürchterliches Geheimnis so mächtig, das so gut gehütet wird, dass es selbst die Eingeweihten des höchsten Grades nicht kennen."*

Guido Grandt berichtet zum Vergleichsfall Fall Uwe Barschel unter anderem: *„Da gibt es einen Barschel-Familienanwalt (Warburg), der sich sehr unkritisch zur Freimaurerei verhält, selbst Kontakte zu Freimaurern hat und jegliche Kontakte zur Familie Barschel abblockt. Des Weiteren ist da ein politischer Barschel-Förderer (Stoltenberg), der selbst (zumindest) in einem freimaurernahen Ritterorden ist, der wiederum mit Verbindungen zum US-Freimaurer Henry Kissinger über die Otto-von-Bismarck-Stiftung aufwarten kann. Es gibt einen Barschelfreund (Siegerist), der wissen will, dass dieser selbst ein Freimaurer war, weil die Barschel-Witwe ihm das gesagt haben will.*

Freimaurer sollen auch Barschels Mörder sein. Ein politischer Barschel-Gegner (Björn Engholm) ist Mitglied in einem ‚Freimaurer-Verein' ... *Ein Ex-Freimaurer bekennt im Internet, dass Barschel von seinem Logenbruder aus dem Weg geräumt wurde. Eine mutmaßliche Barschel-Mordmotiv-Erklärung finde sich auf der Homepage einer Freimaurerloge* ... *Und wahrscheinliche Freimaurer-Ableger (P26 / P27) einer kriminellen Freimaurerloge (P2) sind höchst präsent in der Schweiz und in Genf anzutreffen, also genau da, wo Barschel schließlich ermordet wurde. Darüber hinaus war Barschel in nachweisbare illegale Waffengeschäfte verstrickt, in die auch Geheimdienste und eine Freimaurerloge (P2) verstrickt waren, gegen die sich Barschel vehement zu stellen versuchte. Und da ist eine freimaurerische Wasser-Symbolik mit der Ablage seiner Leiche...*" (Guido Grandt in „Schwarzbuch Freimaurerei", Kopp Verlag, 2. Auflage, S. 348)

Ich selbst habe in meinem Buch „Terrorstaat" ausführlich zu den Hintergründen und Ereignissen berichtet, die zur Ermordung von Erzherzog Franz Ferdinand am 28. Juni 1914 und infolge zum Ausbruch des Ersten Weltkriegs führten, sowie über viele weitere Beispiele (u.a. auch über den Tod von Wolfgang Amadeus Mozart in „Nationale Sicherheit – Die Verschwörung"), die das in diesem Buch gezeichnete Bild über die Vorgehensweisen der Freimaurerei in der Weltgeschichte mit unterstreichen. Aber wir könnten uns auch eine derartige Vielzahl anderer Ereignisse der Weltgeschichte näher betrachten, bei dem Menschen unerwartet krank wurden, einen Unfall hatten oder ermordet wurden – und wir würden bei der Recherche im Umfeld der Ereignisse auf genau diese Muster treffen, die ich im vorliegenden Buch im Falle der Kennedy-Morde zum Thema Freimaurer einmal mehr deutlich gemacht habe. So zum Beispiel die Todesumstände von Napoleon Bonaparte, Edgar Alle Poe, Abraham Lincoln, Ludwig dem II., Roberto Calvi, Alfred Herrhausen, Olaf Palme, Heinz-Herbert Karry, Elvis Presley, Enrico Mattei, Michael Jackson, Fürstin Gracia Patricia („Grace Kelly") usw... Oder wie wäre es mit dem Rockstar Falco (Johann Hölzel)? Ein Unfall im Alkoholrausch? Das hatten seine Freunde und Verwandten stets bestritten. Auch hier gilt es zu beachten, was der Sänger, der mit „Amadeus" einen Welthit landete, einige Zeit zuvor machte und was in seinem Leben womöglich wirklich den Ausschlag für das brachte, was später zu dem „tragischen Unfall" mit seinem metallicgrauen Mitsubishi-Jeep im Jahr 1998 führte. Aber das alles wären viele weitere Bücher, die größtenteils erst geschrieben werden müssten. Und zu viele Informationen, für die hier ganz einfach der Platz fehlt.

Für Unwissende ist es bis heute ein Rätsel, warum die Freimaurerei bis heute mit „Samthandschuhen" angefasst wird und man teilweise bereits seit Jahrhunderten wegschaut, wenn es um Verstrickungen und Merkwürdigkeiten im Zusammenhang der Logen mit Straftaten, Morden, Kriegen und noch vielem mehr geht. Für Kenner der Materie ist genau dies aber einer der deutlichsten Hinweise, wie weitreichend sich das System der Logen im Hintergrund bereits durch Medien, Politik und Wirtschaft vernetzt hat. Ein Lachen hier, eine spöttische Bemerkung dort, und schon ist in den meisten Fällen das Thema vom Tisch gewischt – ein Vorgehen, das Mörder und Straftäter übrigens generell gerne weltweit anwenden, um von ihrer Täterschaft abzulenken, solange sie noch nicht rechtskräftig überführt wurden. Die Fans von Serien wie „Medical Detectives" wissen, wovon ich spreche und wie Straftäter agieren, um von ihren Taten abzulenken...

Auch für die Freimaurerei selbst ist dies ein Armutszeugnis. In den *Blauen Logen* (Johannisgrade) versammeln sich überwiegend Neulinge und Mitglieder, die mit solchen Machenschaften nun wirklich gar nichts zu tun haben und noch an die offiziell verkündeten hehren Ziele glauben, mit denen man neue Mitglieder anwirbt. Und die man nach außen auch stets bemüht hervorhebt. In den Hochgraden (Schotten- und York-Ritus) sieht es hingegen ganz anders aus, was wir an den bereits aufgeführten Zitaten gesehen haben, die ich gleich noch durch weitere ergänze.

Heute zensiert oder sperrt man zusätzlich noch gerne Internetseiten und Plattformen, die nicht genehm sind, wenn man die Macht dazu hat – und/oder verbreitet überwiegend anonym gezielt Falschinformationen über das eigens aufgebaute Netzwerk zur Erhaltung der Machtverhältnisse. Damit ja nicht zu viele auf „dumme" Gedanken kommen und wieder zurück zur „Wahrheit" geführt werden? Diese Gedanken könnten zumindest dem einen oder anderen kommen, wenn er die letzten Jahre Revue passieren lässt.

Das vorliegende Buch hat zudem in Kapitel 7 bereits mit aufgezeigt, dass bestimmte Personen im Weltgeschehen gezielt aufgebaut und wieder fallengelassen werden, und es sich offensichtlich um okkulte dunkle Strukturen handelt, die hier im Hintergrund agieren und planen. Selbst der Ort der Hinrichtung im Falle von US-Präsident John F. Kennedy scheint mehr als peinlich genau ausgewählt worden zu sein. So viele Zufälle kann es eigentlich gar nicht geben. Und weil das bislang nur wenigen bekannt ist, hat man sie (teilweise) einfach über Jahrzehnte unter den Tisch gekehrt, damit es dabei bleibt.

Die im April 1963 gemachte und bereits an anderer Stelle aufgeführte Aussage des Freimaurers Lyndon B. Johnson vor dem Mord an John F. Kennedy in Dallas vereint in diesem Zusammenhang offensichtlich sogar in seiner Aussage nicht nur die geplante angekündigte Hinrichtung an dem US-Präsidenten, sondern auch indirekt bereits den späteren Tod seines Sohnes John F. Kennedy jr. (glaubt man der offiziellen Version der Ereignisse), der im Jahr 1999 mit seinem Flugzeug angeblich ins Meer stürzte, nachdem er in seinem engsten Umfeld kurz zuvor bekannt gab, dass er für die nächste US-Präsidentschaft kandidieren wolle. Lyndon B. Johnson: *„Der Präsident der Vereinigten Staaten ist wie ein Pilot und die Wahl so, als würde die Nation sich ein Flugzeug und einen Piloten für die nächsten vier Jahre aussuchen. Wenn man ihn einmal genommen hat und bei schlechtem Wetter über das Meer fliegt, wird man auch nicht aufstehen und die Tür öffnen, um ihm auf den Kopf zu schlagen. Er ist der einzige Pilot an Bord, und wenn das Flugzeug abstürzt, stürzt man mit ihm ab ... Zumindest sollte man bis zum nächsten November warten, bevor man ihn abschießt.".*

„Im 18. Jahrhundert war die Freimaurerei in Frankreich und Deutschland Einflüssen der Magie ebenso wie solchen der Alchemie, der Kabbala und der Mystik ausgesetzt", gestand die Freimaurerei selbst. *„Ihre Symbolik wurde von manchen Systemen mit Magie förmlich durchtränkt ... Aber nicht nur in Frankreich, sondern auch in den anderen Ländern fanden sich zahlreiche Jünger solcher freimaurerischen Verirrungen, die sich in alle Systeme einzunisten trachteten, sodass sich innerhalb der Freimaurerei eine Art okkultistische Internationale bildete."* (siehe auch „Internationales Freimaurerlexikon", S. 623 / vergleiche „Magische Freimaurerei", Informationsportal zum Thema

Freimaurerei, verantw. Franz L. Bruhns, Altstuhlmeister der Freimaurerloge „Am rauen Stein" in Hamburg, zitiert von Guido Grandt in „Schwarzbuch Freimaurerei", S. 55/56)
Daran hat sich bis heute – betrachtet man sich die vorliegenden Fakten, offensichtlich nichts – aber auch gar nichts geändert.

Wer aber weiterhin die aufgezeigte Vernetzung und Struktur im Falle der Kennedy-Morde ignoriert, der wird – wie bei so vielen Ereignissen in der Weltgeschichte – nicht wirklich erfahren, wer wirklich im Hintergrund (und warum) die Fäden zieht. Und welche Organisationen zur Umsetzung dieser Taten als Werkzeuge gezielt mit einbezogen worden sind, die dann später als alleinige Übeltäter (Mafia, CIA, womöglich auch Personen innerhalb der Polizei etc.) einer möglichen Verschwörung (absichtlich?) ins Gerede gebracht wurden, um von den Zielen und Mächten im Hintergrund abzulenken?

Letztlich hoffe ich, dass dieses Buch Ihnen etwas dabei geholfen hat, die offiziellen Behauptungen zu den Kennedy-Morden ad absurdum zu stellen. Denn es ist mir wohl bewusst, dass viele von Ihnen auch dieses Buch weglegen und weiter das Leben führen werden, welches das System gestattet, damit sie keine Probleme bekommen.
„Rivista massonica", Jahrgang 1892, S. 2: *„Die Freimaurerei muss die Macht haben und sie hat sie: die öffentliche Meinung zu erzeugen und zu lenken."*

Winston Churchill sagte einst: *„Fast alle Menschen stolpern irgendwann einmal in ihrem Leben über die Wahrheit. Die meisten springen schnell wieder auf, klopfen sich den Staub ab und eilen ihren Geschäften nach, als ob nichts geschehen sei."*

Ob es nun klug ist, nachdem was Sie in diesem Buch erfahren haben, sich den Staub wieder abzuschütteln, um nicht irgendwann selbst in Gefahr zu laufen, womöglich für die eigene Familie ansonsten Probleme zu bekommen, wenn man sich für eine bessere Welt einsetzt – oder ob es klug ist, sich den Staub diesmal nicht abzuschütteln, weil es am Ende Ihre

Nachkommen und die Nachkommen anderer sind, die eines Tages durch die Untätigkeit ihrer Vorfahren nicht mehr die Möglichkeit dazu haben werden, eine Wahl zu treffen, überlasse ich Ihnen.

Nur wer für den Frieden und in Frieden handelt, wird ihn irgendwann auch bekommen. Doch jene, welche überhaupt nicht handeln, sollten sich später auch nicht beschweren – selbst wenn Ihr Handeln auch nur darin besteht, dieses Buch weiterzuempfehlen oder eine Ausgabe hiervon an einen Menschen zu verschenken, der Ihnen etwas bedeutet. Damit mehr Menschen davon erfahren, was Sie jetzt wissen...

Zitat *Woodrow Wilson*, US-Präsident: *„Es gibt eine Kraft, so organisiert, so subtil, so perfekt und so (alles) durchdringend, dass man nicht einmal darüber nachdenkt, wie man etwas dagegen tun könnte."*

Ich denke nur nicht darüber nach, sondern ich handele auch!

In diesem Sinne, Ihr *Dan Davis*

Nachwort von Jan van Helsing

Wieso musste John F. Kennedy sterben?

Ganz einfach, weil er gewissen „Mächten" im Wege stand. Geht es etwas genauer? Selbstverständlich!

Um dahinter zu kommen, wieso er hingerichtet wurde – denn genau das war es, eine Hinrichtung nach Freimaurerart –, muss man um die Ecke denken. Man muss ganz einfach andere Fragen stellen. Die Menschen fragen immer: *„Wer hat Kennedy erschossen?"* Das ist völlig egal, wer ihn erschossen hat, ein Killer hat ihn erschossen. In Kennedys Fall sogar mehrere angeheuerte Auftragskiller. Es sind Leute, die dafür bezahlt wurden, einen Liquidationsdienst auszuführen. Es ist völlig gleich, ob derjenige Schulze, Müller, Oswald oder Kunze hieß. Er wurde für sein Geschäft bezahlt. Die wesentliche Frage ist doch: Wer hat den Auftrag erteilt, wer hat dafür bezahlt? Und noch wichtiger: **Wieso** hat der Auftraggeber das angeordnet? Um das herauszufinden müssen wir etwas tiefer graben…

Dan Davis hat ja nun eine Menge über freimaurerische Symbolik am Tatort geschrieben, auch über die FED, also die private Zentralbank Amerikas. Und genau da sind wir richtig! Das, was man allgemein als *Illuminati* bezeichnet oder *Schattenregierung* oder *Hintergrundmacht*, diese Struktur kann man grob in drei Teile aufteilen:

1. Die Freimaurerei (Massenmedien, Hollywood, Geheimdienste, Parteien, Lions-Club, Bilderberger, Skull & Bones, Trilaterale Kommission, CFR usw…)
2. Den Militärisch-Industriellen Komplex (Kontrolle über Technologie, Überwachung, Weltraum-Satelliten, Rüstungsindustrie, Drogenmarkt, Geheimdienste…) Dazu ein Zitat von US-Präsident Dwight D. Eisenhower bei seiner Abschiedsrede vom 17. Januar 1961: *„Wir in den Institutionen der Regierung müssen uns vor unbefugtem Einfluss – beabsichtigt oder unbeabsichtigt – durch den militärisch-industriellen Komplex schützen. Das Potenzial für die katastrophale Zunahme fehlgeleiteter Kräfte ist vorhanden und wird weiterhin bestehen. Wir dürfen es nie zulassen, dass die Macht dieser Kombination unsere Freiheiten oder unsere demokratischen Prozesse gefährdet.*

Wir sollten nichts als gegeben hinnehmen. Nur wachsame und infor-
mierte Bürger können das angemessene Vernetzen der gigantischen
industriellen und militärischen Verteidigungsmaschinerie mit unseren
friedlichen Methoden und Zielen erzwingen, sodass Sicherheit und
Freiheit zusammen wachsen und gedeihen können."

3. Die privaten Bankendynastien, die auch die Rohstoffmärkte seit
   mindestens 150 Jahren kontrollieren (Warburg, Rothschild, Kuhn-
   Loeb, Morgan, Londoner Gold-Fixing, Bank of England, Federal
   Reserve System, Kryptowährungen, De Beers, Carnegie...)

Wie gesagt, ist das hier aufs Kürzeste komprimiert (Khasaren, Vatikan
und Jesuiten mit inbegriffen). Das angestrebte Ziel dieser „Verschwörer"
ist klar definiert – es ist die *Neue Weltordnung* (NWO). Die NWO bedeutet in drei Schlagworten: Weltregierung, Weltwährung und Weltreligion.
Die NWO stellt sozusagen einen Überwachungsstaat vom allerfeinsten dar
– absolute Kontrolle und Überwachung jedes Erdenbürgers durch einen
bargeldlosen Zahlungsverkehr (das übernehmen Kreditkarten, Smartpho-
nes und implantierte Mikrochips). Und wer übernimmt die Überwachung?
Das übernehmen die Banken mit der Technologie des Militärisch-Industriellen Komplexes. Man benötigt keine Staaten und Länder mehr, inklusive deren Regierungen. Das machen dann gigantische Großcomputer. All
das gibt es bereits und wir gehen der NWO in großen Schritten entgegen –
vor allem aufgrund der himmelschreienden Dummheit der sozial vernetzen
Jugend, der neuen, so „aufgeklärten" Generation – unsere lieben „Gutmen-
schen"... Alle haben sie ein Smartphone, sind über Illuminatendienste wie
Twitter, Youtube, Facebook, Instagram und wie sie alle heißen, vernetzt.
Die Nutzer – überwiegend junge, linksgerichtete Menschen – haben keinen
blassen Schimmer, was wirklich gespielt wird...

Wollen Sie wirklich wissen, wie es läuft? Dann lesen Sie, was der in Südafrika lebende, jüdische Unternehmer Ben Morgenstern Stefan Erdmann
und mir bei zwei Treffen anvertraut hat:

„Die meisten meiner Familienmitglieder, und auch viele aus anderen Fa-
milien, haben größten Respekt vor den Deutschen, haben sogar wie ich
deutsche Wurzeln. Sie ‚hassen' nicht. Würden sie das tun, wären sie nicht
so mächtig und erfolgreich. Sie handeln nur, wie sie es für richtig halten.

Das ist keine Frage der Moral. In der Weltpolitik hat Moral noch nie eine Rolle gespielt. Diejenigen, die regieren, entscheiden darüber, was Moral ist und was nicht. Es geht vielmehr um Notwendigkeiten! Den führenden Familien sind Religionen, nationales Denken oder nationales Bewusstsein eher fremd. Sie sind zwar im Privatleben in höchstem Maße von moralischen Prinzipien durchdrungen, aber hinsichtlich ihrer Machtausübung haben sie diesbezüglich überhaupt keine Emotion oder Moral. Wir werden von klein auf so erzogen. Ich halte die Elite-Familien in diesem Punkt für weiter fortgeschritten als den Rest der Welt, weil es eine gewisse Wertneutralität bedeutet.“

„…Wissen Sie, worüber wir hier sprechen, kann man mit einem der Computerspiele vergleichen, die unsere Kinder spielen. Man ist zum Beispiel ein Kämpfer in einem Abenteuerspiel und hat dort Gegner und Freunde. Man führt Kriege, verbündet sich, schafft etwas Neues. Am Ende des Spiels ist man dann erschöpft, weil man seine Lebenszeit durch sinnfreies Spielen vertan hat, und geändert hat es generell nichts an der Realität. Die Realität ist nämlich derjenige, der das Spiel entwickelt hat. Können Sie mir folgen? Und nun schauen wir uns unsere Welt an. Wir haben Staaten mit Diktatoren, mit Demokratien mit Monarchien. Die bekämpfen sich, die schließen Frieden, die verbünden sich und treiben Handel. Über die letzten Jahrhunderte haben wir das erlebt, nämlich dass sich die Welt in vielen Kriegen befunden hat, Herrscher und Könige gingen, sich Grenzen verschoben haben, Allianzen zwischen einzelnen Ländern und auch Kontinenten bildeten. Aber eines ist immer gleich geblieben: Die reichsten Familienclans dieser Welt sind immer die gleichen geblieben, bis zum heutigen Tag. Egal, welche Regierung in einem Land an dessen Spitze war, ob in dem Land eine Demokratie, ein König, ein Diktator oder der Kommunismus herrschte, diese Familien haben immer die Rohstoffe kontrolliert und das Bankwesen betrieben. Ob es sich um Gold, Diamanten, Silber usw. handelt, das sind seit Jahrhunderten Monopole. Ist Ihnen das bewusst? Und das wird auch so bleiben, verstehen Sie?
Wir können uns Tage darüber unterhalten, wann wo ein Krieg ausbrechen wird, welcher Politiker käuflicher ist als der andere usw. Das ist vertane Zeit. Wenn Sie wirklich wissen wollen, was hier abläuft, was auf diesem Erdball gespielt wird, müssen Sie die Sichtweise verändern und das Computerspiel verlassen. Alles, was da draußen geschieht, ist ein gigantisches

Ablenkungsmanöver und eine Beschäftigungstherapie für die Massen. Wie man es bezeichnet, bleibt einem selbst überlassen. Politiker innerhalb eines Landes oder die Länder der Erde werden immer gegeneinander ausgespielt, um die Menschen zu beschäftigen und davon abzulenken, dass sie eben das eine nicht erkennen, nämlich dass ein paar Familien alles besitzen, was wichtig ist. Und das ist der eigentliche Plan: Die meisten Minen und Rohstofffförderanlagen gehören ohnehin schon diesen Familien – meine bedingt mit eingeschlossen. Aber jetzt wollen sie alles haben, den kompletten Grund und Boden, die totale Kontrolle über das Geld – über einen bargeldlosen Zahlungsverkehr. Und wem gehören die Computer, die den monetären Welthandel betreiben? Denselben Familienclans, denen auch die Rohstoffe und auch der Rest der physischen Welt gehören. Ja, sogar die Pflanzen werden inzwischen patentiert usw."

Soweit der Auszug aus dem Interview mit Ben Morgenstern (das komplette, sehr lange Interview finden Sie in meinem Buch „Whistleblower"). Können Sie das verinnerlichen, was er gesagt hat? Es ist völlig gleichgültig, wer in der (westlichen) Welt zur Wahl steht und letztlich auch gewählt wird – er ist einer der „ihren" – ansonsten wird er aus dem Weg geräumt… Und was nun neuerdings der Fall ist, ist, dass sich mehrere Länder alledem widersetzen. Ich meine hier beispielsweise die BRICS-Staaten (Brasilien, Russland, Indien, Kanada und Südafrika), die sich dem westlichen Währungs- und Bankenkartell nicht kampflos unterwerfen wollen. Das heißt übersetzt, es gibt auch „Gute".

Aber kommen wir zurück zu Thema, zu John F. Kennedy – meiner Ansicht nach einer der rechtschaffensten und mutigsten Menschen, die diesen Planeten besucht haben. Er wusste um die Entstehung der FED, er wusste um die Familiendynastien, die die weltweite Kontrolle über die wichtigsten Rohstoffe haben, die das Zinseszinssystem und den IWF benutzen, um ganze Staaten auszulutschen und die Menschen zu erpressen. Es sind diejenigen, die nach und nach den Goldstandard abgeschafft haben. Kennedy wusste darum und kannte deren Namen. Deswegen erließ er am 4. Juni 1963 die *„Executive Order 11110, mit der er die Verordnung 10289 (vom 17. September 1951) änderte, indem er dem Finanzminister die Befugnis des Präsidenten übertrug, sogenannte Silberzertifikate nach der Thomas-Novelle des*

Agraranpassungsgesetzes in der durch das Goldreservegesetz geänderten Fassung auszustellen. Dies erlaubte es dem Sekretär, während der Übergangszeit nach dem Plan von Präsident Kennedy, Silberzertifikate zu streichen und Noten der Federal Reserve zu verwenden, gegebenenfalls Silberzertifikate auszustellen. "[54]

Bereits im November 1961 hatte JFK den Verkauf von Silber durch das Finanzministerium eingestellt, und die daraufhin steigende Nachfrage nach Silber als Industriemetall hatte zu einem Anstieg des Marktpreises für Silber über dem Festpreis der US-Regierung geführt. Dies wiederum führte zu einem Rückgang der überschüssigen Silberreserven der Regierung um über 80 Prozent. Im Anschluss forderte JFK den Kongress auf, Silberzertifikate zugunsten von Noten der Federal Reserve auslaufen zu lassen, die zu diesem Zeitpunkt noch mit Gold unterlegt waren.

Zudem erklärte er in seinem Wirtschaftsbericht im Jahre 1963:
„Ich fordere erneut eine Überarbeitung unserer Silberpolitik, um den Status von Silber als Metall widerzuspiegeln, für das eine wachsende industrielle Nachfrage besteht. Mit Ausnahme der Verwendung in Münzen hat Silber keine nützliche Geldfunktion. 1961 wurden auf meine Anweisung hin die Silberverkäufe vom Finanzminister ausgesetzt. Als weitere Schritte empfehle ich die Aufhebung der Gesetze, die das Finanzministerium verpflichten, den Silberpreis zu stützen. Und ich empfehle die Aufhebung der speziellen 50-Prozent-Steuer auf Transfers von Silberzinsen und die Genehmigung für das Federal Reserve System zur Ausgabe von Schuldverschreibungen in Stückelungen von 1 USD, um den schrittweisen Rückzug von Silberzertifikaten aus dem Verkehr und die Verwendung des Silber zu ermöglichen, das für Münzzwecke freigegeben wurde. Ich fordere den Kongress dringend auf, umgehend auf diese empfohlenen Änderungen zu reagieren."

Mit der am 4. Juni 1963 unterzeichneten *Executive Order 11110* setze JFK die *Executive Oder 10289* von Präsident Woodrow Wilson aus dem Jahre 1913 außer Kraft und ordnete die Herausgabe von staatseigenen, schuldenfreien und zinslosen, von Gold und Silber gedeckten Banknoten mit den Aufschriften „United States Note" (statt „Federal Reserve Note") und „Redeemable in Gold and Silver on Demand" („Eintauschbar in Gold und Silber auf Verlangen") durch das Schatzamt an.

John F. Kennedy hatte bis zu seiner Ermordung insgesamt mehr als vier Milliarden Dollar in Umlauf gebracht, und zwar in 2- und 5-Dollar-Noten. Die bereits gedruckten 10- und 20-Dollar-Noten gelangten nicht mehr in Umlauf.

JFK war leider nicht der Einzige, der aus der Bahn geräumt wurde. Auf alle Präsidenten, die versucht hatten, etwas am Finanzsystem zu ändern, wurden Attentate verübt – Andrew Jackson (1835), Abraham Lincoln († 1865), James A. Garfield († 1881), William Mac Kinley († 1901) und John F. Kennedy (†1963). Und bei Letzterem wurden auch gleich die Zeugen mit beseitigt: 25 an der Zahl, die eines unnatürlichen, gewaltsamen Todes starben – neben über 100 Zeugen, die u.a. „zufällig" an Selbstmord oder Herzinfarkt verstarben...[55]

DAS, liebe Leserinnen und Leser, ist der wahre Grund, wieso dieser heldenhafte Mann sterben musste. Er wusste, worauf er sich einließ und hatte es trotzdem getan. Und so erging es auch seinem Bruder und seinem Sohn, die alle ganz genau wussten, was auf der Welt gespielt wird und wer die Rädchen dreht. Und so weiß es auch Donald Trump. Egal, wie man zu ihm stehen mag – sein Auftreten ist nicht das, was man als super sympathisch beschreiben würde, und auch Knigge ging wohl an ihm vorüber –, aber eines ist gewiss: Er weiß exakt, wer die Big Players auf der Erde sind, was sie vor haben und wie sie dabei vorgehen. Und er weiß genau, wer hinter den Anschlägen von 9/11 steckt. Hoffen wir, dass er seine Amtszeit überlebt...

Was Marilyn Monroe angeht und die UFO-Thematik, so ist dies ein gänzlich neues Fass, das wir hier öffnen müssten und ich verweise an dieser Stelle für die Neugierigen auf Dan Davis' erstes Buch „Nationale Sicherheit" sowie die Bestseller von Jason Mason „Mein Vater war ein MiB – Band 1, 2 und 3. Da wird es richtig spannend... ☺

Ihr *Jan van Helsing*

„Das sind zu viele ‚Zufälle‘, oder wie Gustav Jung sagen würde, ‚Synchronizitäten‘. Sie weisen zumindest darauf hin, dass die Planer des Attentats mit freimaurerischer Symbolik vertraut waren, was auf Geheimdienstler zutrifft, nicht aber auf Lee Harvey Oswald.“

(Zitat von Autor Michael Hesemann in „Geheimakte John F. Kennedy“)

Bildteil

Abb. F1 und F2: Die offizielle Tatwaffe nach den Schüssen auf den US-Präsidenten John F. Kennedy wird schön verpackt aus dem Schulbuchlager gebracht. Warum so ein Geheimnis um die Waffe? Warum wurden angeblich mehrere Tatwaffen gefunden, wie hier im Buch aufgeführt?

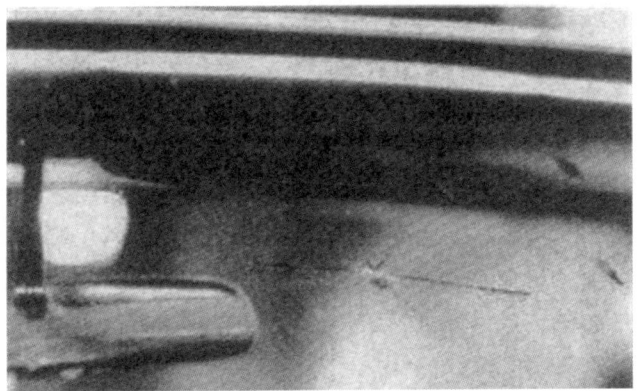

Abb. F3 links:
Die von einem Projektil beschädigte Frontscheibe an der Präsidenten-Limousine. Könnte es sein, dass der Winkel zufällig zu dem Lichtblitz auf Zapruders Einzelbild „303" passt? Siehe dazu Abb. 89 und 90.

293

Oswald's Mother Asks Exhumation

The mother of Lee Harvey Oswald, named by the Warren Commission as President Kennedy's assassin, wants the body of her son exhumed.

Mrs. Marguerite Oswald of Fort Worth said she believes an examination of her son's remains would tend to discredit portions of the Warren Report.

She said: "The Warren Report does not contain, as far as I can determine, nor do the 26 volumes make mention or reference to two scars that should be on my son's body since the commission members tell us for documentation that Oswald slashed his left wrist while in Russia and was hospitalized and also accidentally shot himself while in the Marine Corps and was hospitalized.

"It is very evident that there is a contradiction here.

scars on his body.

"It is quite possible that the commission members failed to include this in their autopsy report. However, I am under the opinion, like many other things in this case, that these things were inserted after the death of my son where he did not have the opportunity to defend the

Mrs. Oswald said, "I think now would be the time to exhume this boy's body and see if he has these scars."

She explained she meant she believed now is "the time" because the fourth anniversary of the assassination of President Kennedy is next week, Nov. 22.

Lee Harvey is encased in a heavy concrete vault, buried a Rose Hill Cemetery.

Mrs. Oswald, now 60, lives in a modest brick house at

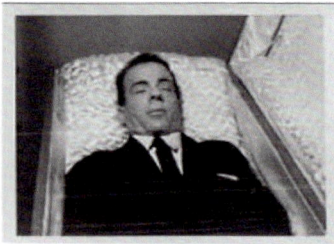

"We don't know who is buried in that grave," Miller Funeral Home Director Paul Groody was told by agents.

Beverly Oliver

Phillip Willis

Marilyn Willis

Ed Hoffman

 Jones
 Carrico
 Dulany
 Peters
 Salyer
 McClelland
 Crenshaw
 Ward
 Dike
 O'Connor
 Riebe
 Custer
 O'Neill

Abb. F4 oben: Die Mutter von Lee Harvey Oswald fragte nach einer Exhumierung, weil sie Zweifel hatte, wer hier begraben wurde. Abb. F5 unten: Augenzeugen, die eine Kopfverletzung hinten am Schädel von John F. Kennedy sahen

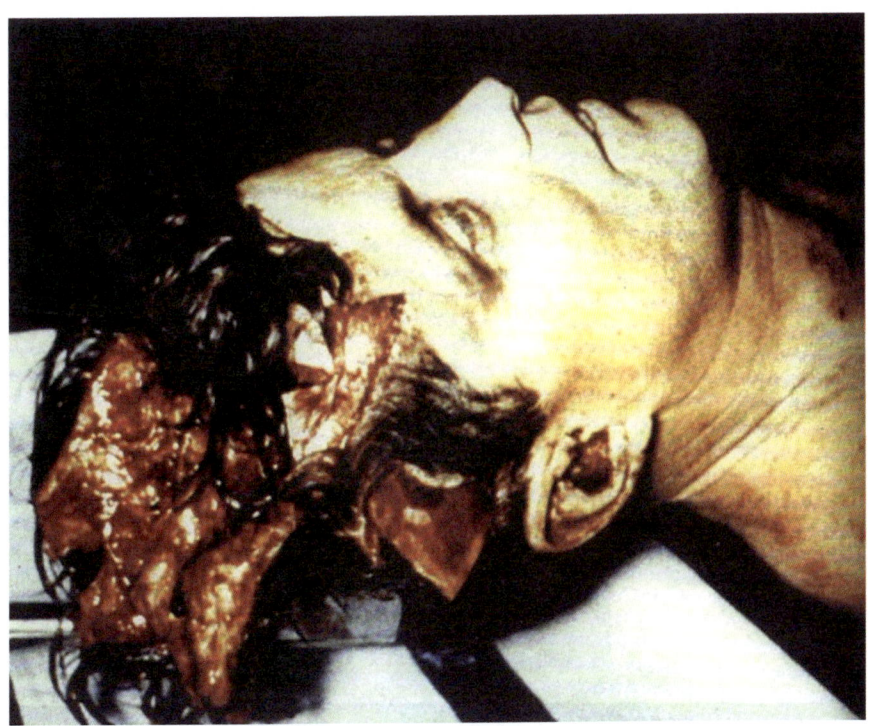

Bild F6: Hier eine Aufnahme von Kennedys Kopf, bei der man sieht, dass ein großer Teil der Schädeldecke fehlt. Ob diese auch manipuliert wurde, ist noch nicht gänzlich geklärt, aber Augenzeugen berichteten, das klaffende Loch am Kopf von JFK solle sich rechts hinten am Kopf befunden haben (siehe hierzu Illustration Abb. 132). Dies widerspricht aber diesem angeblich echten Foto. Hier sieht man ein fehlendes Schädelteil, welches sich vorne befindet, wobei die Kopfhaut zurückgeplappt wurde, was die Größe der Wunde am Kopf optisch etwas verfälscht. Oder haben sich so viele Augenzeugen bei ihrer Erinnerung in ihrer Wahrhehmung getäuscht? Es wäre durchaus denkbar, dass auch dieses Bild manipuliert ist, um den Schusskanal der Kugel(n?) zu vertuschen, und aus einem fehlenden Schädelteil Richtung Hinterkopf aus diesem Grund eine Wunde gemacht wurde, die sich im vorderen Bereich des Kopfes befindet. Vorne im Stirnbereich sieht man eine kantige Stelle, die wie herausgeschnitten erscheint. Ist dies in Folge der Einschüsse geschehen, oder wurde hier etwas nachgeholfen, um die wahre Einschussstelle zu vertuschen?

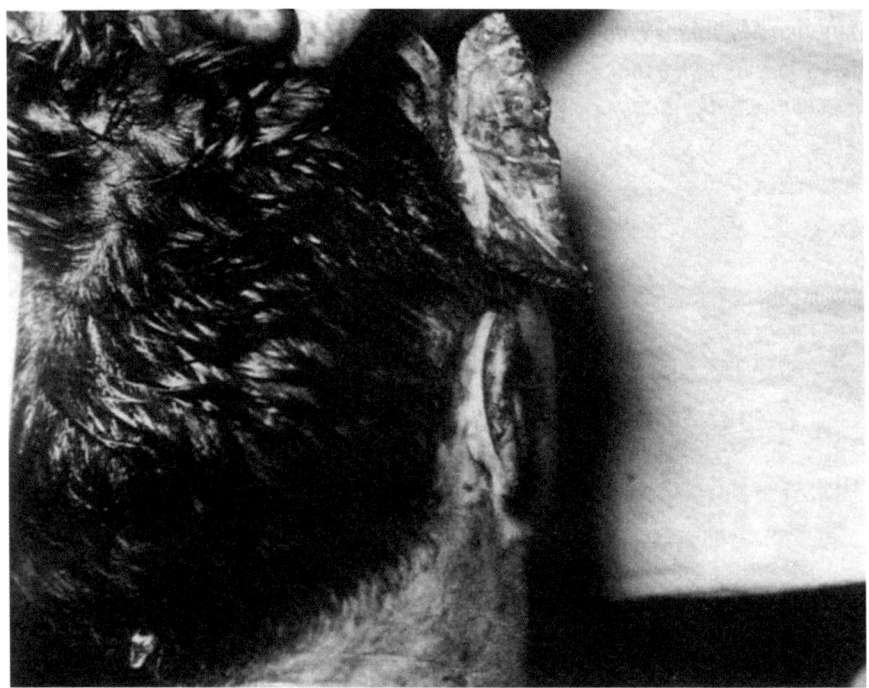

Abb. F7: Dieses Bild zeigt offensichtlich eine Bildmanipulation für die Warren-Kommission, denn das fehlende Schädelteil am Hinterkopf, von dem so viele Augenzeugen einstimmig berichteten, ist nicht vorzufinden. Oben am Kopf sieht man den Teil des weißen Handschuhs, mit dem eine Person den Kopf für die Aufnahme in Position hält, damit die Kopfhaut nicht zurückklappt aufgrund der für die Warren-Kommission und die Weltöffentlichkeit extra angefertigte Wund vorne am Kopf. Wäre JFK von vorne getroffen worden (oder schräg von oben von einem Helikopter aus), dann müsste abgesehen vom Einschusskanal vorne oder oberhalb der *hintere Bereich* am Kopf fehlen, so wie viele Augenzeugen es auch berichteten.

296

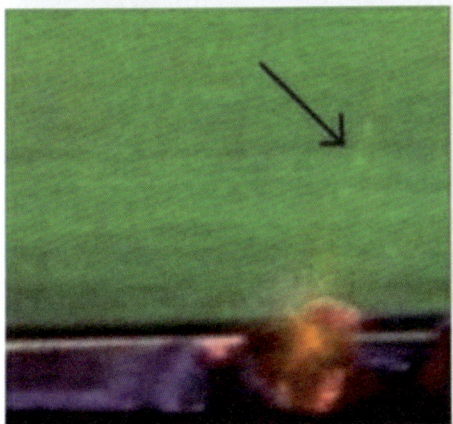 

Abb. F8 oben: Dr. Paul Peters hat ebenfalls die große Schädelverletzung am Hinterkopf des Präsidenten gesehen. **Abb. F9** unten links und **Abb. F10** unten rechts: Man sieht beim Bildvergleich auf den Einzelbildern des Zapruders-Films einen Lichtstrahl über Kennedys Kopf, danach wird der Kopf durch den Einschuß nach hinten gerissen. Offiziell handelt es sich bei dem, was den Lichtstrahl erzeugt, um das sog. „Harper-Fragment", einen Knochensplitter, der aus dem Schädel geschleudert wird. Jedoch gehen zwischenzeitlich hierzu die Meinungen auseinander. Manche vermuten hier den Beweis für einen Schuss von oben (der Winkel würde nur den Schuss aus einem Helikopter zulassen), festgehalten auf dem Film. „Zufälligerweise" wurden in der entscheidenden Sequenz zu Beginn die Einzelbilder vertauscht, was zu Irritierungen sorgte, da die Vertauschung der Einzelbilder die offizielle These des *Warren-Reports* unterstützte. Nachdem die Vertauschung der Schlüsselsequenz offenkundig wurde, waren viele Experten der Meinung, Kennedy müsste von vorne erschossen worden sein und nicht von einem Projektil von hinten kommend, wo das Schulbuchlager war, da der Kopf nach hinten gerissen wurde. Auch ein Schuss von oben aus einem Helikopter würde den Kopf nach hinten reißen lassen, wenn der Einschusswinkel eines Projektils beispielsweise so verlaufen würde, wie der Lichtstrahl auf dem Bild oben.

Abb. F11 oben links und Abb. F12 oben rechts: Stelle am Grashügel, von wo der „Badgeman" geschossen haben soll im Augenblick dieser Aufnahmen. Abb F13 unten: Der „Kubaner", der etwas, das wie ein Funkgerät aussieht, nach den Schüssen auf den Präsidenten hinten in seiner Hose gesteckt trägt. Die merkwürdige Ausbeulung oben könnte zudem auf das Tragen einer kugelsicheren Weste hindeuten.

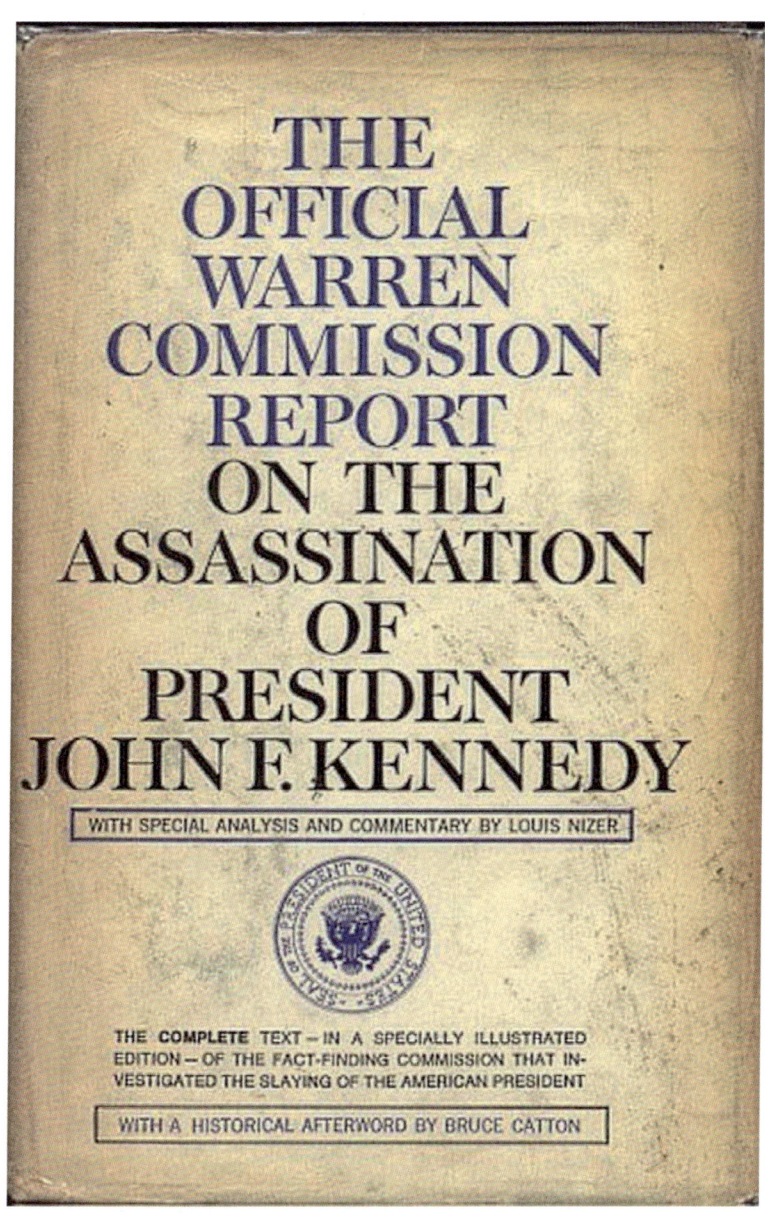

Abb. F14: Der Warren Commission Report

Abb. F15 oben: Hemdkragen von Lee Harvey Oswald und der Mann vor dem Schulbuchlager. Man sieht einen langen Kragen, im Gegensatz zu dem kurzen Kragen des Hemdes bei Lovelady an diesem Tag. Abb. F16 unten: Zwei der dreigeteilten Kolonnaden und der Obelisk, der an die erste Freimaurerloge in Dallas erinnert, sowie das dazugehörige Wasserbecken. Dahinter das Schulbuchlager. JFK wurde in einer Art Freilufttempel der Freimaurer ermordet.

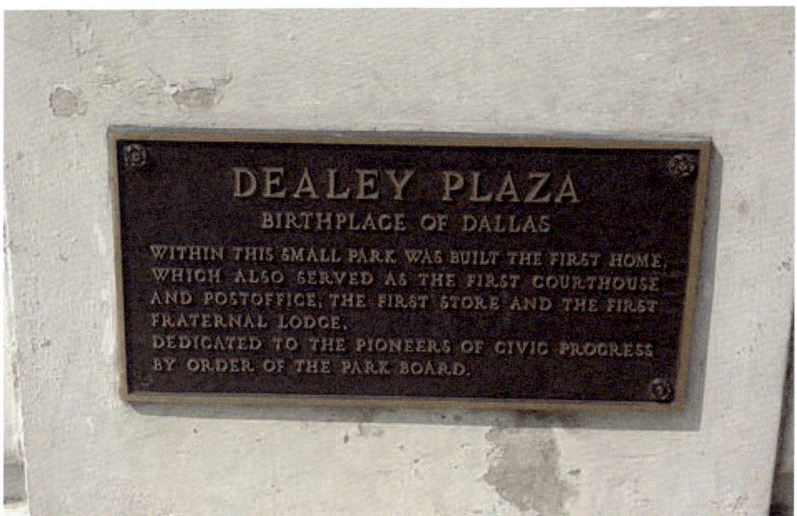

DEALEY PLAZA
BIRTHPLACE OF DALLAS
WITHIN THIS SMALL PARK WAS BUILT THE FIRST HOME,
WHICH ALSO SERVED AS THE FIRST COURTHOUSE
AND POSTOFFICE, THE FIRST STORE AND THE FIRST
FRATERNAL LODGE.
DEDICATED TO THE PIONEERS OF CIVIC PROGRESS
BY ORDER OF THE PARK BOARD.

Abb. F17 oben: Die „Eternal Flame" oben auf dem Obelisk am Dealey Plaza
Abb. F18 unten: Eine Plakete an dem Obelisk deutet an, dass hier am Dealey Plaza die Geburts-
stunde von Dallas war und sich hier einst das erste Gerichtsgebäude und die erste Freimaurerloge
der Stadt befand.

Abb. F19: Blickt man heute von der Spitze der „Straßenpyramide" aus zum ehemaligen Schulbuchlager, von wo aus JFK angeblich von Oswald erschossen wurde, so sieht man im Hintergrund oben auf dem Dach des Hauses neben dem Schulbuchlager die Spitze eines Hochhauses – das *Dallas Fontain Place* –, welches einem durch die Morphologie die Illusion vermittelt, als ob sich über dem Gebäude eine Pyramide befinden würde. Wurde tatsächlich aus diesem Gebäude auf John F. Kennedy geschossen und war der andere Tatort inszeniert? Im Jahr 1961 erschien ein Buch mit dem Titel „The Cypher" von Alex Gordon, in dem das Kennedy-Attentat im Ablauf fast punktgenau vorweggenommen wurde. Siehe hierzu auch *www.kennedy-amadeus-verlag.de*. In diesem Roman wird behauptet, der Schütze hätte sich in Wirklichkeit im Nachbargebäude befunden. In einer späteren Verfilmung ließ man dies weg. Für unkritisch eingestellte Menschen eine reine Zufälligkeit. Für andere wiederum bewusst inszenierte Symbolik am Dealey Plaza, der wiederum seinen Namen nach dem Freimaurer Georg Bannermann Dealey (1859-1946) erhielt. Am Dealey Plaza wurde einst die erste Freimaurerloge von Dallas errichtet.

Abb. F20 oben links: Der obere Bereich des *Dallas Fontain Place*, welches auf dem Dealey Plaza die Illusion einer Pyramide auf dem Dach des ehemaligen Schulbuchlagers erzeugt. **Abb. F21** oben rechts: Der zweitürmige Hochhauskomplex wurde so konzeptioniert, dass es aus anderer Perspektive bei einem der Türme so wirkt, als würde sich auf diesem eine Pyramide *ohne* Abschlussstein befinden. In Wirklichkeit befindet sich dort aber weder eine Pyramide noch ein Abschlussstein. Die morphologische Illusion wurde auch hier perfekt umgesetzt, zu sehen nur von einem bestimmten Punkt vom Boden aus. **Abb. F22** unten: Im unteren Bereich beim *Dallas Fontain Place* befindet sich noch ein zusätzliches „echtes" pyramidenförmiges Gebäude.

Abb. F23: Symbolisches Auge auf der Rasenfläche vor einem Hochhauskomplex, unweit des Dealey Plaza in Dallas, Texas.

Abb. F24 oben: Das *Old Red Museum* am Dealey Plaza nach freimaurerischer Bauart. Es war früher das alte Gerichtsgebäude von Dallas. Rechts davon sehen wir einen der beiden Türme des *Dallas Fontain Place* im Hintergrund. Dahinter sehen wir, zwei Häuser weiter, einen kleinen Teil des ehemaligen Schulbuchlagers. **Abb. F25** unten: Rechts im Bild das *Old Red Museum* nach freimaurerischer Bauart. Links im Bild das ehemalige Schulbuchlager mit der Illusion einer Pyramide auf dem Dach (die Spitze einer der Türme des *Dallas Fontain Place*).

Abb. F26 oben und Abb. F27 unten: Der *Scottish-Rite-Freimaurertempel* in Dallas, Texas.

HISTORICAL ME

DALLAS SCOTTISH RITE TEMPLE

SAMUEL P. COCHRAN (1855–1936), A PROMINENT MASON AND COMMUNITY LEADER, HEADED THE COMMITTEE THAT INITIATED PLANS FOR THIS BUILDING IN 1902. MASONIC OFFICIALS ASSEMBLED FOR THE CORNERSTONE LAYING IN MARCH 1907 AND FOR THE DEDICATION CEREMONY IN APRIL 1913. HERB MILLER GREENE AND J. B. HUBBLE, BOTH LODGE MEMBERS, DESIGNED THE NEO-CLASSICAL STRUCTURE. A DALLAS LANDMARK, IT IS A SHOWCASE OF FINE MATERIALS AND CRAFTSMANSHIP.
RECORDED TEXAS HISTORIC LANDMARK–1978

SPES MEA IN DEO EST

Abb. F28 oben Tafel am Gebäude des „Scottish Rite-Freimaurertempels".
Abb. F29 unten: „Scottish Rite"-Logen-Emblem vor dem Tempel in Dallas, Texas.

Abb. F30 oben: Der Eingangsbereich des „Scottish Rite-Freimaurertempels" in Dallas mit seinen drei Türen. Abb. F31 unten: Der Dealey Plaza, wo JFK ermordet wurde, benannt nach dem Freimaurer Georg Bannermann Dealey (1859-1946). Die drei Straßen werden pyramidenförmig hier zusammengeführt und münden in einem Tunnel, der drei Straßenabschnitte besitzt. Hier wird Isis, Osiris und Horus symbolisiert, nicht die heilige Dreifaltigkeit (siehe als Bildvergleich auch den freimaurerischen „Scottish Rite"-Temple in Dallss in Abb. F30 mit seinen drei Türen). Hier am Dealey Plaza befand sich einst die erste Freimaurerloge der Stadt Dallas. John F. Kennedy wurde in einem Freilufttempel der Freimaurer ermordet.

Alte Eiche beim Schulbuchlagerhaus in Dallas, wo JFK am
22.11.1963 erschossen wurde.

Abb. F32 oben: Der freimaurerische Obelisk und Wasserbecken am Dealey Plaza, Blick Richtung Eisenbahnbrücke. **Abb. F 33**: John F. Kennedy wurde bei einer großen Eiche an der Elm Street ermordet. Das Wappenzeichen der Kennedys in Irland ist eine Eiche. Auch das scheint nicht dem Zufall überlassen worden zu sein. Der irische Name *Kennedy* geht auf das gälische „Cennaideach" zurück, was so viel bedeutet wie „übel verwundeter Kopf". Nur Logenmitglieder würden vermutlich mit deratiger Bedacht einen Mord planen und inszenieren.

Über den Autor

Dan Davis ist eines der Autorenpseudonyme des Kunstmalers Daniel Bosch (Homepage zum Künstler: *www.daniel-bosch-art.com*). Bosch fertigte in der Vergangenheit u.a. eine Vielzahl von Illustrationen sowie Titelbilder für Bücher und CDs an. Ein Beispiel ist das Artwork zum Buch „Aleister Crowley – Tagebuch eines Narren", geschrieben von Aleister Crowley selbst, erschienen im Scipio Verlag. Im Amadeus Verlag erschien vom Autor im Jahr 2005 das erste Sachbuch unter dem Pseudonym *Dan Davis* mit dem Titel „Nationale Sicherheit – Die Verschwörung", das damals bereits Bestsellerstatus erreichte. Viele weitere Sachbücher, Romane und diverse andere Publikationen folgten. Darunter auch der Roman „Revolution, Baby!" aus dem Jahr 2014, zu dem Carlos Perón, Gründer der Musikgruppe *Yello* und Produzent von Bands wie *Wolfsheim*, *Witt* und *Weissglut*, einen exklusiven Soundtrack vertonte. Weitere Sachbücher des Autors waren u.a. „Geboren in die Lüge – Unternehmen Weltverschwörung" und „Terrorstaat – Die dunkle Seite der Macht".

Seit Oktober 2008 unterhält Dan Davis zudem das Online Magazin *COVER UP!*. Dort interviewte er unter anderem in der Vergangenheit den GRAFEN (Sänger der Band *Unheilig*), Erich von Däniken oder auch Uri Geller. Er traf sich mit der ehemaligen Bundesministerin für Justiz, Frau Herta Däubler-Gmelin, befragte den angeblichen UFO-Kontaktler Billy Meier, Musikbands wie *Extrabreit* und Musiker wie Peter Heppner (Sänger der Band *Wolfsheim*, deren Album „Casting Shadows" u.a. in Deutschland 38 Wochen auf Platz 1 der Charts war), Models wie Micaela Schäfer (Ex „Germany's next Topmodel") und viele, viele andere zum Weltgeschehen. Aber auch Opfer des Verstandeskontrollprojekts *Mk Ultra*.

COVER UP! Newsmagazine unterstützt die amerikanische Seite *infowars.com* von Alex Jones, aufbauend auf einen Kontakt mit Rob Dew von *inforwars.com* im Jahr 2009 mit Dan Davis. Der Autor schreibt zudem Artikel für Magazine und Zeitschriften, u.a. *Magazin 2000plus*, *Matrix 3000* und *Synesis*, und arbeitet als Ghostwriter.

Weitere Informationen zu weiteren Publikationen und vieles mehr finden Sie auf der Autorenseite zu Dan Davis unter *www.amadeus-verlag.de*.

Quellenverzeichnis

(1) Zitat von Schauspieler Bruce Willis, 5. Mai 2007, Quelle: Alex Jones, *www.infowars.com*
(2) Alex Jones, INFOWARS.COM
(3) COVER UP! Newsmagazine, Interview mit Traugott Ickeroth
(4) Dokumentation „DIE MAFIA", Teil 1-3
(5) John F. Kennedy, Bericht zur Lage der Nation, Januar 1961
(6) David Liften, „Best Evidence"
(7) David Liften, „Best Evidence"
(8) „Warren-Report"
(9) „JFK – Tatort Dalles", Oliver Stone
(10) Jim Garrison, „Wer erschoss John F. Kennedy – Auf der Spur der Mörder von Dallas"
(11) Jim Garrison, „Wer erschoss John F. Kennedy – Auf der Spur der Mörder von Dallas"
(12) „Lexikon der Verschwörungstheorien", Robert Anton Wilson, Serie Piper, S. 235
(13) Faktor X, Ausgabe 8, Das Kennedy-Komplott, S.200 (das Magazin zählte seine Seiten fortlaufend)
(14) Faktor X, Ausgabe 8, Das Kennedy-Komplott, S.200 (das Magazin zählte seine Seiten fortlaufend)
(15) Siehe hierzu auch „Wer beherrscht die Welt", Viktor Farkas, Orac Verlag, S. 80 f.
(16) Siehe hierzu auch „Schatten der Macht", Viktor Farkas
(17) Siehe hierzu auch „Schatten der Macht", Viktor Farkas
(18) Dokumentation „DIE MAFIA", Teil 1-3
(19) Siehe auch die Dokumentation „JFK - Tatort Dallas" in Anlehnung an Oliver Stones Film
(20) „JFK – Tatort Dalles", Oliver Stone
(21) Siehe hierzu auch „Wer beherrscht die Welt", Viktor Farkas, Orac Verlag
(22) Jim Garrison, „Wer erschoss John F. Kennedy – Auf der Spur der Mörder von Dallas"
(23) Jim Garrison, „Wer erschoss John F. Kennedy – Auf der Spur der Mörder von Dallas"
(24) Michael Hesemann, „Geheimakte John F. Kennedy", 1. Auflage, 2003, S. 10)
(25) Siehe Abb. 74
(26) Siehe Bildteil, Abb. F31
(27) Siehe Abb. 73
(28) Siehe Bildteil, Abb. F18
(29) Siehe Bildteil, Abb. F30/F31
(30) Siehe Bildteil, Abb. F33
(31) Reportage „Politische Morde – Der Fall Aldo Moro"
(32) Die Aussagen Oswalds sind von Mae Brussells kompiliert worden, im Original auf: www.ratical.org/ratville/JFK/LHO.html
(33) Die Aussagen Oswalds sind von Mae Brussells kompiliert worden, im Original auf: www.ratical.org/ratville/JFK/LHO.html
(34) Siehe auch „Terrostaat", Dan Davis, ARGO Verlag, „Die Unterwanderung der Mafia", Kapitel 14, S. 249-252.
(35) www.youtube.com/watch?list=PLC3AB7CFEA498F914&v=zzWNDPx4Pm0
(36) Rede von John . F. Kennedy, 27. April 1961, Aufzeichnung
(37) Siehe auch das Buch „Der Tag nach Roswell", Col. Philip J. Corso/ William J. Birnes
(38) MERINT Reporting Procedure, OPNAV 94-P-3
(39) Interview mit Cathy O'Brien, COVER UP! Newsmagazine, Dan Davis, www.cover-up-newsmagazine.de

(40) FAKTOR X, Ausgabe 44, S. 1213 (das Magazin zählte seine Seiten fortlaufend).
(41) „Schatten der Macht – Bedrohen geheime Langzeitpläne unsere Zukunft?", Viktor Farkas
(42) FAKTOR X, Ausgabe 44, S. 1211 (das Magazin zählte seine Seiten fortlaufend).
(43) Übersetzung aus Moldea, a. a. O. S. 302
(44) „Die Tranceformation Amerikas", Cathy O'Brien und Mark Phillips
(45) Interview mit Cathy O'Brien, COVER UP! Newsmagazine, Dan Davis, www.cover-up-newsmagazine.de
(46) Interview mit Cathy O'Brien, COVER UP! Newsmagazine, Dan Davis, www.cover-up-newsmagazine.de
(47) Interview mit Johannes Holey, COVER UP! Newsmagazine, Dan Davis, www.cover-up-newsmagazine.de
(48) Interview mit Andreas Falk, COVER UP! Newsmagazine, Dan Davis, www.cover-up-newsmagazine.de
(49) „Die Aussteiger – Planet der Sklaven", Des Griffin
(50) Siehe hierzu auch „7 – Die letzten Tage", Band 1 + 2, Dan Davis, Argo Verlag
(51) „Schwarz auf weiß – Dokumente und Informationen, die Regierungen gerne vor Ihnen verborgen hätten", Andreas von Rètyi, S. 255-256
(52) Kashmira Gander: What is The Storm? Conspiracy theory that mysterious White House official leaks secrets. In: International Business Times. 15. Januar 2018.
(53) Siehe hierzu auch den Youtube-Beitrag „Alex Jones Explaining away QAnon"
(54) https://en.wikipedia.org/wiki/Executive_Order_11110
(55) https://bilddung.wordpress.com/2013/11/27/jfk-die-cia-in-tausend-stucke-schlagen-und-in-alle-winde-zerstreuen/
(56) www.jfkmurdersolved.com/ruby.htm
(57) www.maryferrell.org/pages/Katzenbach_Memo.html
(58) https://spartacus-educational.com/JFKwadeH.htm
(59) „Der Fall Marilyn Monroe", Gregory, Adela; Speriglio, Milo, 1996
(60) „Profiles in Courage", 1956, John F. Kennedy
(61) Zero Hedge, Internetportal für Finanznachrichen
(62) Donald Trump, 2016, zitiert von new.euro-med.dk
(63) Jan van Helsing, Der Dritte Weltkrieg", Amadeus Verlag, 1996 (Brief an Giuseppe Mazzini vom 15.8.1817)
(64) Orville Nix, 22. November 1963, Dallas
(65) *Washington Post*, Ausgabe 10. November 1998
(66) *Ladies' Home Journal*, 1988, Interview mit Marina Oswald

Alle weiteren Quellen wurden im Verlauf des Textes im Buch eingefügt.

Bildquellen

(1) Screenshot Orville Nix, 22. November 1963, Dallas
(2) Orville Nix
(3) Orville Nix
(4) INFOWARS.com
(5) questioningourreality.blogspot.com
(6) S. Hunter, www.dallasnews.com
(7) S. Hunter, www.dallasnews.com
(8) FBI-Fernschreiben vom 17. November 1963
(9) Memorandum des Vize-Justizministers Nicholas d. Katzenbach vom 25.11.1963
(10) Freimaurergedenkbrief, J. E. Hoover
(11) Freigegebenes CIA-Dokument 1035-960
(12) Crossfire: The Plot That Killed Kennedy, Jim Marrs
(13) Crossfire: The Plot That Killed Kennedy, Jim Marrs
(15) Crossfire: The Plot That Killed Kennedy, Jim Marrs
(16) Crossfire: The Plot That Killed Kennedy, Jim Marrs, Ill. Dan Davis
(17) Crossfire: The Plot That Killed Kennedy, Jim Marrs, Ill. Dan Davis
(18) Jim Marrs, Ill. Dan Davis
(19) Jim Marrs, Ill. Dan Davis
(20) Jim Marrs, Ill. Dan Davis
(21) Jim Marrs, Ill. Dan Davis
(22) Jim Marrs, Ill. Dan Davis
(23) Jim Marrs, Ill. Dan Davis
(24) Jim Marrs, Ill. Dan Davis
(25) Jim Marrs, Ill. Dan Davis
(26) Crossfire: The Plot That Killed Kennedy, Jim Marrs
(27) Crossfire: The Plot That Killed Kennedy, Jim Marrs, Ill. Dan Davis
(28) Crossfire: The Plot That Killed Kennedy, Jim Marrs, Ill. Dan Davis
(29) Jim Marrs, Ill. Dan Davis
(30) Jim Marrs, Ill. Dan Davis
(31) Jim Marrs, Ill. Dan Davis
(32) oswaldinthedoorway.blogspot.com/2013/09
(33) oswaldinthedoorway.blogspot.com/2013/09
(34) Alex Jones, INFOWARS.com
(35) Crossfire: The Plot That Killed Kennedy, Jim Marrs
(36) Alex Jones, INFOWARS.com
(37) cineblog.it
(38) science.howstuffworks.com
(39) science.howstuffworks.com
(40) www.pinterest.de
(41) www.jfk-assassination.eu/articles/umbrella.php
(42) https://ratical.org/ratville/JFK/GoD.html
(43) https://whowhatwhy.org/2011/12/05/jfk-umbrella-man-more-doubts/
(44) nostalgia049.wordpress.com
(45) nostalgia049.wordpress.com
(46) www.snopes.com
(47) allmystery.de
(48) allmystery.de
(49) allmystery.de
(50) allmystery.de
(51) allmystery.de
(52) Freimaurerischer Gedenkbrief, Lyndon B. Johnson
(53) muenster.de
(54) CIA-Memorandum vom 3.8.1962
(55) laptop15.blogspot.com
(56) https://de.wikipedia.org/wiki/Datei:JFK_and_Marilyn_Monroe_1962.jpg
(57) Cathy O'Brien / Mark Phillips
(58) Cathy O'Brien / Mark Phillips
(59) Cathy O'Brien / Mark Phillips
(60) Cathy O'Brien / Mark Phillips
(61) Cathy O'Brien / Mark Phillips
(62) Cathy O'Brien / Mark Phillips
(63) Dan Davis
(64) Dan Davis
(65) Dan Davis
(66) INFOWARS.com
(67) Dan Davis
(68) derwaechter.net
(69) Harrison Daily Times-Artikel
(70) Springfield News Ledger-Artikel
(71) derwaechter.net
(72) Freimaurergedenkbrief, Albert Pike
(73) davidicke.com
(74) davidicke.com
(75) davidicke.com
(76) The Onion, 1963
(77) Youtube.com, John F. Kennedy Arriving at Dallas Airport 1993

(78) wie (77)
(79) wie (77)
(80) wie (77)
(81a) wie (77)
(81b) wie (77)
(82) wie (77)
(83) wie (77)
(84) INFOWARS.com
(85) INFOWARS.com
(86) INFOWARS.com
(87) INOWARS.com
(88) Youtube.com, Zapruder Film Extreme Slow Motion
(89) wie (88)
(90) wie (88)
(91) inquirer.com
(92) davidicke.com
(93) Cover-up-newsmagazine.de
(94) Cover-up-newsmagazine.de
(95) Cover-up-newsmagazine.de
(96) www.jimmarrs.com
(97) www.jimmarrs.com
(98) www.jimmarrs.com
(99) Cover-up-newsmagazine.de
(100) Cover-up-newsmagazine.de
(101) Cover-up-newsmagazine.de
(102) Cover-up-newsmagazine.de
(103) Dokumentation „JFK 2"
(104) Dokumentation „JFK 2"
(105) Abraham Zabruder
(106) Abraham Zapruder
(107) Abraham Zapruder
(108) Abraham Zapruder
(109) Dokumentation „JFK 2"
(110) Dokumentation „JFK 2"
(112) Dokumentation „JFK 2"
(113) Dokumentation „JFK 2"
(114) Dokumentation „JFK 2"
(115) Dokumentation „JFK 2"
(116) Dokumentation „JFK 2"
(117) INFOWARS.com
(118) INFOWARS.com
(119) INFOWARS.com
(120) INFOWARS.com
(121) INFOWARS.com
(122) INFOWARS.com
(123) INFOWARS.com

(124) www.maryferrell.org/photos.html?set= NARA-JFKCLOTHES
(125) Dokumentation „JFK 2"
(126) Dokumentation „JFK 2"
(127) www.orwelltoday.com/Jfkbullethead-wound.jpg
(128) Dokumentation „JFK 2"
(129) Dokumentation „JFK 2"
(130) Dokumentation „JFK 2"
(131) Abraham Zapruder
(132) Dokumentation „JFK 2"
(133) VOI (13785), BC-USA-Kennedy 28-05 0331 von Jeanne King
(134) davidicke.com
(135) davidicke.com
(136) davidicke.com
(137) davidicke.com
(138) davidicke.com
(139) www.jimmarrs.com
(140) www.jimmarrs.com
(141a) www.jimmarrs.com
(141b) www.jimmarrs.com
(142) www.jimmarrs.com
(143) davidicke.com
(144) davidicke.com
(145) davidicke.com
(146) davidicke.com
(147) www.pinterest.de
(148) www.pinterest.de
(149) www.jimmarrs.com
(150) www.jimmarrs.com
(151) www.jimmarrs.com
(152) www.jimmarrs.com
(153) www.jimmarrs.com
(154) davidicke.com
(155) www.jimmarrs.com
(156) www.jimmarrs.com
(157) www.jimmarrs.com
(158) www.jimmarrs.com
(159) www.jimmarrs.com
(160) www.jimmarrs.com
(161) www.pinterest.de
(162) www.pinterest.de
(163) INFOWARS.com
(164) INFOWARS.com
(165) INFOWARS.com
(166) INFOWARS.com

(167) INFOWARS.com
(168) INFOWARS.com
(169) INFOWARS.com
(170) INFOWARS.com
(171) www.jimmarrs.com
(172) www.jimmarrs.com
(173) www.jimmarrs.com
(174) www.jimmarrs.com
(175) www.jimmarrs.com
(176) www.jimmarrs.com
(177) www.jimmarrs.com
(178) texashistory.unt
(179) INFOWARS.com
(180) INFOWARS.com
(181) INFOWARS.com
(182) INFOWARS.com
(183) INFOWARS.com
(184) INFOWARS.com
(185) INFOWARS.com
(186) INFOWARS.com
(187) INFOWARS.com
(188) www.jimmarrs.com
(189) INFOWARS.com
(190) *LIFE Magazine* vom 21. Februar 1964
(191) www.jimmarrs.com
(192) allmystery.de
(193) allmystery.de
(194) Crossfire: The Plot That Killed Kennedy, Jim Marrs
(195) Crossfire: The Plot That Killed Kennedy, Jim Marrs
(196) www.jimmarrs.com
(197) www.jimmarrs.com
(198) www.jimmarrs.com
(199) Crossfire: The Plot That Killed Kennedy, Jim Marrs
(200) Crossfire: The Plot That Killed Kennedy, Jim Marrs
(201) Crossfire: The Plot That Killed Kennedy, Jim Marrs
(202) tourtexas.com
(203) davidicke.com
(204) davidicke.com
(205) davidicke.com
(206) davidicke.com
(207) davidicke.com
(208) www.jimmarrs.com

(209) www.jimmarrs.com
(210) www.jimmarrs.com
(212) www.jimmarrs.com
(213) www.jimmarrs.com
(214) www.jimmarrs.com
(215) www.jimmarrs.com
(216) www.jimmarrs.com
(217) FBI-Memorandum vom 29.11.1963
(218) FBI-Memorandum vom 22.11.1963
(219) Youtube-Beitrag „Trump And JFK Jr The Plan To Free The World With Truth"
(220) http://robscholtemuseum.nl
(221) Youtube-Beitrag „Trump And JFK Jr The Plan To Free The World With Truth"
(222) Youtube-Beitrag „Trump And JFK Jr The Plan To Free The World With Truth"
(223) insideedition.com
(224) insideedition.com
(225) Youtube-Beitrag „Trump And JFK Jr The Plan To Free The World With Truth"
(226) Youtube-Beitrag „Trump And JFK Jr The Plan To Free The World With Truth"
(227) youtube.com
(228) insideedition.com
(229) youtube.com
(230) insideedition.com
(231) insideedition.com
(232) insideedition.com
(233) insideedition.com
(234) insideedition.com
(235) insideedition.com
(236) insideedition.com

Bildteil

(F1) mcadams.posc.mu.edu
(F2) mcadams.posc.mu.edu
(F3) davidicke.com
(F4) mcadams.posc.mu.edu
(F5) jfk-archives.blogspot.com
(F6) Dokumentation „JFK 2"
(F7) INFOWARS.com
(F8) Dokumentation „JFK 2"
(F9) Dokumentation „JFK 2"
(F10) Abraham Zapruder
(F11) Jim Marrs
(F12) Jim Marrs
(F13) Jim Marrs
(F14) wp1.fuchu.jp
(F15) INFOWARS.com
(F16) davidicke.com
(F17) davidicke.com
(F18) davidicke.com
(F19) davidicke.com
(F20) davidicke.com
(F21) davidicke.com
(F22) davidicke.com
(F23) davidicke.com
(F24) davidicke.com
(F25) davidicke.com
(F26) INFOWARS.com
(F27) INFOWARS.com
(F28) INFOWARS.com
(F29) INFOWARS.com
(F30) INFOWARS.com
(F31) davidicke.com
(F32) davidicke.com
(F33) davidicke.com

MEIN VATER WAR EIN „MiB"

Jason Mason

Das geheime Weltraumprogramm und die Antarktis-Deutschen

Wer sind diese rätselhaften Men in Black (MiB), die seit den 1950er-Jahren nach UFO-Sichtungen bei Zeugen auftauchen und diese befragen, deren Fotos konfiszieren oder sie sogar bedrohen? Nur sehr wenig wurde bislang über sie bekannt. Einer dieser MiB kontaktierte kurz vor seinem Tode seinen Sohn, um diesen als Nachfolger in die Organisation einzuführen und berichtete ihm von einer Welt, die sich im Hintergrund des uns bekannten Geschehens abspielt – von einer Welt voller Geheimorganisationen, eine Technologie, die wir nur aus Science-Fiction-Filmen kennen sowie über geheime Machtstrukturen, die unseren Planeten fest im Griff haben.

ISBN 978-3-938656-81-5 • 33,00 Euro

NUTZLOSE ESSER

Gabriele Schuster-Haslinger

Die Menschheit wird in den nächsten Jahrzehnten massiv dezimiert! Was ist zu erwarten, was können wir tun - und wer steckt dahinter?

Es ist ja nun kein Geheimnis, dass immer mehr Menschen auf diesem Planeten immer weniger Rohstoffen gegenüber stehen. In den kommenden Jahren kommt hinzu, dass Maschinen, Roboter und Drohnen menschliche Arbeitskraft überflüssig machen. Was zurückbleibt, sind aus Sicht der rational-kaufmännisch denkenden "Elite" sog. "Nutzlose Esser" – Menschen, die entweder arbeitslos, zu ungebildet oder zu alt sind und dem produktiven Teil wertvolle Rohstoffe und Nahrungsmittel wegnehmen und zu viel kosten. Die Situation ist jedem logisch denkenden Menschen bewusst, doch mag ein christlich-sozial eingestellter Mensch nicht aussprechen, was unausweichlich scheint, um das Dilemma zu lösen: eine Dezimierung der Weltbevölkerung! Das haben nun jene übernommen, die im Hintergrund die Weltgeschicke steuern, und nicht nur entsprechende Pläne geschmiedet – nein, sie setzen sie bereits um! Wie steht es um den Plan, vor allem das deutsche Volk "auszurotten"?

ISBN 978-3-938656-42-6 • 21,00 Euro

WENN DAS DIE MENSCHHEIT WÜSSTE...

Daniel Prinz

Wir stehen vor den größten Enthüllungen aller Zeiten!

Der neue Blockbuster von Daniel Prinz – 720 Seiten! Der Inhalt dieses Buches wird Sie aus den Schuhen hauen! Im Folgeband des Bestsellers „Wenn das die Deutschen wüssten..." hat Daniel Prinz im ersten Teil in aufwendiger Recherchearbeit brisante Hintergründe zu den beiden Weltkriegen aufgedeckt, die mit dem gefälschten Geschichtsbild der letzten 100 Jahre mit eisernem Besen gründlich aufräumen. In Teil 2 geht es um Chemtrails, die Dezimierung der Menschheit, Zensur und Gedankenpolizei, Impfungen und das Krebsgeschäft, und in Teil 3 kommt die kosmische Variante mit ins Spiel: das geheime Weltraumprogramm!

ISBN 978-3-938656-89-1 • 33,00 Euro

GEHEIMSACHE „STAATSANGEHÖRIGKEITSAUSWEIS"

Max von Frei

Wussten Sie, dass ein Reisepass oder ein Personalausweis nicht dazu ausreicht, Ihre deutsche Staatsangehörigkeit nachzuweisen? Wenn Sie beispielsweise als Deutscher in den USA oder Russland eine Firma gründen wollen, verlangen die dortigen Behörden Ihren "Staatsangehörigkeitsausweis" als Nachweis, dass Sie Deutscher sind. Noch nie davon gehört? Diesen Ausweis erhalten Sie beim Landratsamt, und er kostet nur 25 Euro. War Ihnen bekannt, dass Sie nur mit dem "Staatsangehörigkeitsausweis" die Bürgerrechte – laut Grundgesetz die sog. „Deutschenrechte" – beanspruchen können? Aber wieso wissen wir das nicht, und wieso erhält man dieses Dokument nicht ganz automatisch mit der Geburt ausgehändigt? Wieso macht die BRD den Staatsangehörigkeitsausweis zur Geheimsache? Könnte die Offenbarung dieses Geheimnisses über die Zukunft Ihres Vermögens entscheiden? Könnte diese neue Erkenntnis darüber hinaus vielleicht sogar zu einem von Deutschland ausgehenden, weltweiten Frieden führen? Wieso ist die BRD nicht wirklich souverän und weshalb werden die „Menschenrechte" in „Handelsrecht" und „Staaten" in „Firmen" umgewandelt?

ISBN 978-3938656-61-7 • 21,00 Euro

WELTVERSCHWÖRUNG

Thomas A. Anderson

Wer sind die wahren Herrscher der Erde?

Immer mehr Menschen stellen fest, dass sie von den Regierenden belogen und betrogen werden und dass die Volksvertreter nicht das Volk vertreten, sondern die Interessen von Großkonzernen, von Militär und Wirtschaft. Große, weltumspannende Firmen und Organisationen leiten unsere Welt. Diese Familienclans nennen die Rohstoffe auf Erden ihr Eigen, bestimmen den Goldpreis und verleihen astronomische Summen an kriegführende Länder. Aber geht es diesen wirklich nur um wirtschaftliche Interessen, oder steckt etwas ganz anderes dahinter?

ISBN 978-3-938656-35-8 • 23,30 Euro

WHISTLEBLOWER

Jan van Helsing

Insider aus Politik, Wirtschaft und Geheimdienst packen aus!

Der Whistleblower Edward Snowden und der Sprecher der Plattform *Wikileaks*, Julian Assange, haben im Ausland Asyl beantragt, weil sie geheime Regierungsdokumente veröffentlicht hatte. Man will sie jedoch nicht bestrafen, weil sie Unwahrheiten oder Lügen verbreitet haben – nein: Man will sie bestrafen, weil sie den Menschen die Wahrheit gesagt haben, die Wahrheit darüber, dass wir alle von unseren Regierungen und deren Geheimdiensten überwacht und ausspioniert werden. Ist es das, wofür wir unsere Volksvertreter gewählt haben? Ist es nicht viel eher so, dass sie inzwischen ganz anderen Interessen dienen? Für dieses Buch haben *Jan van Helsing* und *Stefan Erdmann* 16 Whistleblower interviewt, zu u.a. folgenden Themen:

- Wie geht es in deutschen Asylantenheimen wirklich zu?
- Ist Deutschland souverän? Ist die BRD ein Staat oder eine Firma?
- Was ist *Geomantische Kriegsführung*?
- Es werden viele alternative sowie schulmedizinische Therapieformen unterdrückt!
- Der Ruanda-Kongo-Krieg war wegen Rohstoffen angezettelt worden!
- Warum es bei Film und Radio nur „Linke" geben darf...
- Ein Schottenritus-Hochgradfreimaurer spricht über UFOs und Zeitreisen.

ISBN: 978-3-938656-90-7 • 23,30 Euro

NATIONALE SICHERHEIT – Die Verschwörung

Dan Davis

Theorien über eine Verschwörung gab es genug! In diesem Buch finden Sie die Fakten dazu: Adressen, Bilder, Beweise, Interviews! Viele Menschen sind für diese Aufdeckungen verfolgt und gerichtlich belangt worden, unzählige wurden umgebracht. Und die Uhr tickt!

Der Autor wurde aufgrund unglaublicher Fakten von hochrangigen Politikern der Bundesregierung zu ‚Vier-Augen-Gesprächen‘ eingeladen, interviewte Opfer der Projekte MK-Ultra und Monarch, sprach mit verschiedenen Insidern und hatte bereits in seiner frühesten Kindheit Bekanntschaft mit Hochtechnologie, die dem Normalbürger gänzlich unbekannt ist.

Das Buch enthält 548 Fotos von geheimen Entwicklungen in Luft- und Raumfahrt!

ISBN 978-3-938656-25-9 • 25,50 Euro

GEHEIMGESELLSCHAFTEN 3

Jan van Helsing

Halten Sie es für möglich, dass ein paar mächtige Organisationen die Geschicke der Menschheit steuern? Jan van Helsing ist es nun gelungen, einen aktiven Hochgradfreimaurer zu einem Interview zu bewegen, in dem dieser detailliert über das verborgene Wirken der weltgrößten Geheimverbindung spricht – aus erster Hand! Dieser Insider informiert uns darüber: Was die Neue Weltordnung darstellt, wie sie aufgebaut wurde und seit wann sie etabliert ist – weshalb die Menschen einen Mikrochip implantiert bekommen – dass die Menschheit massiv dezimiert wird – welche Rolle Luzifer in der Freimaurerei spielt – dass der Mensch niemals vom Affen abstammen kann – welche Rolle die Blutlinie Jesu spielt – dass es eine Art Meuterei in der Freimaurerei gibt, und was aus Sicht der Freimaurer auf die Menschheit zukommt.

ISBN 978-3-938656-80-8 • 26,00 Euro

Alle hier aufgeführten Bücher erhalten Sie im Buchhandel oder bei:

ALDEBARAN-VERSAND

Tel: 0221 – 737 000 • Fax: 0221 – 737 001

Email: bestellung@buchversand-aldebaran.de

www.amadeus-verlag.de